Couvertures supérieure et inférieure manquantes

8° Y² 5043

COLLECTION J. HETZEL

AVENTURES DE TERRE ET DE MER

TRADUCTION ET ADAPTATION AUTORISÉES PAR L'AUTEUR

LES EXPLOITS DES JEUNES BOËRS

LES
CHASSEURS DE GIRAFES

PAR

MAYNE-REID

ADAPTATION PAR S. BLANDY

DESSINS PAR RIOU

BIBLIOTHÈQUE
D'ÉDUCATION ET DE RÉCRÉATION
J. HETZEL ET C¹ᵉ, 18, RUE JACOB
PARIS

Tous droits de traduction et de reproduction réservés

LES EXPLOITS

DES

JEUNES BOËRS

— LES CHASSEURS DE GIRAFES —

CHAPITRE I

Une tablée d'amis. — Un plan de vacances. — Le camp des jeunes Boërs.
Congo et Facetannée.

De tous les villages parsemés dans la colonie du Cap, un des plus jolis est certainement Graaf-Reinet, dont la riche vallée est entourée d'un cercle de montagnes fertiles. La rivière du Dimanche y décrit ses circuits à travers des prairies où paissent de nombreux bestiaux. L'élevage est une des principales industries de ce riche district, peuplé par la plupart de ces colons d'origine hollandaise et française auxquels on a donné le nom de Boërs.

Il y a quelques années, deux de ces Boërs auraient pu se disputer la suprématie morale que donnent la bonne réputation et la fortune. L'un se nommait Diétrik Van Wyk, et l'autre, Hendrik Von Bloom; mais ils avaient trop d'esprit et de bonhomie pour gâter la paix de leur existence par cette rivalité d'amour-propre qui cause les mauvais voisinages. Une franche amitié succédait entre eux à la camaraderie qui avait signalé leur passage dans l'armée coloniale du Cap, et ils prenaient plaisir à voir se perpétuer parmi leurs enfants cette tradition cordiale. Il n'y avait pas de bonne fête chez les Von Bloom si les Van Wyk n'y étaient pas; les mères des deux riches Boërs étant sœurs, les enfants des deux colons se traitaient de cousins.

Chaque soir, M. Von Bloom enfourchait son bidet pour aller voisiner chez M. Van Wyk, à moins que celui-ci ne l'eût prévenu en arrivant le premier, sa grosse pipe d'écume à la bouche. Sous quelque toit qui les réunît, leurs soirées se passaient d'une façon uniforme, dont ni l'un ni l'autre ne se lassaient. Ils fumaient leurs pipes en se rafraîchissant parfois le gosier d'une goutte de brandevin. Tantôt ils se racontaient l'un à l'autre leurs souvenirs militaires, les petits événements de leurs exploitations rurales, tantôt ils causaient de l'avenir de leurs enfants. Ce dernier sujet n'allait pas sans de grands développements, et il y avait matière, chacun des deux amis ayant trois fils et une fille.

Mais les nécessités de l'éducation s'imposent à ceux mêmes des Européens qui vivent loin des grands centres. Une secrète émulation les pousse à ne pas souffrir que leurs enfants soient inférieurs en connaissances à leurs compatriotes d'Europe, et ils se piquent de donner à leurs fils une instruction complète. Aussi était-ce fête à Graaf-Reinet lorsque les vacances y ramenaient collégiens et pensionnaires.

Cette année-là, c'était chez les Von Bloom que se célébrait la fête du retour. Il devait être définitif pour les deux jeunes filles, Gertrude Von Bloom, une charmante blonde, échappée, on l'aurait dit, d'un tableau de Terburg, et Wilhelmine Van Wyk, une brunette à la vive physionomie.

Tous les Van Wyk étaient bruns; ils appartenaient à cette partie de leur race qu'on désigne sous le noms de *Hollandais noirs*. Les Von Bloom présentaient en revanche toutes les variétés de blond possibles, et c'était, à la large table du festin, un fort joli coup d'œil que celui de toutes ces jeunes têtes brunes et blondes, entremêlées selon les sympathies particulières plutôt que d'après un ordre réglé d'avance.

Un seul étranger assistait à cette petite fête, le docteur Smith; encore ne pouvait-on le considérer comme un étranger dans ces deux familles auxquelles il prodiguait son dévouement depuis nombre d'années. Il était également le familier des deux maisons, et tutoyait tous ces enfants qu'il avait vus naître. Aussi bien que leurs parents, mieux peut-être, parfois, il avait leurs confidences, car ce ne fut pas sans avoir échangé un coup d'œil d'intelligence avec Wilhem, l'aîné des Van Wyk, qu'il dit au dessert, après les toasts portés :

« Nos jeunes gens ont donc devant eux trois mois de congé, et ils méritent d'avoir de belles vacances, puisqu'ils ont bien travaillé, chacun dans sa spécialité, pendant toute l'année. Je suis garant que Hans Von Bloom a fait de grands progrès dans les sciences naturelles; vous pourriez en croire mon témoignage, lors même que les prix qu'il a obtenus ne l'attesteraient pas. Je n'ai pas encore vu de jeune homme de vingt ans aussi ferré que lui sur la chimie et la botanique; mais, comme un éloge sans critique n'est pas mon fait, j'ajoute qu'il a même un peu trop pâli sur les livres et négligé de couper ses études par des exercices hygiéniques. Quant à son frère Hendrik, sa première année de service militaire lui ayant valu ce grade de porte-drapeau dans les carabiniers du Cap, je trouve cette distinction des plus honorables pour ses dix-huit ans. Il a donc, lui aussi, mon *satisfecit*. Je réunis dans le même jugement mes petits amis Jan Von Bloom et Klaas Van Wyk, et je déclare qu'eux aussi ont mérité de s'amuser beaucoup; ils ont sacrifié à l'étude leurs habitudes de vie buissonnière, ils ont accepté sans murmurer leur internement au collège, et, s'il y a plus à encourager qu'à louer dans leurs premiers efforts, ils pourraient me répondre qu'à treize ans, ils ne sont pas tenus encore d'avoir la raison de leurs aînés. Quant à Wilhem Van Wyk, — on ne peut forcer la nature tout à fait, n'est-ce pas? — il n'a réussi à prendre de l'instruction que ce qui lui est indispensable pour être un honnête gentleman, et il aspire plutôt aux succès de chasse qu'aux diplômes scientifiques; mais, somme toute, c'est un brave garçon, et, à dix-neuf ans, il sait tout ce qu'il doit savoir pour seconder son père et faire honneur à la maison Van Wyk. Son frère Arend porte aussi galamment la casquette brodée d'or de cornette dans les carabiniers que son ami Hendrik. Voilà donc en résumé le bilan de votre année, mes chers enfants. Et maintenant je m'adresse en votre nom à vos parents et je leur demande quel plan ils ont imaginé pour vous rendre vos vacances agréables. »

Les deux Boërs regardèrent le docteur, non sans avoir échangé entre eux un sourire d'intelligence.

« Mais c'est aux jeunes gens à nous faire savoir ce qu'ils désirent, » dit M. Von Bloom, dont la bonhomie n'allait pas sans une gravité patriarcale.

M. Van Wyk, par contre, avait souvent le mot pour rire, et il débitait ses plaisanteries d'un ton sérieux qui les rendait encore plus drôles; il ajouta donc à cette observation de son ami :

« Oui, nous ne demandons pas mieux que de faire plaisir à ces enfants, cependant ils auraient tort d'exiger de nous que nous les menions soit à l'Opéra, à Paris, soit à Hyde Park, à Londres, pour y parader sur les jolis chevaux que nous leur avons dressés. Ce n'est pas la bonne volonté de les satisfaire qui nous ferait défaut en ce cas, mais bien le temps, la substance la moins élastique qui soit en ce monde. »

Toute la tablée se mit à rire, et les jeunes filles chuchotèrent à droite et à gauche; mais on ne paraissait pas s'entendre pour formuler un vœu. Le gros Wilhem pérorait à voix basse, applaudi du geste par son ami Hans et les deux collégiens, Jan et Klaas; quant à Hendrik et Arend, ils continuaient à causer avec Wilhelmine et Gertrude, et ils se penchaient en avant sur la table pour quêter l'approbation de leurs mères.

« Oui, — non, — je ne veux pas. — C'est insupportable. — Ces garçons veulent toujours être les maîtres. — Quels coureurs! — Quels militaires casaniers! » Toutes ces apostrophes se mêlaient, se croisaient dans un brouhaha au milieu duquel les parents ne distinguaient pas même la cause de ce débat juvénile.

Les mères paraissaient mieux initiées au sujet de cette altercation qui, pour être vive, se poursuivait cependant sans aucune aigreur entre les six cousins. Ils parlaient et gesticulaient tous ensemble; mais l'éclair de la gaieté brillait dans leurs regards, et parfois des fusées de rire saluaient quelque réplique plus inattendue que les autres.

Mme Von Bloom échangeait avec Mme Van Wyk ses impressions sur ce débat, grâce à ces signes télégraphiques dont usent des convives qui s'entendent, lorsqu'une largeur de table les sépare et que le bruit les empêche de causer.

« Mesdames, leur dit le docteur à l'une et à l'autre, débrouillez-nous par charité ce chaos, puisque vous paraissez vous y reconnaître.

— Oui, dit M. Von Bloom, et sachons au moins si, de tous ces enfants, il n'en est pas un seul qui accepte l'idée de l'autre. Il serait difficile de satisfaire six prétentions qui se contrediraient entre elles.

— Vous n'aurez pas cet embarras, répondit Mme Von Bloom à son mari avec cette déférence qu'observent les femmes hollandaises. Il s'agit seulement de résoudre cette alternative : ou garder ces jeunes gens à Graaf-Reinet pendant toute la durée des vacances, ou leur permettre de faire une excursion de chasse d'un mois ou deux au delà de la rivière d'Orange. »

Les jeunes gens s'étaient tus spontanément dès que Mme Von Bloom avait pris la parole pour exposer leur différend, et leurs regards respectueux témoignèrent des bons principes de leur éducation; ils attendaient en silence, mais avec émotion, les décisions paternelles.

M. Van Wyk prit un air plaisamment solennel pour dire :

« Je devine quels sont ceux qui veulent à toute force s'aller promener au delà des limites de la colonie. Ce projet aventureux ne peut avoir été formé que par les deux cornettes des carabiniers du Cap.

— Pas du tout! pas du tout! » s'écrièrent Klaas et Jan, emportés par la vivacité de leurs treize ans.

« Hendrik et Arend veulent rester à Graaf-Reinet, dit Jan, et qu'y feront-ils? tourner à cheval autour de la vallée, chasser quelques petits daims et risquer de blesser nos volailles à la place. Je ne vois pas à quoi ils peuvent s'utiliser ici, à moins que ce ne soit à tenir les écheveaux de Gertrude et de Wilhelmine quand elles feront de la tapisserie.

— Méchant garçon! » dit Gertrude à Jan qui était son voisin; peut-être même joignit-elle à ce reproche une petite chiquenaude fraternelle, car sa main s'allongea vers l'oreille de Jan qui sauta sur sa chaise; mais il était sans rancune, car tout aussitôt il embrassa Gertrude qui était devenue toute rouge, et ajouta :

« Tu vois bien que tu es confuse d'avoir soutenu ces beaux militaires dans leurs idées de paresse. »

Ce petit incident avait passé inaperçu; le docteur et les deux pères de famille étudiaient les avantages et les inconvénients des deux projets qui leur étaient soumis.

« Trois mois entiers à Graaf-Reinet, sans autre but journalier que celui de s'amuser, c'est bien fade, » disait M. Van Wyk.

Par contre, Mme Van Wyk objectait avec timidité :

« Klaas et Jan sont bien jeunes pour qu'on leur permette une si longue expédition; leur étourderie les jetterait dans de continuels dangers.

— Mais, répliqua le docteur, leurs aînés, ayant à nous répondre d'eux, assumeront à leur égard l'autorité paternelle. Rien ne dégourdit un jeune garçon comme un temps de liberté aventureuse. Ces petits-là vous reviendraient avec des muscles d'acier, une assurance de coup d'œil qu'on ne peut leur enseigner au collège, et toutes sortes d'idées sur la nature, dont la théorie ne les a pas intéressés jusqu'ici et à laquelle ils prendront goût après ce voyage.

— Oui, dit M. Von Bloom, je ne vois pas pourquoi nous tiendrions ces jeunes gens en serre chaude. Ne sont-ils pas destinés, comme nous, à vivre en Afrique? Donc, il est bon qu'ils apprennent de bonne heure à connaître le pays que la persévérance de nos pères a conquis, et qu'ils entreprennent de compléter cette œuvre en poussant des pointes dans les régions inconnues qui nous entourent. Et moi aussi, dans ma jeunesse, j'ai fait ce rêve d'explorations lointaines qui est si séduisant; mais j'étais obligé d'améliorer ici la plantation qu'avait achetée mon père; puis le bonheur de la famille m'a rendu casanier. Nos fils sont à l'âge où rien ne peut encore les retenir au logis, ni devoir envers nous qui pouvons nous passer de leurs services, ni enfin... »

Ici M. Von Bloom fut arrêté par un accès de toux; mais les raisons qu'il avait alléguées étaient sans doute d'un poids suffisant, car Mme Van Wyk, qu'il avait regardée tout le temps, ajouta en abandonnant ses objections au sujet de Klaas et de Jan :

« Il est certain que si les aînés nous promettent de veiller sur leurs jeunes frères, nous pourrons nous fier à eux. »

Le docteur ajouta quelques considérations sensées sur le bienfait de la responsabilité personnelle exercée de bonne heure, et à laquelle on doit des qualités de prudence et de circonspection; bref, il devint si évident pour les deux cornettes qu'eux seuls étaient d'avis de séjourner pendant toutes les vacances à Graaf-Reinet, qu'ils durent céder au sentiment général.

Ils le firent d'assez bonne grâce, malgré des regrets visibles; les deux jeunes filles ne cachaient pas, quant à elles, le chagrin qu'elles éprouvaient du départ de leurs frères et cousins. Elles avaient compté être associées à leurs parties de plaisir, ou pouvoir entendre du moins chaque soir le récit de leurs chasses dans les environs.

« Bah! dit à Gertrude son frère qui était un grand dénicheur d'oiseaux, ce n'est pas en courant la vallée que je pourrais te rapporter des plumes d'autruche. Tu en auras une grosse gerbe, puis de jolis oiseaux à mettre dans ta volière, et cent autres curiosités.

— Pour avoir pris dans les buissons tous les nids des misérables étourneaux qui ne se défiaient pas de ta malice, en se logeant si bas, lui répondit Gertrude, tu te figures que les autruches vont se laisser plumer par toi. Sais-tu bien que ton poney ne pourrait pas seulement les suivre à la course? »

Pendant ce temps, Klaas tapotait les mains de sa sœur Wilhelmine et lui promettait de lui rapporter pour sa chambre un tapis en peaux de lion.

« Oui, vraiment, répliqua la brunette d'un ton moqueur, c'est ton petit fusil à un coup, armé d'un plomb à pintades, qui tuera ces lions-là. Je croyais qu'à treize ans, tu devais au moins avoir lu les Fables de la Fontaine et savoir qu'il ne faut pas promettre la peau des bêtes féroces qui courent encore. Tu aurais besoin de passer tes vacances à l'école plutôt que de les employer à vaguer en enfant perdu.

— Au nombre des curiosités que vous voulez rapporter comme trophée de votre expédition, dit le docteur Smith à Wilhem, je te demande d'avance pour mon compte une peau de serpent python. Tu sais quelle est la façon d'attaquer ce reptile si tu as la chance de le rencontrer. »

Wilhem promit chaleureusement de faire la chasse à ce

serpent dont la dépouille manquait à la collection du docteur.

« Si je ne me trompe, dit Mme Van Wyk, il faudra que les voyageurs s'éloignent beaucoup de la colonie pour rencontrer ce reptile. On dit qu'il ne se trouve pas même au bord septentrional de la rivière d'Orange.

— Eh bien! nous pousserons plus loin, aussi loin qu'il le faudra, s'écria Wilhem avec enthousiasme. Je dois trop à ce docteur qui a soutenu notre projet d'excursion pour ne pas lui rapporter un souvenir de ce voyage. »

Les deux cornettes ne protestaient plus contre la décision adoptée qu'en se moquant entre eux de ces vanteries juvéniles. Si Jan plumait les autruches, si Klaas tuait les lions, si Wilhem dépouillait des serpents longs de six mètres de leur peau bigarrée, que laissaient-ils à faire à leurs frères? Tout au plus le soin de la cuisine, le vulgaire souci du pot au feu.

« Bon! leur dit Wilhem, raillez-nous en ce moment; mais je gage qu'une fois partis, vous ne voudrez pas en faire moins que nous. »

Les deux mères restaient inquiètes, attristées, de ce projet qui livrait leurs fils aux hasards d'une expédition dans des contrées encore peu explorées, et elles ne purent se tenir de le témoigner tout bas aux chefs de famille.

— Bah! dit M. Von Bloom, les aînés sont en âge de protéger leurs cadets, et leur responsabilité à cet égard nous répond de leur prudence.

— Et puis, ajouta M. Van Wyck, ce n'est pas seulement dans l'intérêt de leurs plaisirs que nous leur permettons cette expédition. J'espère qu'ils lui donneront un but plus élevé. Nos aïeux ont conquis ce territoire en le défrichant; nous l'améliorons; mais il appartient à nos fils d'étendre plus loin que notre petit cercle le bienfait de la civilisation, soit en découvrant ce que les régions voisines et encore inconnues nous cachent de richesses naturelles, soit en montrant aux indigènes que les Européens dont ils se défient peuvent se montrer bienveillants à leur égard. C'est là le côté sérieux, pratique, de cette expédition, et nos fils nous devront à leur retour un compte fidèle de leurs observations à tous égards.

— Je les préviens, dit le docteur, que je les interrogerai sur les productions des pays qu'ils vont visiter, sur sa configuration physique...

— J'en dresserai des cartes, je m'y entends, dit Klaas d'un grand sérieux. Je suis toujours le premier de ma classe pour cela. »

Cette prétention du jeune garçon de treize ans fut trouvée ambitieuse par les aînés qui se mirent à rire; mais le docteur les en reprit.

— Eh! leur dit-il, que chacun de vous fasse le géographe selon ses talents et ne décourage pas son voisin. Un faisceau de bonnes volontés unies est parfois plus puissant qu'un mérite isolé. Voyons! avez-vous tous compris que tout en vous promettant des plaisirs, votre expédition a quelque chose de moins frivole qu'une simple partie d'amusement?

— Eh! oui, » dirent les six jeunes gens, chacun dans son ton et dans son style.

La soirée finit gaiement, dans une parfaite entente, et il ne resta plus qu'à opérer les préparatifs de l'excursion des six cousins.

. . . .

Trois semaines après, un campement était établi, bien loin de Graaf-Reinet, près du confluent de la rivière Jaune et de la rivière d'Orange, sous un bouquet de saules pleureurs. Ces arbres rappellent souvent en Europe des idées tristes, parce qu'on ombrage les tombes de leur feuillage argenté; en Afrique, au contraire, leur vue inspire la gaieté parce qu'elle annonce le voisinage des eaux courantes, ce grand bienfait des vastes solitudes brûlées par le soleil.

C'est déjà le désert que le bord méridional de la rivière d'Orange. Pas une ferme dans le voisinage; on ne rencontre par là, et encore de loin en loin, que certains trafiquants assez hardis pour courir les risques d'un voyage au centre de l'Afrique dans l'intérêt de leur fortune. Beaucoup d'entre eux passent le fleuve, qui ne le repassent jamais. Il se trouve pourtant quelquefois des pasteurs qui mènent leurs troupeaux dans les prairies avoisinant la rivière; mais aucun d'eux n'était alors en vue du campement de nos jeunes amis.

Deux énormes chariots contenant des provisions et devant servir à rapporter leurs trophées de chasse, formaient la limite de leur campement dont le centre était, comme dans toute installation en plein air, un feu alimenté sans cesse de branchages et de vieilles souches. L'attelage de ces chariots, composé chacun de dix bœufs à grandes cornes, paissait dans la prairie voisine, en bonne harmonie avec les montures des jeunes gens, attachées à des arbres. Une meute de chiens à l'air rogue, rudes de poil et de caractère, se groupait autour du feu, tandis que plusieurs autres mâtins faisaient la police des bœufs en les empêchant de trop s'écarter du campement.

Les chariots avaient leurs conducteurs, deux hommes dans lesquels les pères de nos jeunes gens avaient confiance. Certes, ni M. Von Bloom ni M. Van Wyk n'auraient été embarrassés d'adjoindre à la petite troupe d'excursion-

I

LE CAMPEMENT.

nistes une brigade entière de serviteurs; mais ils avaient pour principe de ne pas dorloter leurs enfants. Ils avaient donc voulu leur laisser la peine en même temps que le plaisir de leur expédition.

D'ailleurs, les jeunes Boërs savaient se servir eux-mêmes ; le plus jeune d'entre eux n'aurait pas été embarrassé de dépouiller une antilope, ni d'en faire griller la chair sur le feu qu'il aurait su fort bien allumer sans aide. Ils se contentaient donc des services que leur rendaient Facetannée et Congo.

Facetannée était un Boschiman. Cette tribu africaine se rattache à la nation hottentote et habite une contrée sauvage sur les rives du haut Orange ; depuis longtemps déjà Facetannée avait abandonné sa tribu et servait la famille Von Bloom. Trapu et fort petit, le Boschiman était d'un grotesque achevé avec sa grosse tête couverte d'une toison crépue en petites boucles, avec ses pommettes saillantes, son nez épaté, ses petits yeux bridés et obliques, et sa large bouche toujours prête à sourire. La chemise de flanelle rouge et la culotte brune qui composaient tout son costume n'étaient pas pour faire valoir son teint d'un jaune terreux ; mais Facetannée remplaçait par des qualités morales ce qui lui manquait en agréments physiques. Son habileté comme charretier, son industrie ingénieuse faisaient de lui un homme de ressources.

Le serviteur qui conduisait le chariot des Van Wyk différait autant de Facetannée qu'un cerf d'un ours mal léché. D'abord, il était d'un tiers plus grand que le Boschiman ; il mesurait 1 mètre 80 centimètres sans souliers, car jamais les pieds de Congo n'avaient essayé une chaussure civilisée ; il ne portait que des sandales.

Congo n'était pas nègre, mais plutôt couleur de bronze ;

ses cheveux, plus longs que la laine de son camarade, n'avaient pas cette tendance de la toison du Boschiman *à prendre racine par les deux bouts.* Le nez de Congo était presque aquilin, et tous ses traits bien proportionnés s'ennoblissaient d'une expression de fierté qui contrastait avec la grotesque physionomie du Boschiman.

Son costume aussi était plus recherché, et porté avec une sorte de grâce sauvage. Une draperie formée d'un certain nombre de queues d'antilope à longs poils argentés lui tombait en jupe jusqu'à mi-cuisse et se rattachait à sa ceinture. Une espèce de palatine de même composition couvrait ses épaules. Des anneaux de cuivre ornaient les poignets et les chevilles de Congo; un collier de grains de verre entourait son cou, et une touffe de plumes d'autruche ondoyait sur sa tête. Un *kaross*, ou manteau en peau de léopard, retombant de ses épaules à la façon d'une toge, complétait l'originalité de cette parure qui aurait fait reconnaître avec surprise à tout colon d'un autre village que Graaf-Reinet la nationalité de Congo.

Il a été longtemps admis dans toute la colonie du Cap que les Cafres répugnent absolument à la domesticité et la tiennent à déshonneur. Il est vrai qu'il a été difficile de plier ces âmes orgueilleuses, ces guerriers féroces, à la nécessité du travail; mais, parmi ces Cafres, beaucoup, dans les derniers temps, se sont laissé gagner aux bienfaits de la civilisation, et remplissent au Cap des fonctions moins relevées que celle de conducteur de chariot. C'est là une des conditions les mieux appréciées, et les fils des plus riches Boërs se piquent de manier le fouet de bambou avec l'habileté d'un bouvier émérite.

Ce qu'il y avait de particulier dans le fait de Congo, c'est que, tout en acceptant un maître européen, il avait assez conservé le souvenir de sa patrie pour ne jamais vouloir abandonner son costume national. Aussi n'avait-il pas été attiré à Graaf-Reinet par son humeur vagabonde ni par l'appât du gain. Il avait quitté le pays Zoulou pour fuir la tyrannie de son chef de tribu, Chaaka, qui l'avait persécuté. Depuis, il s'était implanté dans la famille Van Wyk, où chacun le traitait avec bonté, et ses jeunes maîtres avec une vive sympathie.

Il va sans dire que le Boschiman était jaloux des moindres éloges donnés à Congo, lesquels lui semblaient pris sur sa part personnelle. Une émulation constante en résultait entre les deux serviteurs, et elle tournait tout au profit de leur service, car elle ne dégénérait jamais en querelle sérieuse.

Assis autour du feu de leur campement, les six jeunes Boërs délibéraient sur le parti à prendre. Depuis leur départ, ils n'avaient pas rencontré de gros gibier; ils ne leur était survenu aucune aventure digne d'être citée, les régions qu'ils avaient parcourues ne leur avaient pas offert de particularités curieuses, et les deux cornettes, Hendrik et Arend, penchaient fort pour le retour à Graaf-Reinet.

« Allons! allons! ce serait une honte, dit le gros Wilhem qui avait été le promoteur de l'entreprise. Tout le monde se moquerait de nous si nous revenions les mains vides et l'esprit pas plus orné qu'à notre départ, n'ayant rien à montrer ni à conter. »

Mais, après cette vive exclamation, Wilhem, le meilleur garçon du monde malgré sa vivacité et sa force d'athlète, le prit d'un ton plus doux pour engager ses amis à persévérer.

Wilhem portait le vrai costume des coureurs de solitudes africaines; une veste de drap grossier filé chez son père, une chemise de couleur, un pantalon de cuir d'une largeur démesurée amplifiaient encore ses proportions, déjà un peu fortes pour son âge. Son chapeau de feutre à larges ailes se rabattait sur ses yeux de façon à préserver sa figure des coups de soleil, et il gardait près de lui son fusil, du plus gros calibre, un véritable *roër* hollandais ; une poire à poudre gigantesque faisait pendant à un sac de balles placé à ses côtés. Ainsi lesté d'un fardeau propre à abattre un homme de moyenne force, Wilhem était prêt à courir pendant des heures sans fatigue ni découragement.

« Voyons, dit-il à Hendrik qui se piquait, lui aussi, d'être un excellent tireur, tu me fais, depuis notre départ, la théorie de la supériorité de ta carabine sur mon roër hollandais. Comment saurons-nous à quoi nous en tenir si nous rebroussons chemin ? »

Hendrik ne fut qu'à demi gagné par ce dernier argument. Quant à l'autre cornette, Arend, il s'éventait avec sa casquette galonnée en regardant d'un regard assez complaisant sa veste de peau d'antilope passementée de peau de léopard.

« Eh bien ! tu ne dis rien, Arend ? lui dit Wilhem à bout d'arguments.

— C'est, répondit Arend, que je trouve la discussion oiseuse. Tant que la rivière sera aussi grosse, il n'y a nul moyen de trouver le gué dont Congo nous a certifié l'existence, et, si elle ne baisse pas d'ici à quelques jours, je suppose que l'ennui gagnera jusqu'à Wilhem et qu'il fera de lui-même tourner bride à nos équipages. »

Wilhem protesta ; Hans, qui s'était absorbé à classer des plantes dans son herbier, fit chorus ainsi que Klaas et Jan pour réclamer la continuation du voyage.

« La majorité est contre nous, dit Arend à Hendrik ; nous n'avons qu'à nous incliner. En avant donc, mes amis, en avant vers le nord, au pays des girafes et des éléphants. »

CHAPITRE II

Sondage d'un gué à la manière des Zoulous. — Les deux embuscades. Un deuil bruyant. — Combat singulier de Congo et de la lionne.

C'était le soir qu'avait eu lieu cette sorte de conseil entre les jeunes Boërs; après une nuit paisible dans leur campement, leur première idée fut au matin d'aller s'assurer si le niveau de la rivière avait baissé pendant la nuit.

Tous les cours d'eau du sud de l'Afrique croissent avec plus de rapidité que ceux des zones tempérées, surtout dans les régions montueuses. Ce fait s'explique par l'énorme quantité d'eau que déversent les pluies des tropiques; elles tombent en longues averses qui durent parfois une semaine entière, non pas par gouttes, mais en nappes, pour ainsi dire. On peut donc se figurer quelles proportions prennent les inondations dans ces pays; mais, si les rivières africaines sont rapidement accrues, elles rentrent dans leur lit avec une promptitude analogue; c'est qu'elles ne sont pas alimentées à leur source par les glaciers et les neiges. Le sol desséché absorbe avidement les trésors liquides qui l'inondent, et les rayons brûlants du soleil les pompent en les évaporant. Toutes ces causes expliquent pourquoi les crues des rivières d'Afrique durent si peu.

Les jeunes Boërs constatèrent que la rivière d'Orange avait baissé de plus d'un mètre pendant la nuit. On pouvait s'en convaincre aux traces limoneuses que présentaient les arbres de la rive; mais ils ignoraient cependant si elle était redevenue guéable. Ils étaient bien campés à l'endroit où les Hottentots, les Béchuanas et les colons nomades traversaient habituellement le fleuve; mais c'était là leur unique certitude. Aucun indice ne leur indiquait la profondeur actuelle de l'eau; elle roulait devant eux d'un cours rapide ses flots jaunes et troublés; le fond restait invisible; était-il à un, à deux mètres? voilà ce qu'il était impossible de conjecturer.

« Il y a un moyen bien simple de le savoir, dit Hendrik qui était toujours pour les projets hardis : je vais tenter de franchir le gué à cheval; si ma monture perd pied, eh bien! elle nagera, et je n'en atteindrai pas moins l'autre bord. »

Le gros Wilhem, qui mettait son amour-propre à ne pas être surpassé par Hendrik en audace, s'empressa d'ajouter qu'il suivrait son camarade.

« Non pas, dit l'aîné de la troupe, le sage Hans dont le caractère sérieux faisait autorité parmi les jeunes Boërs, vous ne tenterez l'aventure ni l'un ni l'autre, mes chers amis. Elle est trop périlleuse. Une fois vos chevaux à la nage, le courant est si rapide qu'il pourrait les entraîner à la dérive dans quelque tournant d'où ils ne pourraient sortir ou vers quelque rive escarpée qu'ils ne graviraient pas. En admettant même que mon imagination m'exagère le péril, de quoi vous servirait-il d'aborder l'autre bord, tant que les bœufs et les wagons ne pourraient tenter le passage? Le mieux est d'attendre que le fleuve ait repris son niveau habituel. Puisqu'il a commencé à baisser, il continuera. Dans vingt-quatre heures au plus nous pourrons lever le camp. »

Hendrik et Wilhem se rendirent d'assez mauvaise grâce à ces sages observations; ce délai leur était pénible; l'ennui des longues stations les avait déjà gagnés; le petit Klaas dérida leur mauvaise humeur par une saillie :

« Voyez! leur dit-il, nous passerons la rivière plus tôt que vous ne croyez; Congo est en train de nous construire un pont. Il n'en est encore qu'à noyer les premières assises; mais il se dépêche, et ce sera peut-être bientôt fait. »

Les frères aînés se prirent à observer les manœuvres de Congo que son rival Facetannée suivait déjà d'un œil moqueur en marmottant tout bas : « Pauvre fou! vieux craqueur!... pour se donner de l'importance, tout ça! »

Le Zoulou poursuivait son œuvre sans tenir compte de ces apostrophes railleuses; comme Klaas l'avait dit, il jetait de gros cailloux dans la rivière, non pas au hasard, mais avec une sorte de méthode. Chaque fois qu'il avait lancé une de ces pierres, il se penchait en avant, l'oreille inclinée vers la surface de l'eau, pour percevoir le bruit que faisait son projectile en plongeant. Dès qu'il n'entendait plus rien, il lançait un nouveau caillou au delà du précédent et suivait sa chute avec les mêmes démonstrations.

« Que fait donc ton Zoulou? demanda Hendrik à Wilhem. Est-ce quelque incantation superstitieuse pour obtenir le prompt retrait des eaux? Je serais curieux de le savoir

— C'est quelque ruse de son pays, répondit le jeune Van Wyk; il en a pour toutes les circonstances de la vie; mais je ne devine pas le but de celle-ci. Ohé! Congo, que fais-tu là, mon bon garçon?

— Moi trouver la profondeur du Gariep, répondit gravement Congo, qui donnait toujours à la rivière d'Orange le nom sous lequel la désignent les naturels du pays.

— Et tu crois y parvenir par ce moyen? »

Congo répondit d'un signe de tête affirmatif pendant que Facetannée s'écriait :

« Vraie sottise! vieux fou! lui, ne rien connaître, et vouloir qu'on fasse attention à lui, voilà tout. »

Le Cafre commençait à être irrité des moqueries du Boschiman; il s'abstint pourtant d'y répondre et continua son opération jusqu'au moment où son dernier caillou tomba dans l'eau à un mètre environ de la rive opposée. Alors il se redressa et dit à ses jeunes maîtres, groupés autour de lui par curiosité :

« Menhir, vous pouvoir passer le gué. »

Les jeunes Boërs regardèrent leur serviteur d'un air tant soit peu incrédule.

« Quelle profondeur juges-tu qu'il peut avoir? » lui demanda Hans.

Congo porta la main à sa hanche pour indiquer qu'on aurait à peine de l'eau jusqu'à la ceinture.

« Bah! le vieux fou veut tous nous noyer! grommela Facetannée, piqué de voir son rival pris au sérieux.

— Toi! ce serait possible, » répliqua le Cafre, en toisant de haut la taille exiguë du Boschiman.

Les jeunes Boërs ne purent se tenir de rire, ce qui accrut encore le dépit de Facetannée; il en resta un moment interdit; puis il retrouva la parole pour provoquer Congo.

« Vieux nègre, lui dit-il, bon à dire des balivernes, bon à faire des discours; mais lui laisser emporter les chariots par la rivière et noyer tous les bœufs. Bien prudent, cela ! Si le gué est bon, essayer d'abord le passage. Traverse-le pour prouver, vieux faiseur d'embarras. »

Face tannée était radieux d'avoir trouvé ce moyen de détruire le prestige de Congo, et il se frottait les mains en pensant à l'humiliation que cette mise en demeure préparait au Cafre. Il ne supposait pas, en effet, que celui-ci osât se risquer dans les eaux bourbeuses de la rivière.

Mais le Zoulou répondit immédiatement à ce défi en descendant la berge et en allant droit au gué. Ses maîtres lui crièrent en vain de ne pas s'aventurer; Congo était piqué à son tour et voulait donner la preuve de la justesse de ses assertions. Il ne se départit pourtant pas de son calme, et ne se jeta point dans le péril de la traversée sans quelques précautions; il ramassa au bord de l'eau une grosse pierre qui pesait au moins cinquante kilogrammes, et l'élevant au-dessus de sa tête, il s'avança dans le lit de la rivière d'un pas solide et prudent.

« Pourquoi cette pierre qu'il tient comme un danseur de corde son balancier? demanda le petit Klaas à Hans.

— Par une raison équivalente d'équilibre, répondit le naturaliste; en augmentant son propre poids, Congo présente plus de résistance au courant des eaux. Comprends-tu?... Je compléterai, si tu veux, cette explication plus tard. En ce moment je suis trop inquiet pour Congo. »

Le succès couronna cette épreuve. Au bout de cinq minutes, le Cafre abordait à l'autre rive. Les acclamations de ses jeunes maîtres le payèrent amplement des railleries du Boschiman; il revint avec la même facilité sur la rive gauche, où, sans plus s'en faire accroire sur son triomphe, il aida à harnacher les chevaux et à relever les wagons pour y atteler les bœufs. Une heure après, le passage de la rivière d'Orange était heureusement effectué par la petite caravane.

Après avoir marché quelque temps, les Boërs choisirent, pour établir leur bivouac, le bord d'un petit étang situé au centre d'une vaste plaine où se trouvaient les deux conditions de campement : de l'herbe et de l'eau. Toutes les deux étaient, il est vrai, de qualité médiocre ; mais on ne saurait être difficile quand on voyage dans des solitudes si peu frayées. Des massifs d'arbustes peu élevés et coupés de buissons parsemaient la plaine, et, dans l'intervalle qui les séparait, des dômes de terre, hauts de plusieurs mètres, annonçaient les cités des fourmis blanches, *termes mordax*.

Les jeunes chasseurs venaient de détacher les bœufs, afin qu'ils pussent paître l'herbe qui croissait au bord du petit étang, lorsque le Boschiman se prit à crier :

« Des lions, des lions ! »

Facetannée n'était pas abusé par une vaine terreur. Un gros lion à crinière noire traversait la plaine de l'autre côté du pâturage où on avait lâché les bœufs. Le fauve les avait aperçus en débouchant d'un massif d'arbustes, et il s'était accroupi dans l'herbe pour guetter sa proie.

A peine le Boschiman avait-il donné l'éveil à ses jeunes maîtres qu'une lionne sortit du même fourré, d'un pas furtif ; peu inférieure à son compagnon par la taille, elle ne semblait lui céder en rien quant à la férocité, et elle s'accroupit auprès du lion, en lançant des regards de convoitise au bétail épars dans l'enceinte du camp.

Depuis que les Boërs avaient quitté Graaf-Reinet, c'était la première fois qu'ils rencontraient des lions ; il avaient souvent entendu leurs rugissements autour de leur camp pendant la nuit, mais sans jamais apercevoir ces terribles fauves, sans jamais avoir en perspective une lutte contre eux. Aussi le voisinage de ce couple formidable éveilla-t-il chez ces jeunes gens une émotion très vive, qui, s'il ne faut rien farder, ressemblait légèrement à de la frayeur.

Ils tremblèrent d'abord pour eux-mêmes. Bien que leur chair noire soit médiocrement appréciée par les fauves, le Zoulou et le Boschiman craignirent aussi pour leur peau; mais Hans ramena ces appréhensions à un plus juste sentiment des circonstances où ils se trouvaient.

« Rien à craindre pour nous-mêmes, leur dit-il, mes amis. Il est rare que les lions attaquent l'homme; c'est à notre bétail que ceux-ci en veulent. C'est là un plus fin morceau pour eux que nos personnes, et, tant qu'il restera auprès de nous un bœuf ou même un cheval, nous n'avons pas à nous inquiéter personnellement.

— Mais ce n'est pas un motif, j'espère, pour leur laisser dévorer nos attelages, dit Hendrik qui avait secoué sa première impression. Nous serions dans un bel embarras pour traîner nos chariots.

— Sans doute, reprit Hans, et il nous faut construire un *kraal* (camp retranché) pour mettre nos bêtes en sûreté. »

Les lions guettaient toujours à la même place l'instant où quelque bœuf s'éloignerait du camp. Les chariots, ces énormes objets dont ils ignoraient l'usage, les tenaient en respect; ils attendaient donc que les bœufs s'écartassent de ces machines inconnues, ou que l'obscurité leur permît de se glisser vers eux à la dérobée.

Bien que ce plan fût deviné par les chasseurs, ceux-ci montèrent à cheval, se dirigèrent vers le pâturage avec précaution, et ramenèrent le bétail du côté opposé de la mare. Ils en confièrent la garde à Klaas et à Jan, et allèrent rejoindre leurs autres compagnons qui abattaient, à force de coups de hache, dans un hallier voisin, des pieds *d'acacia retinens;* cet arbuste est couvert de longues épines qui l'ont fait surnommer : *Attends un peu,* parce qu'elles accrochent tout ce qui les avoisine. Une demi-heure après, les voyageurs avaient recueilli assez de branchages pour constituer, avec l'adjonction des wagons, un kraal fortifié où les bœufs et les chevaux furent logés immédiatement.

Un grand feu fut établi de chaque côté de l'enceinte; la flamme ne suffit pas toujours à éloigner les lions, mais elle peut les tenir en respect. En cas d'attaque, les chasseurs se fiaient à leurs armes. Le courage leur était revenu, et n'aurait plus manqué à aucun d'eux à l'occasion.

D'ailleurs, ils couchaient toujours dans l'intérieur des wagons, et, quelque affamé qu'il soit, un lion n'attaque jamais ces objets inconnus qui l'étonnent; mais nos amis se promettaient bien de ne dormir que d'un œil, et d'accourir avec leurs armes sur la plateforme des chariots si les lions, malgré le feu et l'obstacle des broussailles épineuses, s'introduisaient dans le kraal.

En attendant l'heure du sommeil, la grande question était de souper, maintenant qu'on se trouvait en sûreté. Les chasseurs avaient épuisé leurs provisions de venaison fraîche; il ne leur restait que de la viande boucanée, c'est-à-dire coupée par tranches, séchée et fumée. C'était un médiocre régal; Hendrik et Wilhem maudissaient la présence des lions qui les empêchait de faire une tournée dans cette plaine, évidemment giboyeuse; ils allèrent même jusqu'à proposer de tirer sur les deux félins, d'aller leur donner la chasse pour se débarrasser de ces sentinelles importunes qui les cloîtraient dans le kraal.

Hans reprima ces velléités belliqueuses en leur rappelant ces paroles de leurs pères : « N'attaquez jamais un lion à moins d'y être forcés, et laissez toujours entre vous et ces fauves autant d'espace que possible. »

Pendant que les jeunes Boërs méditaient ces axiômes paternels et finissaient par s'y soumettre, ils aperçurent dans la plaine deux autres animaux qui fixèrent leur attention. Ils étaient à peu près de la taille d'un âne, et fauves de robe; la vigueur de leurs formes n'en excluait pas la grâce; leurs têtes blanches étaient rayées de quatre bandes brunes qui figuraient assez bien un licou. Une crinière renversée, une raie noire sur le dos et une queue dont les poils noirs tombaient presque à terre auraient suffi à faire de ces jolis animaux un des types les plus élégants de la faune africaine s'ils ne s'étaient distingués par un plus bel ornement. Leur front était armé de cornes d'un noir d'ébène, polies comme de l'acier et longues d'environ 90 centimètres; elles étaient droites, minces, dirigées en arrière, et couvertes d'anneaux réguliers jusqu'auprès de la pointe, aussi fine qu'un fleuret démoucheté. Par une bizarrerie de la nature, c'était la femelle qui possédait les cornes les plus larges; elle était mieux armée que le mâle, ce qui est anormal dans la famille des antilopes à laquelle appartenaient ces animaux.

Les jeunes chasseurs avaient reconnu en eux, du premier coup d'œil, *l'oryx*, que les Boërs nomment *gems boks*.

Quelque charmant effet que ce couple élégant fît dans la plaine, les chasseurs eussent préféré l'avoir en détail à la broche; ils savaient par expérience que la venaison de l'oryx est, après celle de l'élan, la plus savoureuse que l'on puisse goûter en Afrique.

« Bah! laissons là notre viande boucanée qui n'est qu'à moitié cuite, fit Hendrik. Il y a une si grande différence entre la maigre chère que nous allions faire et le dîner qui se promène là devant nous, que nous pouvons bien retarder notre réfection pour tâcher de changer notre carême en festin. »

Cette proposition fut acceptée avec enthousiasme, et la viande boucanée fut éloignée du feu. Toutefois le dîner des chasseurs devenait problématique ; il n'était vraiment pas aisé d'aller chasser les deux oryx.

La prudence de ces animaux est telle qu'ils s'approchent rarement d'un fourré, d'un buisson capable de receler un ennemi ; ils ne vont que par les plaines découvertes. Ce n'est qu'en les forçant avec l'aide d'un bon cheval et après une course effrénée que les chasseurs réussissent parfois à les atteindre. Il n'est pas rare que le cheval se lasse de cette poursuite, car l'oryx a une allure vertigineuse de rapidité ; mais, quand la monture a du fond, et que le cavalier sait la ménager et la lancer tour à tour, l'oryx finit par être pris après plus ou moins de temps et d'efforts.

Fallait-il donc se lancer dans la plaine ? Hendrik se levait déjà pour aller seller son cheval, quand Wilhem lui fit remarquer que les oryx se dirigeaient vers le camp.

« Ils viennent à nous, dit Arend qui s'était préparé, lui aussi, à cette chasse inattendue ; ils n'ont pas remarqué notre kraal qui est caché au milieu des broussailles ; ils se dirigent vers la mare où ils veulent boire. Nous n'avons qu'à les guetter au passage. »

Hans détruisit cette supposition en affirmant que l'oryx ne boit jamais. C'est l'un des animaux qui ont été créés pour les déserts sans eau ; mais, quelle que fût l'intention du couple dans cette course qu'il fournissait, il était certain que sa direction le rapprochait du kraal. Il n'en était plus maintenant qu'à un kilomètre. Les chasseurs gagnèrent en rampant le bouquet d'arbres le plus rapproché, et ils s'agenouillèrent derrière les amas de broussailles, leurs fusils en main.

Les oryx ne se doutaient pas du péril où ils étaient; ils marchaient dans la direction du vent, ce qui les empêchait de sentir des émanations suspectes; ils n'avaient pas remarqué les objets insolites que présentait le kraal, et se rapprochaient sans défiance de l'endroit où les fusils étaient en embuscade.

Les jeunes Boërs, tout occupés des oryx, avaient oublié les lions pendant quelques minutes; Hans, qui songea tout à coup que lui et ses compagnons avaient dans les deux fauves de terribles rivaux, observa les mouvements des lions et les fit remarquer à ses amis.

Les lions, aplatis sur l'herbe comme pour s'y dissimuler, avaient aperçu les oryx; mais ceux-ci ne venaient pas dans leur direction. Le lion est un mauvais coureur et ne peut saisir une proie douée de mouvements rapides qu'en bondissant sur elle à l'improviste. Il connaît si bien cette infériorité à la course qu'il ne cherche jamais à poursuivre la proie qui peut lui échapper. Pour saisir les oryx au passage, les deux fauves devaient donc se rapprocher de leur route.

Le lion se mit à ramper dans l'herbe en se dirigeant de manière à se placer entre le kraal et les deux oryx; il se traînait sur le ventre, comme un chat sournois, s'arrêtait derrière un buisson pour épier la proie, filait comme un trait pour atteindre le buisson voisin sans être aperçu et se reprenait à ramper dans les hautes herbes. Il atteignit ainsi une fourmilière énorme qui se trouvait sur le passage des oryx; ce lieu lui parut bon pour son embuscade; il se blottit au pied de cette butte, n'avançant qu'un œil du côté d'où venaient les antilopes, la tête baissée vers la terre pour écouter le retentissement de leurs pas et juger du rapprochement de la distance. Les chasseurs, de leur embuscade, ne perdaient pas un seul de ses mouvements.

« Et la lionne, où est-elle allée? je ne la vois pas, » murmura Hendrik à l'oreille d'Arend.

Après l'avoir cherchée du regard, ils l'aperçurent au loin dans la plaine, manœuvrant comme l'avait fait le mâle, et cherchant évidemment un poste bon pour couper la retraite aux oryx qui couraient devant elle.

« Leur stratégie vaut mieux que la nôtre, dit Arend à ses amis; nous sommes ici en file comme une brochette d'oiseaux ficelés par un cuisinier. Pas moyen d'en bouger. Plus libre que nous de ses mouvements, le lion a donné à sa lionne l'emploi de rabatteur, et elle le remplit en conscience. Les deux oryx sont perdus, et même pour nous; s'ils échappent à temps au lion, s'ils se rejettent en arrière tout affolés, ils tomberont sous les griffes de la lionne. »

Bien que les chasseurs n'eussent plus aucune prétention sur un gibier attaqué par leurs majestés léonines, la tactique des deux fauves avait excité au plus haut point leur intérêt, et ils attendaient avec impatience les péripéties du drame qui allait se dérouler devant eux.

Les oryx approchaient sans crainte de la fourmilière où le lion était en embuscade; leur allure était ferme et alerte; ils s'émouchaient de leurs queues touffues, et leurs crinières flottaient en ondoyant.

Tout à coup, le lion se fouetta les flancs de sa queue, allongea la tête, se détendit, et son corps, dont la longueur parut presque doublée, s'élança dans l'air d'un bond formidable. Il retomba sur la croupe de l'oryx mâle, qui ploya sur ses jarrets et tomba sans vie entre les griffes ensanglantées du fauve. Sans s'inquiéter de l'autre oryx, le lion saisit entre ses fortes mâchoires la gorge de sa victime et s'abreuva de son sang.

La femelle de l'oryx avait redoublé de vitesse lorsque le mâle avait été frappé près d'elle par le lion; les chasseurs, en la voyant courir éperdument par la plaine, dans la même direction qu'auparavant, supposaient qu'elle, au moins, allait échapper au massacre; mais il n'est pas dans la nature de l'oryx d'abandonner son compagnon. Après cette première impulsion de l'instinct, la femelle revint vers l'ennemi, abaissa sa tête jusqu'à terre, de façon à projeter ses longues cornes en avant, et elle se précipita ainsi sur le lion. Celui-ci, tout entier aux appétits féroces qu'il satisfaisait, ne fut averti de cette attaque que par les deux lances acérées qui s'enfoncèrent entre ses côtes.

Le lion poussa un affreux rugissement, et une lutte confuse s'engagea entre les deux animaux qui se débattaient; mais leurs mouvements étaient si convulsifs que les spectateurs ne purent s'expliquer ce qui se passait entre eux. Toutefois, la voix rauque du lion ne se faisait plus entendre après deux ou trois râlements qu'il avait lancés, et c'étaient des accents plus aigus qui maintenant leur succédaient.

S'approchant par bonds gigantesques du lieu de la mêlée, la lionne étendit d'un seul coup de griffe l'oryx femelle à côté de la première victime. Mais ce ne fut point par un de ces roulements de voix qui sont le formidable rire des fauves qu'elle célébra son facile triomphe. Elle se mit à lancer des cris aigus, désespérés, en tournant avec fureur autour du groupe des corps amoncelés. Elle n'essayait pas d'assouvir son appétit, bien qu'elle eût droit à la victime qu'elle avait immolée. Le lion, toujours couché sur l'oryx mâle, paraissait se repaître encore du sang de la pauvre bête. Était-ce donc lui qui s'opposait à ce qu'elle prît sa part du festin plus que suffisant pour eux deux?

Voilà ce que les jeunes chasseurs se demandèrent en observant les allures de la lionne; elle continuait à gémir et à rôder autour du groupe sanglant; elle touchait délicatement le mufle du lion, mais elle n'obtenait pas davantage par ses caresses que par ses plaintes; le lion restait immobile; il était mort, percé au cœur par les cornes aiguës de l'oryx.

« Eh bien ! dit le gros Wilhem, dès que les jeunes Boërs eurent acquis cette certitude, puisque la lionne ne songe pas le moins du monde à manger et qu'elle est toute à la douleur d'avoir perdu son époux, je ne vois pas pourquoi nous ne tenterions pas de nous procurer les oryx pour notre souper.

— Cette bête est affolée, dit Hans, il est impossible de l'éloigner dans l'état de fureur où elle se trouve. Ce que nous avons à faire, c'est de nous retirer dans nos wagons pour nous y abriter, car, si cette lionne enragée nous aperçoit, elle se jettera sur nous sans rien marchander cette fois. Elle s'éloignera peut-être d'elle-même au bout de quelque temps, et nous pourrons alors aller chercher les oryx. »

Mais les heures s'écoulèrent sans que la lionne songeât à quitter ce théâtre de deuil. Ses rugissements retentissaient toujours et jetaient l'épouvante parmi le bétail que contenait le kraal. Les chevaux eux-mêmes donnaient des signes de frayeur, et les chiens, si braves qu'ils fussent, se cachaient sous les wagons ou cherchaient un refuge auprès de leurs maîtres.

Après une longue attente, les chasseurs se résignèrent à souper de la venaison boucanée qu'ils avaient d'abord méprisée, espérant obtenir mieux. Ils avaient à peine commencé leur repas, lorsqu'ils aperçurent cinq ou six hyènes à quelque distance des cadavres; elles n'osaient pas en approcher, tenues qu'elles étaient en respect par la présence et les rugissements de la lionne; mais leurs regards ardents démontraient assez l'objet de leurs convoitises.

« Si la lionne permet aux hyènes d'entamer les oryx, dit Hendrik, il ne restera pas demain matin une seule bouchée de cette venaison succulente. Nous avions bien renoncé pour ce soir à y goûter, mais nous avions espéré pouvoir l'aller chercher demain, quand madame la lionne aurait cessé de mener son deuil de veuve qui nous assourdit. Voyons, mes amis: voulez-vous exposer notre déjeuner de demain à être dévoré par ces affreuses hyènes?

— Non, dirent en même temps Wilhem et Arend. La lionne doit être lasse de crier et de tourner en rond. Il faut l'attaquer et mettre ainsi les hyènes en fuite. »

Hans s'opposa à ce téméraire projet; mais il eut cette fois besoin de toute son influence morale et de son titre d'aîné pour obtenir que son frère et ses cousins renonçassent à poursuivre les fauves.

Une proposition inattendue mit fin à ce débat lorsqu'il n'était pas encore résolu dans le sens de la prudence. Congo venait offrir à ses jeunes maîtres d'aller combattre à lui tout seul la lionne.

« Tu es fou, lui dit Hans; elle te déchirera le corps comme une dentelle.

— Pas de danger. Congo tuera la lionne sans attraper une seule égratignure.

— Tu vas prendre un fusil?

— Congo ne saurait pas s'en servir, répondit le Cafre.

Tout ce qu'il demande, c'est que les jeunes maîtres ne bougent pas du kraal; Congo aurait peur s'ils le suivaient, parce que la lionne est furieuse. Mais tant mieux pour la bataille, elle ne s'enfuira pas et les jeunes maîtres verront quelque chose de curieux. »

Les jeunes gens tentèrent de dissuader Congo de son projet. Facetannée, qui au fond n'était pas méchant, fut inquiet pour son camarade de l'aventure où il allait se jeter. Une préoccupation personnelle gâtait, il est vrai, ce bon mouvement. Si Congo réussissait, ces deux succès en un jour l'élevaient bien au-dessus de son compagnon, le Boschiman. Il se joignit donc à ses jeunes maîtres pour détourner le Cafre de cette folie.

Seul, le gros Wilhem se montra d'un avis différent; il connaissait assez Congo pour savoir qu'il n'était pas homme à se risquer par simple forfanterie. Il assura donc que, si Congo promettait de réussir, c'est qu'il en avait les moyens. Cette assertion finit par vaincre les derniers scrupules de Hans, et il fut permis à Congo d'aller attaquer la lionne.

Les préparatifs du Cafre ne lui prirent que quelques minutes; il monta dans le chariot de Van Wyk et en ressortit presque aussitôt, tout équipé. Son costume n'était autre que l'attirail guerrier de la tribu des Zoulous.

Il tenait dans sa main gauche une demi-douzaine d'assagaies. Ce sont des javelines, sorte de lance courte et légère qu'on jette de loin à l'ennemi pour l'en frapper. On faisait usage de javelines en Europe avant l'invention de la poudre à canon. C'est encore à présent l'arme de guerre des tribus sauvages de l'Afrique méridionale. Les Cafres surtout sont adroits à se servir de cette arme qu'ils envoient d'une seule main à quatre-vingts mètres de distance, où elle atteint son but avec la force et la justesse d'une flèche ou même d'une balle.

Congo serrait donc dans sa main la hampe de six assagaies; il portait au bras gauche un bouclier zoulou plus grand que ceux dont les guerriers de cette tribu se servent à la guerre. Fait de cuir tendu sur un cadre de bois, concave à l'intérieur et par conséquent convexe à l'extérieur, le bouclier de Congo avait deux mètres de longueur sur un mètre de large. Malgré ses dimensions inusitées, il n'en était pas moins facile à manier, et sa légèreté ne nuisait pas à sa force de résistance; une flèche, un javelot ou une balle aurait glissé sur sa surface polie comme sur une plaque d'acier.

Deux fortes courroies, fixées à la partie concave, permettaient au Zoulou de mouvoir ce bouclier selon ses besoins. Appuyé à terre, il pouvait abriter l'homme le plus grand de la tribu, et il dépassait la tête de Congo qui était pourtant de haute taille.

Le Zoulou sortit du kraal sans dire un mot et il s'avança dans la plaine. Dès que les hyènes l'aperçurent, elles s'enfuirent lâchement vers le hallier le plus voisin. La lionne, au contraire, ne se soucia point de son approche; elle errait toujours dans le même cercle, en poussant des rugissements frénétiques.

Lorsque Congo ne fut plus qu'à vingt pas de la lionne, il s'arrêta, posa par terre la pointe de son bouclier, balança un instant l'assagaie qu'il tenait dans sa main droite et la lança. Le javelot fendit l'air en sifflant et alla s'enfoncer dans les côtes de la lionne; la bête, furieuse, tourna sa tête vers son flanc blessé, saisit l'assagaie et la brisa d'un coup de dent, comme si c'eût été un fétu de paille. Le fer cependant restait dans la plaie; mais la lionne ne tenta pas de l'en arracher, elle avait aperçu le Zoulou, elle s'élança vers lui en poussant un cri de rage. Elle franchit d'un bond les trois quarts de la distance qui les séparait; encore une seconde, et elle s'abattait sur Congo; mais celui-ci s'était préparé à la recevoir. Au moment où la lionne s'élançait de nouveau pour l'atteindre, Congo disparut tout à coup comme une muscade escamotée par un prestidigitateur habile.

Si les jeunes Boërs n'avaient suivi tous les mouvements de leur serviteur, ils n'auraient jamais pu comprendre ce que celui-ci était devenu; mais ils savaient que cet objet convexe dont les bords s'appliquaient au sol protégeaient Congo, comme l'écaille la tortue, et ils devinaient que le Cafre serrait de toute sa force les courroies de sa carapace et la pressait contre le sol.

La lionne fut plus surprise que les spectateurs de cette scène. Au lieu de sentir sous ses griffes la chair de son ennemi, elle était retombée sur un corps dur qu'elle n'avait pu entamer et qui avait résonné dans ce choc; elle fit un écart, et s'arrêta pour examiner cet objet singulier; après l'avoir regardé sans comprendre ce qui était arrivé, la bête fauve s'éloigna d'un trot rapide, tout en grognant de dépit.

Le Cafre souleva un coin de sa carapace, et vit que la lionne lui tournait le dos; il se redressa d'un bond, et tenant son bouclier devant lui, il lança une seconde assagaie qui perça de nouveau le flanc de l'animal.

La lionne ne prit pas cette fois le temps de briser la hampe vibrante du trait; elle se retourna et s'élança d'un bond furieux sur son habile adversaire. Elle ne rencontra, comme précédemment, qu'une surface impénétrable; mais, au lieu de s'enfuir, elle attaqua de ses fortes griffes l'objet

LE ZOULOU ET LA LIONNE.

bizarre qui lui cachait son assaillant, et elle tenta de l'arracher du sol.

C'était fait du pauvre Congo si la lionne parvenait à retourner son abri. Il ne l'ignorait pas et se cramponnait de toute sa force aux courroies du bouclier ; il appuyait de l'autre main sur le cadre de bois où le cuir était fixé, et défiait ainsi les efforts de la lionne.

Quand celle-ci eut donné cours à sa rage sans réussir à soulever l'obstacle sous lequel se cachait Congo, elle s'éloigna une seconde fois pour retourner auprès du lion mort.

Ses grognements guidèrent encore le Zoulou. Le bouclier se dressa, une troisième assagaie fendit l'air et traversa le cou de la lionne. Cette blessure, qui n'était pas mortelle, accrut la frénésie de la bête fauve. Elle se précipita d'un bond si rapide sur le Zoulou qu'il eut à peine le temps d'abattre sur lui son bouclier ; une seconde de plus, et il était en pièces. Il parvint pourtant à s'affermir sous son abri que la lionne tenta de nouveau de renverser. Elle n'y put parvenir ; mais, au lieu de s'éloigner, elle se mit à marcher autour du couvercle impénétrable qui abritait son adversaire et finit par se coucher à un mètre de ses bords. Congo était bloqué par la lionne ! Qu'allait-il devenir si elle persistait à ne pas lever le siège ? Soulever de nouveau le bouclier, c'était se livrer à l'ennemi.

Les Boërs crièrent à Congo de se tenir sur ses gardes ; ils craignaient que le Zoulou ne se doutât pas du voisinage immédiat de la lionne et qu'il ne commît une imprudence fatale. La scène se prolongeait sans le moindre incident nouveau. De temps en temps, les chasseurs criaient à Congo de ne pas bouger ; ils auraient pu ménager leurs poumons ; le Zoulou avait trop de finesse pour risquer une sortie téméraire ; les cris et le souffle puissant de la lionne lui démontraient l'imminence du danger.

Le blocus était commencé depuis une demi-heure, et l'assiégeant ne paraissait pas las de faire sentinelle. Le soleil était couché, la nuit allait venir. Congo pouvait éprouver de la fatigue, se laisser aller à un moment de sommeil, et donner ainsi à la lionne l'occasion d'assouvir sa vengeance. Il fallait délivrer ce fidèle serviteur avant que les dernières lueurs du jour se fussent éteintes. Cette fois, Hans ne fit pas une seule objection ; il fut des premiers à courir aux chevaux pour les seller ; mais, tout à coup, il fut frappé de la distance qui séparait la lionne du bouclier qu'elle guettait toujours. Certes, la lionne n'avait pas bougé ; sentinelle vigilante, elle était restée à son poste d'attaque ; mais la carapace, bien que fixée à terre, glissait lentement, comme si elle eût appartenu à quelque tortue gigantesque.

« Attendons, et retenez vos montures, cria Hans à ses amis, c'est le bouclier qui s'éloigne. N'entravons pas la manœuvre de Congo. »

Quelques minutes après, le bouclier s'arrêta ; il était alors à dix mètres environ de la lionne. Celle-ci n'avait point semblé remarquer que son ennemi prenait du champ, ou ce fait n'avait éveillé en elle qu'un sentiment de surprise et non pas d'inquiétude ; dans tous les cas, elle s'était tenue ferme à son poste, sans craindre que l'assiégé lui échappât.

Peut-être n'eût-elle pas permis que le bouclier s'éloignât davantage ; mais Congo n'en voulut pas faire l'expérience. Il se trouvait sans doute à une distance favorable, car la carapace se souleva tout à coup, et l'assagaie s'échappa en vibrant de la main de Congo.

Le fer du javelot avait frappé cette fois en pleine poitrine. Un râle suprême fit résonner l'écho de la plaine, une convulsion tordit le corps de la bête fauve, et elle roula inanimée dans la poussière.

Des hourras prolongés saluèrent la fin de cette lutte, et les chasseurs accoururent au galop de leurs montures pour féliciter Congo de son succès.

Ils s'approchèrent ensuite de l'endroit où gisaient le lion et les deux oryx, et ils s'aperçurent alors que l'oryx n'avait pu retirer ses cornes acérées du corps de sa victime; la pauvre bête aurait péri fatalement, même si la lionne n'était venue lui donner le coup de grâce.

Congo et Facetannée affirmèrent à leurs jeunes maîtres que le fait n'était pas rare, et qu'il leur était arrivé plus d'une fois de trouver des cadavres de lion et d'oryx réunis de cette manière; le vainqueur était mort de faim, retenu par ses cornes enfoncées dans le cadavre de sa victime.

L'oryx femelle ayant été moins maltraitée que le mâle, fut dépecée et rapportée au bivouac. Pendant que la venaison pétillait en cuisant sur la braise ardente, les chasseurs s'entretinrent de cette première journée mémorable. Klaas et Jan, les plus jeunes, étaient enthousiastes de l'exploit de Congo.

« Oui, certes, leur dit Hans, cette chasse à la mode zoulou est un spectacle curieux ; mais sachez que je m'y serais opposé si le voisinage de la lionne ne nous eût mis en péril. La douleur de cette pauvre veuve m'intéressait à elle, et s'il nous avait été possible de quitter la vallée sans la sacrifier à notre sécurité, il eût été inhumain de notre part de la condamner à périr et d'exposer dans ce but la vie de Congo. »

Ces sages observations de Hans furent appuyées de l'avis des aînés; Klaas et Jan convinrent qu'ils avaient parlé sans réfléchir.

CHAPITRE III

La chasse aux lions des Zoulous. — La légende de la licorne. — Sur la piste des autruches. — Le gril de Jan et de Klaas. — L'oiseau-chameau.

En attendant le souper, les jeunes Boërs allèrent chercher les cadavres du couple de lions, afin de les ramener au camp; ils voulaient les dépouiller, non que la peau du lion ait une grande valeur, mais c'était la preuve d'une victoire mémorable et un souvenir de leur première journée dans le désert. Les deux bêtes furent lourdes à ramener au camp; il fallut leur passer autour du cou des lanières de cuir sur lesquelles on tirait à plusieurs pour les traîner sur l'herbe. Mais on devait prendre cette peine si on ne voulait pas risquer de trouver le lendemain matin les deux fauves à moitié dévorés par les hyènes. L'on a prétendu que ces animaux ne touchaient jamais au lion mort; c'est une erreur. Les hyènes mangent si bien n'importe quoi, qu'elles dévorent la chair des animaux de leur propre espèce, ce qui est tout dire en faveur de la complaisance de leur goût.

Après vérification, l'oryx mâle fut trouvé moins endommagé qu'on ne l'avait cru d'abord, et l'on résolut de l'emporter aussi. Il était de la taille et du poids d'un bel âne; trois de nos amis tiraient sur la lanière pour le remorquer au camp, et ils s'épuisaient en efforts, quand le gros Wilhem voulut faire l'essai de sa force; il renvoya ses camarades, prit la courroie d'une main, et tout en gardant son allure ordinaire, il traîna l'oryx avec autant de facilité apparente que si c'eût été un petit chat lié au bout d'une ficelle.

Les oryx furent découpés afin d'être transportés au camp prochain où l'on ferait sécher la viande. L'eau de la mare n'était pas assez salubre pour qu'on s'installât où l'on était afin d'y procéder à l'opération; aussi devait-on partir le lendemain. Les belles cornes des oryx étaient dignes de figurer parmi les trophées de chasse des Boërs; elles étaient des échantillons superbes de leur espèce : d'un noir luisant, et annelées avec symétrie; on les disposa avec soin au fond des chariots. Hans, le naturaliste, se proposa de préparer le lendemain avec soin les têtes des oryx qui pouvaient faire l'ornement du vestibule de la maison Van Wyk et de la maison Von Bloom.

Enfin, les jeunes voyageurs purent s'asseoir auprès du feu pour manger un souper si bien gagné; les côtelettes d'oryx furent trouvées délicieuses, et naturellement l'entretien roula sur les lions. Sauf Klaas et Jan, chacun d'eux avait son aventure à conter au sujet de ces fauves; Arend et Wilhem avaient déjà chassé le lion, car cet animal se risque parfois dans le voisinage du Graaf-Reinet. Hans et Hendrik en avaient souvent rencontré dans une expédition qu'ils avaient faite à la recherche des éléphants, et le Boschiman était un vieux chasseur de toute plume et de tout poil. Pourtant le Zoulou en savait encore plus long que son camarade au sujet de la chasse au lion, et il régala le dessert d'histoires curieuses dont le Boschiman n'aurait pu conter l'équivalent.

Il existe en effet, chez les Zoulous, une méthode singulièrement hardie de combattre le lion. Un certain nombre de chasseurs, à peu près nus comme la plupart des indigènes, vont attaquer le lion en plaine découverte ou dans un fourré et finissent par le tuer; pour en arriver là, ils n'ont d'armes offensives que leurs assagaies, et d'armes défensives qu'un bouquet de plumes d'autruche fixé au bout d'un bâton. Cette sorte de chasse-mouches est destiné à donner le change au lion quand il se retourne pour bondir sur l'assaillant; celui-ci pique le bâton en terre, et pendant que le lion, trompé par le faisceau de plumes, se jette sur ce mannequin, l'homme s'esquive de ses griffes. Ce stratagème ne vaut pas celui du bouclier; mais ce dernier moyen ne peut être employé que par des chasseurs émérites.

Cette méthode n'est pas nouvelle; l'imprudence de ceux qui la pratiquent passe toute imagination. Au lieu de lancer de loin leurs assagaies, ils les gardent en main et s'en servent comme d'une lance, ce qui les contraint à s'approcher du lion presque à le toucher; naturellement il ne se passe pas de chasse sans mort d'homme et sans graves blessures.

Les jeunes Boërs ne concevaient pas qu'on s'exposât avec autant d'imprudence; ils questionnèrent donc Congo pour savoir s'il était vrai que cette façon de chasser le lion fût employée chez les Zoulous.

« Oui, répondit Congo, mais ils ne chassent pas ainsi

par plaisir; c'est pour obéir aux ordres du chef, le féroce Chaaka. »

Il ajouta, dans son style spécial, des anecdotes qui justifiaient le titre qu'il donnait au chef qu'il avait fui. Tous les sujets de ce despote lui appartenaient comme esclaves; parfois il faisait mettre à mort un millier d'hommes en une seule matinée pour se donner un spectacle émouvant ou satisfaire quelque horrible fantaisie. Quand une tête de bétail avait été prise par un lion dans les troupeaux innombrables du Chaaka, les bergers étaient condamnés à aller chercher la tête du lion et à la rapporter au chef; s'ils échouaient dans leur entreprise, leur sentence de mort était irrévocable.

Congo ajouta qu'il avait été quelquefois obligé de prendre part à ces chasses sanglantes. Un jour entre autres, il y eut dix hommes tués avant qu'on pût s'emparer du lion, car le tyran avait eu la fantaisie d'ordonner qu'on le lui amenât *vivant*. Non seulement, pour le contenter, il fallait que le fauve vécût, mais encore qu'il ne fût pas blessé. La moindre égratignure à sa peau eût été la condamnation de tous les malheureux employés à cette chasse. Donc, ce troupeau de pauvres esclaves s'était précipité sans armes sur le lion pour tâcher de le lier, et ils n'y étaient parvenus qu'après le sacrifice de dix d'entre eux.

La conversation roula ensuite sur l'oryx; Facetannée pouvait à ce sujet reprendre quelque avantage sur son rival; l'oryx fréquente les régions de l'ouest, et le Zoulou en savait moins que le Boschiman sur cette belle antilope, peu commune dans son pays. Facetannée donna des détails sur cet animal qui vit des plantes éparses sur le sol desséché de ces déserts sans eau.

Arend avait lu, dans quelques relations de voyage, que

cette antilope était la licorne fabuleuse dont les sculptures égyptiennes ont fait soupçonner l'existence réelle; ce ne fut pas à Facetannée, on peut le penser, mais au naturaliste qu'il demanda ce qu'il fallait croire à cet égard.

« Cette hypothèse est erronée, à mon avis, répondit Hans; c'est l'illusion de quelque voyageur, et elle a été exploitée par les savants qui ne sortent jamais de leur cabinet et en croient sur parole ceux qui viennent de loin, plutôt que d'aller vérifier leurs dires par eux-mêmes. Ce qui a pu accréditer cette croyance, c'est que, lorsqu'on regarde l'oryx de profil, il paraît n'avoir qu'une seule corne, et c'est toujours de profil que la licorne est représentée sur les monuments égyptiens. La forme de l'oryx, la coupe de sa tête ne ressemblent pas au type de l'animal fabuleux; ses cornes, même regardées de profil, n'ont aucun rapport avec celle de la licorne qui se projette en avant, tandis que les cornes de l'oryx se dirigent en arrière et effleurent parfois les côtes de l'animal.

— Mais enfin, dit Arend, il faut bien que les sculpteurs égyptiens aient pris ce type dans la nature pour le reproduire si souvent.

— Ce ne serait pas une raison, » répliqua Hendrik; et la discussion se serait poursuivie sur un point toujours controversé de l'esthétique, si Hans ne l'avait maintenue au niveau de tous les auditeurs, en ne prenant de l'observation d'Arend que ce qui devait intéresser tout le monde.

« Si jamais la licorne a représenté un animal véritable, dit le naturaliste, ce ne peut être que le gnou. Je parle de l'espèce ordinaire et non pas du gnou rayé; il présente les formes caractéristiques de la licorne fabuleuse : même rondeur élégante des membres, même forme de la tête et du corps, même encolure gracieuse, ornée d'une crinière ondoyante. Le gnou a deux cornes, mais elles sont placées de telle façon qu'il paraît souvent n'en avoir qu'une, d'après le mouvement de la tête, et leur projection en avant reproduit celle de la corne qui orne le front de l'animal fantastique. Les graveurs modernes nous montrent cette dernière toute droite; mais les sculpteurs égyptiens la représentent incurvée comme celle du gnou. Si l'on contestait cette dernière observation, il serait facile d'ajouter que le gnou, dans son jeune âge, a les cornes droites, et l'on pourrait supposer que les anciens ont choisi cette époque de la première période d'existence de cet animal pour le représenter. Je crois donc que, sauf meilleur avis, le gnou doit être considéré comme le type original de la licorne.

— Mais celle dont on parle dans la Bible, demanda le petit Jan, est-ce aussi un gnou, une antilope?

— Pas du tout, répondit Hans. L'unicorne de la Bible n'a pas de rapport avec l'animal des bas-reliefs égyptiens. Quand Job dit : « Peux-tu mettre l'unicorne sous le joug, hersera-t-il la vallée derrière toi? Te reposeras-tu sur lui parce que sa force est grande? L'emploieras-tu pour labourer ton champ? » C'est du rhinocéros que parle le livre saint. »

Plus curieux de chasse que de dissertations, le gros Wilhem demanda au naturaliste si l'oryx était seul de son espèce, ou si sa famille présentait d'autres types.

« On distingue, répondit Hans, trois autres espèces d'oryx : l'*addax*, l'*abu-harb* et l'*algazel*. L'addax habite généralement le centre de l'Afrique. Sa taille est celle de l'oryx du Cap; mais ses cornes, au lieu d'être droites, décrivent une spirale; son corps est d'un blanc gris, sa tête et son cou d'un brun rougeâtre, avec une marque blanche au travers de la face. Il vit par couples isolés, ne marche jamais par hordes, et ses pieds fourchus lui permettent de traverser les déserts arides sans enfoncer dans le sable. Les anciens ont connu l'addax; Pline, qui l'a décrit, nomme cet animal *strepsiceros*.

« L'abu-harb (*oryx bicoryx*) est une antilope de taille élevée, dont les cornes pointues s'incurvent légèrement en arrière; il est d'un blanc de crème, marqué de brun au front et sur les joues. On le trouve dans le Sennaar et dans le Kordofan où il vit en société et par troupeaux nombreux. C'est à lui que les Grecs et les Romains donnaient spécialement le nom d'oryx, réservé de nos jours à notre oryx du Cap.

« Quant à l'algazel, qu'on trouve au centre de l'Afrique, ses caractères spéciaux sont moins connus. Plusieurs naturalistes l'ont considéré comme une variété de l'abu-harb. »

Après avoir ainsi charmé les loisirs de leur soirée par une causerie instructive, les jeunes Boërs allèrent trouver un bon sommeil dans leurs wagons.

Le lendemain matin, la caravane se mit en route de bonne heure. Depuis son passage de la rivière d'Orange, elle s'était dirigée vers le nord-est, vers la contrée qui forme la lisière orientale du désert de Kalahari, et où l'on trouve en abondance des buffles, des éléphants, des girafes. Les rivières de cette région donnent asile à des hippopotames et à des crocodiles énormes. C'était Congo qui servait de guide; il avait promis à ses jeunes maîtres de les mener dans un bon pays de chasse, et ceux-ci avaient foi dans la promesse du Cafre.

Après une longue journée de marche, la caravane s'arrêta auprès d'un bouquet de bois situé au bord d'une plaine aride qui s'étendait à perte de vue. La seule végétation de ce sol desséché par un soleil brûlant se composait d'aloès arborescents, surmontés çà et là d'un bel épi de fleurs rouges, d'euphorbes et de buissons d'*acacia horrida*. Toutes ces plantes, maigrement éparses dans la plaine, laissaient entre elles de larges espaces de sol nu d'une teinte brune, dont nul mouvement de terrain ne coupait la monotonie. C'était là une sorte de cap du désert que les voyageurs devaient traverser avant d'atteindre la région fertile qui leur était annoncée; ils avaient à franchir plus de quatre-vingts kilomètres sans rencontrer une rivière, une fontaine ni même une citerne, sans trouver enfin une goutte d'eau!

Ils établirent leur camp auprès d'une source limpide, la dernière qui se trouvât aux confins de cet éperon du désert. Leur intention était de séjourner là quarante-huit heures au moins, afin de sécher la venaison et de refaire leurs bêtes avant la traversée pénible de cette langue de terre désolée.

Le soleil allait se coucher lorsque le campement fut installé au centre du bouquet d'arbres dont le feuillage ombrageait la fontaine. Hans s'éloigna de ses amis, encore occupés aux détails de l'installation, et il alla s'asseoir à la lisière du bois, au pied d'un arbre dont le feuillage servait de dôme à son siège de gazon. Ses regards flottaient vaguement sur la plaine aride, quand il aperçut, à quelques centaines de mètres du lieu où il était assis, trois autruches qui arpentaient le sol gravement et sans la moindre inquiétude. Le naturaliste reconnut facilement un mâle et deux femelles; le premier se distingue par sa taille plus haute, par le manteau noir de ses plumes, dont la teinte contraste avec les plumes d'un blanc neigeux de la queue et des ailes; les deux femelles avaient cette teinte grisâtre, cette livrée modeste qui rend leur prise moins lucrative aux chasseurs avides de gain.

Les trois autruches ne se doutaient pas du voisinage d'un camp. Le bouquet d'arbres dissimulait l'installation des Boërs. Tout en marchant, elles allongeaient le cou à droite ou à gauche, ramassaient une graine, cueillaient une feuille et poursuivaient leur chemin en ligne droite, ce qui fit juger à Hans qu'elles se rendaient à leur asile de chaque soir.

Elles passèrent devant le naturaliste qui avait eu, en les apercevant, l'intention d'appeler ses camarades; il s'était même demandé s'il n'y aurait pas moyen de chasser ce gibier; mais un moment de réflexion lui fit abandonner ces deux projets. Jan et Klaas auraient été les seuls à prendre plaisir de voir des autruches en liberté; or, la traite du jour avait été fatigante, et les pauvres petits dormaient déjà; puis, on ne pouvait songer à chasser des autruches avec des chevaux fatigués, sur une plaine découverte. Hans demeura donc immobile et se contenta de suivre de loin la silhouette décroissante des trois bipèdes gigantesques; les autruches n'avaient guère fait qu'un kilomètre lorsqu'un autre animal fixa son attention.

C'était un petit quadrupède, de la taille d'un chat, mais très différent de forme. Sa tête allongée se terminait par un museau pointu; ses oreilles droites, larges et dressées, formant à leur extrémité un angle très aigu, étaient sans proportion avec sa petite taille; elles présentaient environ quinze centimètres de longueur, quand l'animal mesurait à peine trente centimètres depuis le bout du museau à la naissance de la queue. D'un beau jaune isabelle sur le dos, il avait la poitrine d'un blanc mat; plus haut sur jambes que ne le sont les félins, ce petit quadrupède faisait partie de la race canine; c'était en effet le plus petit des renards connus, le *caama* de l'Afrique centrale, et, à

III

LE FENNEC RAMPAIT OU TROTTAIT TOUR A TOUR.

parler plus scientifiquement, ce n'était même pas un renard, mais un *fennec*.

Qu'est-ce donc qu'un fennec? cette question a mis dans l'embarras plus d'un naturaliste. Le fennec est un animal dont on rencontre plusieurs espèces en Afrique, et c'est le voyageur Bruce qui l'a décrit des premiers. On l'a classé parmi les renards, faute de savoir à quelle autre espèce le rattacher ; mais il existe entre eux bien des différences. Chez les renards, la pupille est elliptique, ce qui indique des animaux *nocturnes*; les fennecs, étant des animaux à vue diurne, ont la pupille ronde. Toutefois, il existe des renards et des fennecs à vue crépusculaire, ce qui rend la ligne de démarcation très indécise.

On a donc pris le parti de créer un genre spécial pour y classer les fennecs, et on a nommé ce genre *megalotis*, à cause de leurs grandes oreilles.

En observant les allures du fennec, Hans s'aperçut qu'il rampait ou trottait tour à tour, s'arrêtant pour s'accroupir comme s'il avait eu peur d'être remarqué, et le naturaliste se demanda quelle proie guettait ainsi le petit quadrupède. Il découvrit enfin que le fennec réglait sa marche sur celle des autruches. Dès que celles-ci s'arrêtaient, le fennec s'aplatissait à terre, et se remettait à courir quand elles recommençaient à marcher. Il les suivait évidemment à la piste, mais dans quelle intention? Ce ne pouvait être pour les attaquer ; d'un coup de pied, la plus petite autruche aurait pu le lancer à cinquante pas, comme une raquette renvoie un léger volant, et le naturaliste cherchait en vain dans quel but ce renard microscopique poursuivait un énorme bipède dont il avait tout à craindre.

Hans tira de sa poche sa longue-vue dont le secours lui devenait nécessaire pour épier la suite de l'aventure; le fennec était devenu invisible à l'œil nu, et les autruches étaient bien loin dans la plaine. Le fennec continuait sa manœuvre. Quant aux autruches, elles s'arrêtèrent tout à coup ; le mâle s'accroupit sur ses longues jambes qui disparurent ; son corps affaissé parut plus gros, plus large qu'auparavant ; il paraissait occupé à couver. L'aspect du terrain autour de lui permettait de faire cette supposition. La légère proéminence du sol qui entourait l'oiseau ressemblait au bord d'un nid ; mais l'autruche se contente de creuser un trou dans le sable pour y déposer ses œufs, et cette cavité est difficile à distinguer de loin. Cependant des objets arrondis et blancs, gros comme des billes, se dessinaient autour de l'oiseau accroupi dans le champ de la lunette d'approche ; en tenant compte de la distance, Hans conclut que ces objets étaient des œufs d'autruche. Il savait qu'on trouve ordinairement des œufs éparpillés autour des nids de cet oiseau, qui les dépose là, dit-on, pour servir à sustenter ses petits après leur éclosion, mais cette explication n'est pas prouvée.

Après avoir rôdé aux environs pendant quelques minutes, les deux femelles s'agenouillèrent près du mâle dans la posture où elles devaient dormir. Cette attitude confirma Hans dans la persuasion qu'il se trouvait là un nid. Il est d'usage, parmi les autruches, que les mâles prennent part aux soins de l'incubation, et c'est surtout la nuit qu'ils s'en chargent. L'air plus froid exige une couveuse dont la poitrine soit plus large, afin de conserver aux œufs la chaleur nécessaire à l'éclosion ; d'ailleurs il est bon que le défenseur du nid ait la force de le protéger contre les maraudeurs nocturnes. Au point du jour, l'une ou l'autre des femelles devait relayer le mâle, jusqu'à ce que la grande chaleur permît à la famille de quitter le nid et de s'en fier aux rayons du soleil pour lui conserver la température favorable.

Après avoir observé l'installation des autruches, Hans chercha ce que pouvait être devenu le fennec; il finit par le découvrir tapi sous un buisson, faute d'avoir rencontré quelque trou qui lui aurait rappelé son terrier. Le fennec avait tout l'air de s'être blotti là pour la nuit.

Le crépuscule étendait ses grandes ombres; les objets s'effaçaient; Hans fut obligé de revenir au campement. Il voulut égayer le souper du récit de ses observations solitaires; mais il ne fit ainsi que s'attirer de vifs reproches de la part de Jan et de Klaas.

« Tu aurais dû nous appeler, disait Jan, nous avions bien le temps de dormir cette nuit. On ne voit pas tous les jours des autruches de si près! Pourquoi as-tu donc gardé ton bonheur pour toi tout seul?

— Oh! dit Klaas, cela lui est bien égal que les autres ne voient rien.

— Gâtez donc les enfants; préoccupez-vous de leur santé avant tout, s'écria le gros Wilhem, pour en être ainsi récompensé. Voilà quelque chose de curieux que trois autruches traversant la plaine en ligne droite, comme de bonnes gens qui rentrent chez eux!

— Bah! reprit Klaas, s'il se fût agi d'un buffle, d'une girafe ou d'un éléphant, tu en voudrais toi-même à Hans, mon cher Wilhem, s'il ne t'avait pas prévenu. Pour nous qui n'avons que de petits fusils et du plomb n° 5, le vrai gibier, ce sont les oiseaux.

— Les autruches se moqueraient bien de ton plomb n° 5; il ne ferait que les cingler.

— Peu importe! dit Klaas, Hans n'est pas aimable pour nous; il n'en fait jamais d'autre. »

Ces plaintes auraient duré longtemps peut-être, si les aînés n'avaient pris le sage parti de les laisser s'exhaler librement et de s'isoler dans une causerie intéressante sur les autruches. Bientôt Jan et Klaas oublièrent leur déception et devinrent tout oreilles, pour faire leur profit de ce qui se disait.

Facetannée connaissait les autruches presque aussi bien par la pratique que le naturaliste les connaissait par la théorie. Le Boschiman avait passé son jeune âge au désert, qui est la vraie patrie de sa tribu et de l'autruche, et il était trop heureux de reprendre quelque importance, à cette occasion, pour négliger de dire tout ce qu'il savait à cet égard. Les récentes prouesses de Congo lui portaient ombrage, et il ne cherchait qu'à faire ressortir son mérite pour rétablir l'égalité entre eux.

L'expérience du Boschiman venant s'ajouter à l'érudition du naturaliste, les jeunes Boërs apprirent ce soir-là les faits principaux de l'histoire du géant-emplumé du désert.

« L'autruche, dit Hans, est un oiseau africain, bien qu'on le signale dans certaines contrées asiatiques. Partout où l'on trouve de larges plaines sablonneuses, en Afrique, en Arabie et en Perse, l'on y rencontre l'autruche. C'est l'hôte du désert; elle ne hante jamais les régions marécageuses ou boisées, ni même les pays fertiles. Elle fut connue dès les premiers temps de l'histoire; il faut même que le nombre en ait bien diminué depuis l'époque de la domination romaine, puisqu'on servit dans un festin à l'empereur Héliogabale six cents cervelles d'autruche.

— Quel gourmand ! s'écria Klaas.

— Dis plutôt : quel goulu ! répondit Jan, qui servait

volontiers d'écho à son jeune ami ; puis tous deux se tournèrent vers le narrateur, auquel ils ne gardaient plus rancune.

— Après un tel repas, dit Arend en riant, il devait avoir plus de cervelle dans l'estomac que dans la tête.

— L'autruche, poursuivit Hans, portait chez les anciens le nom de *struthio camelus*, qui veut dire *oiseau-chameau*; ce rapprochement n'est pas sans raison ; le pied de l'autruche a deux doigts et rappelle celui de ces ruminants; son grand cou dénudé, ses cuisses sans plumes, le coussin qu'elle porte sur la poitrine et qui a de l'analogie avec la callosité pectorale du chameau font souvenir de cet autre habitant du désert. Pline et Aristote, dans leurs descriptions de l'autruche, la représentent comme mi-quadrupède et mi-oiseau. »

Les autres explications, dues tantôt au Boschiman et au jeune naturaliste peuvent se résumer ainsi : l'autruche vit en société, par bandes de cinquante ou soixante individus, mêlés paisiblement aux troupeaux d'antilopes diverses qui hantent le désert.

Les mâles ont plusieurs femelles, chacune d'elle pond de douze à seize œufs. Le nid, creusé dans le sable, peut avoir 1^m,80 de diamètre ; la moitié des œufs y tient à peine ; les autres demeurent éparpillés tout autour et ne sont jamais couvés. Hans ne partageait pas la croyance du Boschiman au sujet de ces derniers œufs que Face-tannée disait destinés à repaître les petits. Le naturaliste pensait que les autruches ne déposaient dans le nid que la quantité d'œufs possible à couver. Le surplus, naturellement, devait être perdu pour l'avenir de la famille. Les œufs de l'autruche sont placés debout, à côté les uns des autres dans le nid, et l'oiseau peut en couver de trente à quarante. Ce premier nombre est le plus fréquent, mais Facetannée assurait avoir souvent visité des nids offrant la seconde quantité d'œufs.

La durée de l'incubation varie selon la température, de trente à quarante jours. Les jeunes autruches sortent de leur coquille fort bien développées. Le surlendemain de leur naissance, elles sont grosses comme des pintades, et elles quittent le nid sous la direction de leurs parents pour aller chercher leur pâture. Pendant leur éducation, le père et la mère les entourent de soins fort tendres. Si un ennemi survient, la mère, qui conduit la petite bande, n'hésite point à appeler le danger sur sa tête ; elle tire la jambe, feint d'être blessée, de trébucher à chaque pas, afin de donner le temps au mâle d'éloigner les petits du péril.

Les œufs d'autruche sont d'un blanc terne; ils diffèrent entre eux et pour le poids et pour la dimension. Un œuf ordinaire a quinze centimètres de longueur et il pèse un kilogramme et demi; cuit dans les cendres chaudes, c'est un très bon mets, suffisant à rassasier un homme; on prétend même que trois personnes y trouveraient des rations assez fortes pour les sustenter. Ces appréciations dépendent de l'appétit des convives et de la capacité de leurs estomacs. On se fera une idée plus juste du volume d'un œuf d'autruche par ce fait qu'il équivaut à vingt-quatre œufs d'une poule ordinaire.

La coquille est forte ; elle sert de bouteille à tous les indigènes du désert, qui n'ont pas, pour la plupart, d'autres vases.

Parvenue au terme de sa croissance, une autruche mâle pèse cent cinquante kilogrammes et elle a trois mètres de hauteur; ses jambes sont musculeuses et sa cuisse présente la grosseur d'un énorme gigot de mouton.

On a prétendu que l'autruche est le plus rapide de tous les animaux. Il est certain qu'un cavalier, quelque vite que soit sa monture, ne peut suivre une autruche à la piste ; il est obligé de couper en droite ligne tous les crochets décrits par le bipède afin de l'approcher assez pour le tirer au passage. L'autruche a autant de fond que de vitesse. L'Arabe, dont le cheval semble avoir des ailes, a lui-même de la peine à la forcer.

Quand elle court, ses sabots résonnent comme ceux d'un cheval qui trotte, et elle lance violemment derrière elle les cailloux qu'elle déplace ; lorsqu'elle fuit de sa plus vive allure, elle déploie ses plumes blanches qui lui servent en guise de balancier, car ses ailes sont impropres au vol.

Attaquée de près, c'est avec la jambe que l'autruche se défend ; elle peut briser la cuisse d'un homme ou même le tuer d'un coup de pied, comme le ferait un cheval ; mais l'organe qui contribue le plus à sa sécurité, c'est sa vue perçante, qui lui permet de voir ses adversaires, même inférieurs en taille, à une distance où ceux-ci ne l'aperçoivent pas elle-même.

Il est donc fort difficile d'approcher de ce bipède défiant et de le rencontrer à portée d'arme à feu, à moins qu'on n'ait trouvé d'avance un abri propre à l'affût. Il est possible parfois de lui envoyer une balle en l'attendant près des cours d'eau où elle va se désaltérer.

Beaucoup de voyageurs ont nié que l'autruche fût soumise aux nécessités de la soif, parce qu'on la rencontre généralement loin des cours d'eau ; mais les distances ne sont rien pour un animal si rapide. Les indigènes ont observé que les autruches vont boire chaque jour à la source de leur choix, et il est constant que celles qui vivent en captivité absorbent beaucoup d'eau. Elles sont alourdies lorsqu'elles viennent de se désaltérer ; aussi est-ce le moment que les chasseurs choisissent pour les poursuivre.

La dépouille de cet oiseau étant de grande valeur, on trouve en Afrique des hommes qui font métier de le chasser. Il n'y a pas jusqu'à la peau de ce bipède qui ne s'utilise comme cuir de bonne qualité. Cette peau nue se vend vingt-cinq francs environ. Quant aux plumes de la queue et des ailes qui sont au nombre de quarante environ, elles valent sur place environ un franc pièce et même plus, quand elles sont très belles. Enfin, on fait des semelles avec la plante des sabots de l'autruche, de ses nerfs du fil à coudre le cuir, et sa chair est, à la rigueur, comestible. C'est surtout celle des jeunes que l'on peut manger ; celle des adultes est coriace et d'un fumet peu appétissant.

La nourriture de l'autruche se compose de bourgeons d'arbustes, de sommités d'arbrisseaux et de graines. Chacun sait d'ailleurs que cet animal vorace engloutit dans son estomac les substances les moins faites pour être digérées. C'est même cette gloutonnerie qui empêche les colons du Cap, sauf ceux de la frontière, d'apprivoiser des autruches dans leurs basses-cours ; elles y foulent aux pieds la volaille et avalent par distraction les petits poussins et les canetons, sans avoir pour excuse un tempérament carnivore. Comme la plupart des animaux sauvages, l'autruche est très friande de sel ; on la rencontre par troupes nombreuses au voisinage des salines éparses dans les déserts de l'Afrique.

La voix de l'autruche n'est qu'un gloussement grave dans les circonstances ordinaires ; en colère, elle rugit presque comme un lion ; si elle est blessée ou forcée ; elle siffle comme un jars furieux.

L'autruche est représentée en Amérique par le genre *rhea*, divisé en deux espèces : le *nandou*, et la *petisa* ou rhéa de Darwin. Ces deux rhéas se ressemblent en tout, sauf la différence de taille; le nandou parcourt les plaines de la Plata, et il est plus grand que la petise. On ne rencontre cette dernière qu'au sud de la Patagonie.

Les mœurs du nandou sont presque identiques à celles de l'autruche; comme traits distinctifs, il mange les petits poissons qui restent sur la vase des rives après la saison des pluies, et, sans que rien ne l'y oblige, il traverse à la nage des courants rapides.

Aucun membre de cette famille ne peuple les vastes déserts de l'Amérique du Nord, que l'on connaît sous le nom de prairies.

On rencontre aussi, dans la presqu'île de Malacca et dans l'archipel Indien, un oiseau nommé le casoar, qui est proche parent de l'autruche, mais à un degré plus éloigné que le nandou. Ce n'est pas, il est vrai, un habitant des déserts; il se nourrit des herbes les plus succulentes dans des contrées fertiles; mais ses habitudes offrent de la similitude avec celles de ses congénères.

« Nous avons écouté avec beaucoup d'attention, dit Klaas au naturaliste. Est-ce que Jan et moi, nous ne méritons pas pour demain une compensation à notre déconvenue de ce soir?

— Ces méchants gamins ont de la suite dans les idées, dit Hendrik en haussant les épaules avec bonhomie.

— Bah! rendons-les contents tout de suite, répondit Hans qui venait de causer tout bas avec Wilhem et Arend. Ainsi, mes chers garçons, allez dormir pour être dispos au réveil. Demain matin, nous tâcherons de cerner et de prendre les trois autruches. »

CHAPITRE IV

Le mangeur d'œufs d'autruche. — Chasse à l'égocère bleu.
Mésaventures de Wilhem.

Le lendemain matin, on tint un conseil animé pour résoudre le plan de l'attaque : Hendrik et Wilhem devaient partir les premiers ; ils avaient à décrire un large circuit pour aller se placer de l'autre côté du nid des autruches, et à une assez grande distance ; Hans et Arend devaient prendre, l'un à droite, l'autre à gauche ; Klaas et Jan avaient à se diriger directement vers le nid en quittant le bivouac. D'après ce plan, quelque direction que prissent les autruches, elles devaient toujours rencontrer l'un des Boërs prêt à les rabattre du côté opposé.

C'est la méthode qu'emploient les indigènes du Sud, et la seule qui permette de capturer l'autruche. Quand l'opération est bien conduite, l'oiseau perd la tête en se voyant traqué dans toutes ses voies, et il se laisse prendre ou tuer d'un coup de fusil. Cependant il est dangereux d'approcher de trop près l'animal, fût-il grièvement blessé. Hans ne quitta pas ses amis sans leur avoir fait à ce sujet des recommandations de prudence.

La seule crainte des chasseurs, c'était que leur petit nombre ne permît aux autruches de leur échapper; il fut donc résolu que les deux serviteurs prendraient part à l'expédition, et qu'on se ferait assister d'une demi-douzaine de limiers.

Un incident ridicule dérangea toute l'économie de ce plan. Lorsque Hendrik voulut seller son cheval, il trouva la sangle et les bords inférieurs de la selle aux trois quarts coupés. Des traces de crocs qui la dentelaient prouvaient qu'une hyène s'était glissée pendant la nuit dans le camp et avait soupé de ces morceaux de cuir, faute de mieux. Il fut indispensable de réparer le dommage. Avant que cette besogne eût été terminée, les autruches avaient quitté leur nid; il faisait déjà une chaleur étouffante. Quand les jeunes Boërs sortirent de leur camp, ils aperçurent leur gibier qui s'éloignait dans une direction opposée. Les autruches furent bientôt hors de vue, même pour Hans qui se servait de sa lunette d'approche.

Quel désappointement! Hendrik surtout maudissait sa mauvaise chance qui avait détruit les espérances d'une belle chasse; si une hyène se fût montrée à ce moment, elle eût passé un cruel quart d'heure, tant il était exaspéré.

« Nous voici à cheval; allons toujours pousser une reconnaissance vers le nid des autruches, dit Arend; je ne serais pas fâché de varier notre menu de venaison par une bonne omelette. Cela nous changera de régime.

— Voilà une excellente idée, dit Wilhem; je me sens d'appétit à manger à la coque un de ces œufs d'autruche, pourvu que le soleil ne les ait pas déjà trop avancés. »

Et les deux jeunes gens se disposèrent à partir en engageant leurs compagnons à les suivre.

« Attendez! leur dit Hans, tout espoir n'est pas encore perdu.

— Est-ce que les autruches reviennent? Je ne les aperçois pas, » fit Arend.

Le naturaliste tenait sa longue vue braquée dans la direction du nid : « C'est lui, s'écria-t-il après un moment de silence, c'est le fennec. Il est auprès du nid et paraît fort occupé, je ne devine pas à quoi.

— Tiens! fit Wilhem, n'aurait-il pas le même goût que nous pour les œufs?

— Une chasse au fennec! » s'écria Hendrik, dont l'exclamation fut répétée par tous avec enthousiasme.

Les six cavaliers lancèrent leurs chevaux dans la plaine en sifflant leurs chiens qui les suivirent à grandes enjambées. Ils se dirigèrent tout droit vers le nid des autruches; il n'était pas besoin de prendre le fennec par ruse; le petit animal n'aurait pu leur échapper qu'en se blottissant dans quelque trou, et il se trouvait probablement fort loin de son terrier.

Il avait suivi sans doute les autruches de très loin pour découvrir leur nid, car le fennec est très friand d'œufs.

Facetannée avait affirmé la veille au soir que les fennecs rôdent sans cesse pour découvrir où les autruches cachent leur ponte; mais ce que le Boschiman ne pouvait s'expliquer, c'est la façon dont un si petit animal parvient à casser la coquille de ces œufs qui est fort dure. Cette question intriguait aussi ses jeunes maîtres, surtout le naturaliste. Hans avait vu des fennecs en captivité; il savait même quelque chose de leur anatomie. Il n'ignorait pas que leur crâne est dépourvu de la saillie à laquelle s'agencent les muscles temporaux, et que ce défaut donne aux fennecs moins de force dans la mâchoire que n'en a le véritable renard. Ils ne peuvent donc briser un œuf d'autruche avec leurs dents, pas davantage avec leurs pattes; le dessous des doigts étant garni d'un poil laineux. Le renard polaire a des chaussons de même nature pour courir sur la glace; une prévoyance analogue a pourvu le petit fennec de la zone torride de chaussons qui préservent la plante de ses pattes du contact du sable brûlant.

Facetannée ne savait comment expliquer le fait, mais il était constant, d'après lui, que le fennec mange les œufs d'autruche sans rien perdre ni du blanc ni du jaune; ses jeunes maîtres en étaient réduits aux conjectures sur l'industrie que cet animal emploie pour en venir à ses fins. La question devait pourtant être bientôt résolue par le fennec lui-même, et à la vue de toute la caravane.

Quand ils furent arrivés à trois cents mètres environ du nid, les cavaliers s'arrêtèrent pour épier les mouvements du petit animal qu'ils distinguaient fort bien. Tout entier à sa propre affaire, le fennec ne se doutait pas qu'on l'observait; le sable avait étouffé le bruit des pas de la cavalcade. La seule inquiétude de l'animal, c'était le retour possible des autruches; il levait la tête de temps en temps pour regarder dans la direction qu'elles avaient suivie en s'éloignant.

Facetannée et Congo tenaient les chiens en laisse. Les chasseurs restaient immobiles. Au premier abord, ils ne comprirent pas les gestes du fennec qui leur tournait le dos. Ils virent enfin que sa tête et sa poitrine étaient un peu hautes, appuyées qu'elles étaient sur un objet relevé; c'était un œuf d'autruche qu'il poussait devant lui, en lo faisant rouler à l'aide de ses pattes de devant, alternativement remuées.

Le fennec avait-il donc l'intention de rouler l'œuf jusqu'à son terrier? C'eût été une rude et longue tâche, car ce terrier était peut-être à plusieurs milles. Cette idée ne fit que traverser l'esprit des chasseurs. Ils s'aperçurent bientôt que l'industrieux animal n'avait d'autre but que de déjeuner séance tenante.

Le fennec poussait son œuf dans la direction d'une pierre haute de trente centimètres environ et beaucoup plus large. Quand il n'y eut plus entre l'œuf et la pierre qu'un mètre de distance, le fennec le précipita sur le roc d'un mouvement rapide qui brisa la coquille. Sans perdre une minute, il se mit à laper le contenu; les chasseurs lui auraient laissé le temps de le savourer, bien qu'ils eussent eux-mêmes l'appétit éveillé ; mais Facetannée laissa échapper les chiens sans attendre la permission de ses jeunes maîtres.

La chasse ne fut pas longue. Les limiers sautèrent sur le pauvre fennec, et le Boschiman dut faire jouer son fouet en peau de rhinocéros pour empêcher la meute de lacérer le beau pelage de l'animal.

Ainsi que Wilhem l'avait craint, les œufs déposés dans le nid étaient trop avancés pour servir de nourriture; mais il s'en trouvait de très frais parmi ceux qui gisaient sur le sable aux alentours. Facetannée voulut se faire pardonner d'avoir causé la perte d'un innocent animal, que lui avaient reprochée Hans et Arend; il s'empressa de se rendre utile au repas improvisé et se chargea de faire cuire les œufs d'après la méthode indigène qui est la meilleure : on pose l'œuf par un bout dans les cendres chaudes; on pratique à sa partie supérieure une ouverture, et l'on brouille le blanc et le jaune avec une baguette jusqu'à parfaite cuisson. Ce déjeuner fut un régal pour les jeunes Boërs et pour leurs serviteurs.

De l'autre côté du bouquet de bois où était situé leur campement se trouvait une vaste prairie, séparée du désert par une large ceinture de grands arbres; cette verdure était d'autant plus agréable à l'œil qu'elle contrastait avec les teintes sèches de la plaine qui la bordait à l'ouest. La prairie, malgré son étendue, n'était pas sans limites apparentes; un bois d'acacias la terminait à l'horizon, et plusieurs massifs de ces arbres élégants étaient dispersés çà et là dans les hautes herbes, comme par le caprice d'un dessinateur de parcs anglais. Il était impossible que de si beaux pâturages ne fussent pas hantés. Cette oasis au bord du désert avait en effet de nombreux habitants; des oiseaux d'espèces diverses, de légers quadrupèdes avaient pour patrie cette prairie si fraîche, à la végétation luxuriante.

Le secrétaire, mangeur de serpents, y cherchait dans les hautes herbes sa proie rampante. Sans même faire usage de ses ailes, ce bel oiseau n'a rien à craindre des carnivores; ses longues jambes le mettent hors de l'atteinte des hyènes et des chacals; il est si vite à la course que les Arabes le nomment le *cheval du diable*.

La grande outarde, que les Boërs nomment paon sauvage, hantait aussi cette prairie où vaguaient, de bocage en bocage, des troupes de pintades, à la robe perlée, dont le babil incessant grince à l'oreille avec un bruit de scie qu'on lime. Des perroquets multicolores, des pigeons verts, des colombes à collier voletaient d'un arbre à l'autre, et le moineau républicain (*loxia socia*) avait établi sur l'acacia le grand toit de chaume sous lequel il niche par tribus.

Mais les oiseaux ne devaient pas être les seuls habitants de ce beau domaine ; c'est ce que se dirent les voyageurs après leur courte chasse au fennec, et ils résolurent d'explorer un peu la prairie. Ils prirent avec eux les chiens, après avoir commis leurs serviteurs à la garde du camp.

A peine avaient-ils fait cent pas en avant qu'Hendrik, qui servait d'éclaireur, arrêta son cheval en priant du geste qu'on l'imitât. Chacun lui obéit, et les chasseurs, qui n'étaient pas encore sortis du petit bois, regardèrent à travers la feuillée et eurent sous les yeux un tableau qui aurait fait battre le cœur du vieux Nemrod lui-même.

Plusieurs antilopes, d'une espèce admirable, paissaient dans la prairie ; leur robe était couleur gris cendré avec un reflet bleu de plume de corbeau ; ce reflet est dû à l'épiderme dont la teinte noire brille à travers le poil de l'animal.

C'était la première fois que les chasseurs rencontraient cette antilope, mais ils la connaissaient de nom. Elle parcourait jadis le territoire du Graaf-Reinet; souvent M. Van Wyk et M. Von Bloom avaient parlé devant leurs fils du temps où ils chassaient dans leur voisinage cette antilope à robe moirée de reflets bleus, aux cornes incurvées en arrière. La description qu'en faisaient ces vieux chasseurs était exacte; les antilopes qui paissaient devant les voyageurs étaient des *blawboks;* c'est ainsi que les Boërs nomment l'*égocère bleu.*

Hans confirma sur ce point l'opinion de Wilhem et d'Hendrik.

Cinq espèces d'antilopes constituent le groupe désigné sous le nom d'*egocerus*. Toutes les cinq résident au sud de l'Afrique, dans la région que traverse la rivière d'Orange. La première espèce est le *waterbok* (*egocerus ellipsiprymmus*) dont la robe est d'un gris bleuté; il fréquente les cours d'eau, les traverse volontiers; de là lui vient son nom de waterbok (antilope aquatique). D'une hardiesse qui va jusqu'à la témérité, il est dangereux de l'approcher quand il est réduit aux abois.

La seconde espèce est le *tacheté* (*egocerus barbatus*), de la taille du waterbok ou peu s'en faut, mais armé d'une crinière et d'une longue barbe; il est aussi violent de caractère que le précédent; mais il s'éloigne plus volontiers des cours d'eau et broute, comme les chèvres, les feuilles de l'acacia.

L'égocère chevalin (*egocerus equinus*) constitue la troisième espèce du genre; la courbe de ses cornes est plus accentuée que chez les blawboks; il habite les régions montagneuses et ne descend guère dans la plaine.

Mais la plus belle espèce du genre est sans contredit l'antilope noire (*egocerus niger*). Sa taille est d'un mètre trente-cinq centimètres, et ses cornes, courbées comme un cimeterre, ont près d'un mètre de longueur. Sa robe est d'un noir lustré sur le dos, blanche au ventre et à la poitrine; sa tête et son cou sont également marqués de blanc.

Il est rare de rencontrer l'une ou l'autre de ces espèces d'antilopes, même dans leur pays natal; elles ne vivent que par petites hordes d'une douzaine de familles environ; encore le plus souvent elles ne se montrent que par couples, ou par individus solitaires.

Le blawbok est de toutes la plus difficile à rencontrer; c'est au point que des naturalistes ont prétendu que la race s'en est éteinte; mais l'Afrique est si grande et recèle encore tant de régions inexplorées!

Les égocères bleus qui paissaient dans la prairie étaient au nombre de sept. Le plus grand, un vieux mâle, paraissait le chef de cette famille; il marchait le premier et se dirigeait du côté de la source du petit bois. C'est du moins ce que supposèrent les chasseurs. Ils se consultèrent sur le plan d'attaque, mais ils n'eurent pas le temps de s'entendre. Un de leurs chiens, dont l'éducation laissait encore à désirer, eut l'étourderie de donner de la voix en s'élançant dans la prairie.

Les égocères se détournèrent à la voix du vieux mâle qui leur ordonnait la retraite, et le troupeau s'enfuit en toute hâte.

Il ne restait plus d'autre ressource qu'un lancer général à la poursuite des égocères; en un instant, la prairie offrit le curieux spectacle d'une course à fond de train fournie par toute la troupe de cavaliers; les chiens, en avant, suivaient de près la trace du gibier fugitif.

Mais toutes les montures ne purent pas soutenir longtemps la rapidité de cette allure; les poneys de Klaas et de Jan furent vite distancés. Le cheval du naturaliste resta aussi à l'arrière-garde; c'était une bête solide, bien choisie pour sa résistance aux fatigues d'un long voyage, mais peu taillée pour briller dans une chasse à courre. La monture d'Arend était mieux faite pour seconder son cavalier; mais le jeune cornette n'était pas d'humeur à soutenir un assez long temps de galop par la chaleur qu'il faisait; il permit à son cheval de s'arrêter à l'ombre d'un acacia; puis il se mit à s'éventer avec l'un de ses gants d'uniforme.

Restaient donc à la poursuite des blawboks Hendrik et Wilhem qu'excitait un sentiment de rivalité amicale; ils ne comptaient se reposer qu'après avoir sonné l'hallali. Tous deux étaient fort bien montés; mais leurs chevaux étaient d'espèce différente : celui d'Hendrik était un cheval noir, de demi-sang arabe, beau de proportions, et de qualités bien équilibrées qui le rendaient propre à tous les efforts qu'exigeait de lui son cavalier.

La monture de Wilhem contrastait par ses dehors grotesques avec la beauté de celle d'Hendrik; d'une allure gauche et dégingandée, elle avait un corps plat, des jambes longues et osseuses, une encolure démesurée, et une tête anguleuse, bossue comme celle de la girafe. Ce cheval avait d'ailleurs d'autres points de ressemblance avec ce quadrupède : son déhanchement comique et une queue mince et fort râpée; aussi les compagnons de Wilhem nommaient-ils en riant sa monture *la grande girafe*. Tel qu'était son cheval, le plus laid à coup sûr de tout le pays des Boërs, Wilhem ne l'aurait pas échangé contre la plus belle tête chevaline de toute la colonie.

C'est que la grande girafe est, comme disent les jockeys, mauvaise à l'œil, bonne à la course; elle a forcé des antilopes et des couaggas, et passé plus d'une fois comme l'éclair au delà de la troupe des plus ardents chasseurs, emportant son gros maître comme elle eût fait d'une plume. Il y avait entre eux une entente parfaite.

Lui non plus, Wilhem, n'était pas beau à voir avec sa taille ramassée et ses gros membres musculeux; mais il tenait plus qu'il ne promettait, et son cheval, dont l'aspect ne promettait rien du tout, était capable de véritables hauts faits.

C'était, entre Wilhem et Hendrik, un sujet de débat constant que la valeur respective de leurs montures, quant au fond et à la vitesse, bien entendu. Wilhem rendait pleine justice à la beauté du cheval d'Hendrik, mais il raillait les gens qui comptaient au nombre des qualités d'un cheval la perfection de ses formes.

L'occasion avait jusque-là manqué aux deux cousins de mettre simultanément à l'épreuve le jarret et l'haleine de leurs montures; cette fois, le point en litige allait être jugé. Wilhem espérait bien démontrer la supériorité de la pauvre girafe et la venger de tous les quolibets moqueurs. Hendrik manœuvrait de son côté afin d'atteindre les blawboks avant cette bête informe, ce cheval qui ne ressemblait à rien.

Fort habiles cavaliers tous les deux, ils n'allaient pas en casse-cou; ils ménageaient leurs montures, afin de pouvoir réclamer d'elles un grand effort au dernier moment. Les blawboks avaient une grande avance; on ne devait pouvoir les approcher qu'après avoir parcouru plusieurs milles; Hendrik maîtrisait donc l'impatience de son cheval, afin que la girafe, dont il connaissait la vigueur, ne vînt pas à le dépasser.

Les deux cousins galopèrent quelque temps côte à côte, suivant de loin les chiens qui, eux-mêmes, étaient encore éloignés des égocères. Ceux-ci passèrent auprès d'un petit bois, mais sans essayer de s'y réfugier; ils couraient, comme fait le cerf, vers un cours d'eau pour s'y jeter.

Pourtant, les limiers gagnaient du terrain; plusieurs d'entre eux étaient jeunes, d'une ardeur folle, et ils en vinrent à serrer les égocères de si près que ceux-ci se débandèrent et s'enfuirent au hasard dans diverses directions.

La poursuite perdit alors son unité; les chiens se divisèrent aussi; chacun d'eux poursuivit l'égocère le plus voisin, et ils s'éparpillèrent ainsi dans la prairie.

Les deux chasseurs n'avaient plus qu'à choisir leur gibier, car ils ne songeaient pas à se séparer. Leurs montures elles-mêmes partageaient leur émulation, et semblaient se défier du regard en galopant de conserve.

Les cousins n'hésitèrent pas dans leur choix; le vieux mâle des égocères, le vieux bok (bouc) fuyait toujours en ligne droite, talonné par deux forts limiers; ses cornes devinrent le point de mire de la poursuite.

Des arbres, serrés l'un contre l'autre et alignés en file sombre, s'élevaient à l'horizon. Ils devaient border quelque rivière; c'était de ce côté que le vieux bok se dirigeait; mais il fallait traverser une vaste plaine avant de trouver un asile dans les eaux courantes, et la poursuite gagnait du terrain.

Les deux limiers étaient d'anciens rivaux qu'une querelle antérieure stimulait. Ainsi, chasseurs et bêtes faisaient tous leurs efforts pour triompher du pauvre égocère. Il n'y avait cependant pas l'ombre d'un mauvais sentiment dans la rivalité des deux cousins; c'était de l'émulation et non une basse jalousie. Chacun d'eux voulait démontrer la supériorité de son cheval et de son chien, sans nier la valeur du cheval et du chien de son compagnon.

L'égocère fuyait toujours, la tête haute, ses cornes courbées en arrière touchant presque ses flancs; à chaque bond qu'il faisait, ses membres formaient une ligne horizontale. Quand la nature du sol le favorisait, il prenait de l'avance; mais la poursuite redoublait de vitesse; bientôt les chiens ne furent plus qu'à dix mètres de ses jarrets nerveux, et les chevaux à cent mètres à peine. La sueur coulait à flots sur la robe de l'égocère et lui donnait une teinte plus foncée; des flocons d'écume étaient rejetés sur son cou et ses épaules; sa langue pendait, et les chasseurs l'auraient entendu souffler péniblement sans le bruit que faisait la respiration de leurs montures.

On parcourut huit kilomètres de cette allure folle, en la pressant de plus en plus. On approchait de la ligne boisée qui cachait peut-être une rivière; si l'eau y était large et profonde, l'égocère était perdu pour les chasseurs, car cette antilope nage comme un cygne.

Résolus à forcer leur gibier avant qu'il n'eût atteint cet asile, les chasseurs éperonnèrent leurs chevaux pour obtenir d'eux un suprême effort; mais, au troisième bond en avant que fournit la girafe, la terre lui manqua tout à coup, et l'énorme animal tomba sur l'herbe avec son lourd cavalier.

Hendrik, dont le cheval avait gagné d'une longueur de tête la monture de son cousin, entendit le bruit de cette chute; mais l'égocère était devant lui, l'entraînant à sa suite. Il ne s'arrêta donc pas pour porter secours à son compagnon démonté; il pressa son cheval qui redoubla de vitesse, en dépit de sa fatigue.

Quelques instants après, l'égocère était acculé à la lisière d'un bois et recevait l'assaut des deux limiers. Le pauvre Wilhem avait décidément du malheur dans cette partie de chasse; son chien favori, transpercé par les cornes aiguës du vieux bok, tomba sur l'herbe en jetant un cri d'agonie.

Le chien d'Hendrik aurait eu sans doute le même sort si l'arrivée de son maître n'eût effrayé l'égocère qui pirouetta sur lui-même et s'enfonça dans la forêt, suivi du limier intrépide.

Hendrik entendit craquer les branches sur le passage du bok et aboyer son chien, dont la voix dirigea sa poursuite. Il ralentit le train de son cheval, entra dans le fourré et suivit comme il put la trace de son gibier; la voix du chien ne se faisait plus entendre; il commença à craindre que le limier n'eût perdu la piste... Il faudrait donc reve-

IV

LE VIEUX BOK AVAIT TRAVERSÉ LA RIVIÈRE.

nir au camp avec une mine aussi piteuse que celle de Wilhem, et sans un bon motif pour excuser sa déconvenue... Voilà ce qu'Hendrik pensait, lorsqu'il perçut le bruit d'un plongeon bruyant. La rivière était proche; Hendrik en apercevait le bord par une éclaircie du bois, et il vit distinctement son brave chien prendre l'eau à la suite de l'égocère qui nageait déjà. Sans hésiter une seconde, Hendrik galopa vers la rive. Il espérait pouvoir finir la lutte d'un coup de sa carabine avant que l'égocère eût gagné l'autre bord. Bientôt il fut sur la berge à un endroit où l'eau était profonde, mais le courant peu rapide; de larges cercles moiraient la surface de l'eau autour des cornes de l'égocère et de la tête du limier.

Hendrik n'eut pas le loisir de mettre pied à terre ; avant qu'il fût venu à bout d'arrêter son cheval, le vieux bok avait traversé la rivière et abordait sur la rive opposée. Le jeune homme saisit sa carabine ; s'il n'avait pas le temps de bien ajuster son coup, les épaules de l'égocère lui offraient une large cible. Avant que l'écho de la détonation se fût éteint dans la forêt, le vieux bok glissait du haut de la berge et restait sans mouvement au bord de la rivière; un flot de sang rougit le sable et sillonna le dos bleu de l'animal.

Hendrik se félicitait de son succès ; il croyait déjà voir en trophée la tête de sa prise dans une salle du Graaf-Reinet lorsque l'égocère se releva, éloigna d'un coup de tête le limier qui s'était approché de lui et plongea de nouveau dans la rivière. Le chien sauta à l'eau, à son tour rejoignit le vieux bok au milieu du courant et le saisit à la croupe ; l'égocère secoua l'assaillant et fit volte-face pour l'attaquer. Le favori d'Hendrik dut plonger deux ou trois fois profondément pour échapper à la fureur de son adversaire. L'eau de la rivière commençait à rougir autour d'eux ; ils s'étaient blessés mutuellement.

Hendrik entendit le bruit de cette lutte au moment où il attachait la bride de son cheval à un arbre pour être plus libre de ses mouvements. Il chargea sa carabine et revint en toute hâte au bord de l'eau pour se rendre compte de ce qui se passait.

Il avait dominé de la vue la bordure de saules pendant qu'il était à cheval ; mais ce rideau à présent lui voilait à demi la rivière. Il ne distinguait que l'agitation de l'eau et les bulles écumeuses qui montaient à sa surface ; les combattants étaient cachés par les branchages.

La saulaie finissait un peu plus bas, et la berge arrivait en pente douce au bord de la rivière ; c'était là un de ces sentiers que les animaux sauvages s'ouvrent pour aller à l'eau et que leur passage régulier entretient. Des arbrisseaux bordaient ce passage étroit, et des arbres lui faisaient un dôme de verdure.

Hendrik découvrit cette allée, et il coupa à travers le fourré pour l'atteindre. Juste au moment où il entrait dans ce sentier, l'égocère s'y embûchait en sortant de la rivière.

Chasseur et gibier couraient à toute vitesse, et ils se rencontrèrent face à face. L'allée était trop étroite pour que l'animal pût continuer sa route ; l'épaisseur du hallier était telle que ni l'un ni l'autre des survenants ne pouvait s'y enfoncer pour livrer passage. Nul moyen de retraite par conséquent ; l'impétuosité de l'élan des deux côtés s'opposait à tout mouvement de recul ; il fallait se rencontrer, et cette collision, qui favorisait l'égocère, pouvait être fatale au chasseur.

Hendrik n'avait pas même la ressource de bien viser

l'animal; son coup de carabine partit au hasard. La balle égratigna seulement le vieux bok; il se précipita, la tête basse et les cornes en avant, sur le jeune homme.

Un moment de plus, Hendrik était transpercé par les cimeterres aigus de l'égocère. Guidé par l'instinct de conservation, le chasseur lâcha sa carabine, courut au-devant de la bête furieuse, et, quand il ne fut plus qu'à un mètre de ses cornes, il bondit et retomba lourdement sur la croupe de l'égocère.

L'animal fléchit sous ce poids inattendu, et Hendrik roula sur le sol. Le jeune chasseur fut sur ses pieds presque instantanément; mais, avant qu'il eût retrouvé son équilibre, l'égocère revint à l'assaut.

C'en était fait cette fois d'Hendrik s'il eût été seul. Par bonheur pour lui, au moment où le vieux bok lui courait sus, le limier saisit l'antilope à la gorge et s'y cramponna de toute la force de ses mâchoires. Toute la colère de l'animal se tourna contre le chien qu'il rejeta devant lui avec ses pieds; il allait l'achever à coups de cornes, quand Hendrik tira son couteau de chasse, s'élança vers l'égocère qui lui présentait le flanc, se fit un point d'appui d'une corne du bok qu'il saisit de la main gauche, et lui plongea toute la lame entre les côtes.

Le coutelas avait pénétré jusqu'au cœur de l'animal, et l'égocère rendit le dernier soupir avant qu'Hendrik eût abandonné la corne qu'il avait saisie.

Dès qu'il put respirer avec l'aise qui suit un danger surmonté heureusement, Hendrik s'inquiéta de Wilhem. Il craignit que son pauvre cousin ne se fût blessé en tombant, et il résolut de laisser là son gibier pour courir à l'endroit où son compagnon de chasse était tombé de cheval. Il alla donc retrouver sa monture à l'arbre où il l'avait attachée et il reprit la voie qu'il avait suivie sur les traces de l'égocère.

Ce qui tourmentait surtout Hendrik, c'est qu'il était sûr d'avoir entendu la détonation bruyante du fusil de Wilhem pendant sa dernière lutte avec son gibier. Était-ce un appel de secours que son cousin lui avait adressé? Le jeune homme se reprochait vivement de s'être laissé entraîner par la passion de la chasse, et son cœur était serré par l'appréhension de quelque funeste accident.

Mais, comme il sortait du bois, il aperçut Wilhem qui venait paisiblement à lui, monté sur sa girafe; l'un et l'autre semblaient fort dispos. Quand les deux cousins se furent rejoints, Hendrik, dont le bras avait été endommagé par les cornes du vieux bok, put constater que Wilhem, plus heureux, n'avait pas une seule égratignure; pourtant Wilhem était d'une humeur massacrante; sa mine piteuse aurait donné à rire à son cousin, si celui-ci n'avait été trop généreux de cœur pour faire valoir son succès.

« Est-ce bien toi qui as tiré? lui demanda-t-il simplement. Et sur quoi? »

Wilhem désigna du doigt un animal étrange, couché dans la prairie; c'était un quadrupède, de la taille d'un basset, mais ayant le train de derrière abaissé qui caractérise l'hyène. Son museau était pourtant plus effilé et son dos plus arrondi; sa robe, d'un gris rougeâtre, rayée transversalement de noir, ajoutait un trait de plus à cette ressemblance de détails.

Ce n'était pas une hyène, mais une de ces créatures, communes en Afrique, dont le type bizarre semble un trait d'union entre des espèces distinctes; sortes d'énigmes zoologiques faites pour exercer la patience des classificateurs. La bête tuée par Wilhem était un *protèle*. Cet animal a été classé par quelques savants parmi les chiens ; d'autres en ont fait une civette ou un renard. Pour les deux jeunes chasseurs, c'était tout simplement un *aart-wolf*, un loup de terre ; les colons du Cap qualifient ainsi le protèle, parce qu'il vit au fond d'un terrier, qu'il creuse à l'aide de ses pattes. Il est commun dans l'Afrique méridionale ; mais on le rencontre rarement, parce qu'il passe toutes ses journées dans son souterrain et n'en sort que la nuit. Sa présence est pourtant vite révélée aux Boërs par les ravages qu'il commet dans les troupeaux.

Les moutons de la colonie du Cap sont d'une race particulière, dont le trait distinctif est une queue formée d'une masse de graisse pesant plusieurs livres ; cette graisse est le mets favori du protèle, dont les mâchoires ne sont pas aussi fortes que celles de l'hyène. Il arrive souvent qu'au matin le Boër trouve ses plus beaux moutons dépossédés de cet appendice graisseux par la voracité du protèle.

Ce n'était pas la première fois qu'Hendrik rencontrait cet animal ; s'il regardait avec attention, c'était pour voir à quel endroit il avait été frappé.

« D'où sortait-il donc ? demanda-t-il à Wilhem.

— Mais de chez lui. C'est le terrier du protèle qui a fait trébucher et tomber mon cheval ; la bête effrayée est sortie de son souterrain au moment où je me relevais de mon côté. J'ai été si furieux contre la cause de ma mésaventure que j'ai envoyé une balle à cette ignoble bête qui ne vaut certes pas l'honneur et la dépense d'une charge de poudre, et maintenant c'est de moi-même que je suis mécontent. Ce protèle était chez lui dans son terrier ; ce n'est pas de sa faute si je suis venu butter dessus. C'est une sotte colère qui m'a fait commettre ce meurtre que je me reproche. »

Les deux jeunes gens se dirigèrent ensemble vers l'allée où Hendrik avait laissé son gibier; ils avaient l'intention de le découper pour l'emporter au camp; leur tâche leur fut facilitée par l'arrivée de leurs compagnons accourus pour les aider.

La soirée fut joyeuse après le retour dans le kraal; Wilhem seul resta fort maussade; il avait perdu son chien et compromis sa réputation de sportsman. Hendrik eut certes la délicatesse de ne pas appuyer sur l'échec de son cousin; mais Arend et Hans ne furent pas aussi charitables, et plus d'une plaisanterie célébra la mémorable chute de la girafe et la vengeance du gros Wilhem sur le protèle.

CHAPITRE V

La cuisine des flèches empoisonnées. — Le plan de Facetannée.
Les chasseurs chassés par un rhinocéros.

Après être rentrés au camp, Jean et Klaas avaient dessellé leurs poneys et n'avaient plus quitté Facetannée, pour lequel les deux jeunes garçons avaient une amitié réelle. C'est que Facetannée s'occupait volontiers de ses jeunes maîtres. Outre les gâteries que ce bon serviteur leur prodiguait, ceux-ci trouvaient plus d'un enseignement dans sa conversation naïve. Il n'existait pas dans toute l'Afrique un oiseau que le Boschiman ne sût dénicher ou prendre au piège. Il apprenait aux enfants à fabriquer toutes sortes de gluaux et de trébuchets. Ce soir-là, il leur fit part d'un projet hardi, qui intéressa jusqu'à l'enthousiasme son jeune auditoire. Facetannée prétendait s'emparer le lendemain des plumes de l'autruche dont les Boërs et le fennec avaient dérobé et mangé les œufs.

« Mais comment feras-tu? lui demandait Klaas. Veux-tu

emprunter la carabine d'Hendrik ou le gros fusil de Wilhem pour tuer l'autruche avec une balle?

— Non, non, répondit Facetannée avec un gros rire qui montrait toutes ses dents blanches. Avec un fusil, je ne toucherais pas un éléphant, et une autruche est bien plus petite; mais il est habile avec ceci, le vieux Boschiman! »

Facetannée montrait son arc, véritable arc d'enfant qui n'avait pas un mètre de longueur. A voir la flèche, faible roseau dont le fer barbelé était si mince et la hampe si légère, on aurait pu trouver la prétention du Boschiman extravagante; pourtant il avait tué plus d'une girafe avec cette arme primitive. Ce n'est pas sa dimension en effet qui la rend dangereuse, ni sa force d'impulsion, mais le poison dont les flèches sont imprégnées et qui s'insinue dans les blessures en y portant un germe mortel.

L'emploi que les sauvages de toutes les parties du monde font des flèches empoisonnées est un des faits les plus curieux de l'histoire de la race humaine. Serait-ce la preuve que tous les peuples ont la même origine, ou qu'ils ont eu entre eux des communications dont le souvenir ne s'est point perpétué dans la tradition parlée et écrite?

Quoi qu'il en soit, cette coutume se retrouve dans des continents fort éloignés les uns des autres, chez des tribus de races diverses, parmi les Peaux Rouges de l'Amérique du Nord, comme chez les Boschimans d'Afrique. Tous emploient un mélange de poison végétal et du venin que produisent les glandes maxillaires de certains serpents dangereux. Le crotale (serpent à sonnettes) et le moccaron fournissent aux Indiens de l'Amérique du Nord les éléments du poison à flèches; ceux de l'Amérique du Sud emploient pour cet usage un suc vénéneux mêlé au poison de divers serpents, et ils donnent à cette composition le nom de *curare*. Dans le midi de l'Afrique, le poison à flèches est produit par le suc des bulbes d'une amaryllis mêlé au venin d'une vipère, ou à celui de serpents qu'on nomme *najas*. Ce sont les *cobras* de cette région africaine.

Facetannée était un des plus habiles de sa tribu à composer cette substance meurtrière. Chaque fois que ses jeunes maîtres tuaient une vipère gonflée ou cornue, il n'oubliait jamais d'ouvrir les glandes placées derrière les crochets de la bête, d'en extraire la goutte de venin qu'elle contient, et de la recueillir dans une petite fiole. Il avait aussi, dans sa pharmacie portative, peu anodine, on le voit, une sorte de bitume qu'on trouve dans certaines cavernes des régions montagneuses. Cette substance n'ajoute rien à la force du poison; elle sert à l'épaissir, à le rendre assez tenace pour adhérer au fer de la flèche. Les Indiens emploient une gomme végétale pour obtenir un résultat analogue.

Il n'est pas difficile en Afrique de se procurer des oignons d'amaryllis; mais le Boschiman, homme de précaution, en avait fait une réserve dans le fond du chariot Von Bloom, où étaient disposés des bibelots nombreux dont lui seul aurait pu dire l'usage.

Après avoir exposé à ses jeunes maîtres ses projets pour le lendemain, Facetannée leur donna le plaisir d'assister à la confection de sa terrible drogue. Il écrasa devant eux l'oignon d'amaryllis, et le fit mijoter doucement sur le feu dans un petit vase; il prit ensuite la petite fiole qui contenait le venin; il en versa le contenu dans ce récipient où l'oignon roussissait, et il tourna le tout à l'aide d'un morceau de bois, comme un brave cuisinier qui prend soin de bien lier une sauce. Quand le mélange fut d'une belle couleur brune, le Boschiman continua d'imiter les traditions domestiques en goûtant d'un air recueilli à sa préparation culinaire.

Klaas et Jan poussèrent un cri.

« Quoi! dit le premier, tu avales ce poison, et tu dis qu'une goutte tuerait un éléphant!

— Ce n'est pas Congo, c'est toi qui es un vieux fou! dit Jan en secouant Facetannée par le bras et s'étonnant de le voir sourire. Faut-il appeler Hans pour qu'il te guérisse, s'il le peut?

— Pas la peine, dit le Boschiman en riant aux éclats; je n'ai pas d'écorchures aux lèvres; je pourrais digérer toute cette potion aussi bien qu'un verre d'eau. C'est par la peau qu'on s'empoisonne avec cela, pas avec l'estomac. »

Le bitume fut le dernier ingrédient que Facetannée introduisit dans sa composition; il continua de remuer pendant quelques minutes, et le mélange étant suffisamment épaissi, il y trempa plusieurs flèches qu'il mit ensuite à sécher.

Klaas et Jan rêvèrent de cette curieuse chasse à l'autruche que Facetannée leur avait promise et dont ils avaient vu les préparatifs. Ils trompèrent leur impatience en causant de l'aventure qu'ils attendaient, car c'était au coucher du soleil que le Boschiman voulait surprendre les autruches, près de leur nid qu'elles regagnent à ce moment.

Les autruches devaient revenir avec confiance, car elles ignoraient la disparition de leurs œufs; mais comment Facetannée pourrait-il approcher assez près de leur nid pour échapper au regard de ces oiseaux si défiants? Avait-il l'intention de se mettre à l'affût sur leur passage? Il devait en ce cas se placer tout près du nid, car il ignorait de quel côté de la plaine reviendraient les autruches. Mais où se cacher sur cette vaste étendue découverte; on ne voyait ni un buisson, ni un tas de pierres dans un rayon d'un kilomètre autour du nid. Le terrain offrait bien quelques mouvements de niveau ; après avoir tourmenté son esprit pour deviner le plan du Boschiman, Klaas lui dit :

« J'ai trouvé, tu vas te cacher dans un creux de terrain.

— Non, répondit Facetannée ; bon pour tromper un lion ou un rhinocéros, ce moyen-là. Autruche plus fine ; elle est un bon éclaireur, et n'approcherait pas de son nid à ma portée.

— Mais alors comment t'y prendras-tu ? » demanda Jan.

Facetannée, heureux de préoccuper de son importance l'esprit de ses jeunes maîtres, ne leur divulgua pas son projet. Comme les deux garçons étaient bien élevés, ils ne tracassèrent plus leur serviteur et se contentèrent de regarder en silence ses derniers préparatifs.

Parmi ces dispositions, il en était une qui piquait singulièrement la curiosité des deux collégiens ; Facetannée avait pris le fennec, cette sorte de renard à longues oreilles tué le matin même, et il l'avait dressé au moyen de plusieurs brochettes, de façon à ce qu'il pût se tenir debout et qu'il ressemblât à un animal vivant, vu d'un peu loin.

Cela fait, le Boschiman, voyant le soleil près de se coucher, mit le fennec sous son bras, prit son arc, et dit adieu à ses jeunes maîtres en leur recommandant de se servir, pour suivre les péripéties de sa chasse, des deux longues-vues qu'on possédait au campement.

À peine Facetannée était-il parti que les frères aînés revinrent de leur chasse à l'égocère. Klaas et Jan allèrent au-devant d'une réclamation des deux longues-vues en déclarant qu'ils ne les céderaient à personne.

« Eh! l'on ne songe point à vous en déposséder, chers enfants, leur dit le naturaliste; mais, comme nous sommes curieux, nous aussi, des exploits de Facetannée, nous allons vous installer sur un arbre d'où vous verrez la plaine de plus haut, et vous nous décrirez les faits et gestes du Boschiman à mesure qu'ils se produiront.

— Nous jouirons ainsi du spectacle par un compte rendu instantané, » dit Arend en prenant Jan sur son bras pour le hisser dans un acacia.

De ce point élevé, les deux enfants embrassaient une large étendue de la plaine. Hendrik et Wilhem, placés au pied de l'arbre, raisonnaient entre eux des difficultés que cette chasse devait offrir; ils avaient eu le matin même la velléité de s'y livrer, et ils y avaient renoncé en constatant que, dans un rayon de cinq cents mètres autour du nid, il n'existait pas une broussaille derrière laquelle pût se dissimuler le plus petit animal, à plus forte raison un chasseur. Comme ils se communiquaient cette réflexion, en ajoutant que le buisson le plus rapproché du nid était juste à cette distance de cinq cents mètres, trop loin pour servir utilement de refuge, Klaas, dont la lunette d'approche était déjà braquée, leur dit :

« Ce buisson fait partie du plan de Facetannée, c'est de ce côté qu'il se dirige.

— Ah! je ne devine pas pourquoi, répondit Wilhem du bas de l'arbre. Cet abri n'est pas sur la piste que les autruches ont suivie ce matin, et il est probable qu'elles reviendront par la même voie; il est du côté opposé, et je n'aurais point songé, pour mon compte, à m'en servir comme embuscade.

— Et à quoi lui seront utiles ses flèches, à une distance de cinq cents mètres? ajouta Hendrik. Elles ont beau être empoisonnées, ce raffinement sauvage n'allonge pas leur portée.

— Écoutez! dit Jan. Facetannée pose son arc et ses flèches à côté du buisson; il les laisse là; il s'en va du côté du nid avec son fennec sous le bras; il s'arrête à moitié chemin...

— Pas à moitié chemin, rectifia Klaas. C'est tout au plus s'il est à vingt pas du buisson.

— Peu importe la distance, dit Hendrik, mais que fait-il? il me semble qu'il est courbé en deux.

— Mais oui, reprit Klaas; il a posé le fennec dans la plaine; on croirait que l'animal est vivant, tant son allure est naturelle.

— Ah! je devine! s'écria le naturaliste auquel les chasseurs firent écho.

— Maintenant, poursuivit Klaas, il arrive au nid des autruches, et il en fait le tour. Il se baisse de temps en temps et pousse quelque chose du pied, je ne sais quoi, par exemple.

— Il me semble, dit Jan, qu'il recouvre de sable les coquilles d'œufs de notre déjeuner.

— Tu as raison, reprit Klaas, c'est bien cela, et voilà qu'il prend un des œufs du nid et.... Ah! il s'en retourne avec l'œuf dans sa main... Il le pose à terre juste au-dessous du museau du fennec... Et il va s'accroupir derrière le buisson après avoir repris son arc et ses flèches. »

Les deux vigies se turent pendant assez longtemps; rien ne bougeait plus dans la plaine. Pendant cette pause, les chasseurs louaient la manœuvre du Boschiman dont ils comprenaient le secret. Ils savaient en effet quelle antipathie l'autruche *ovipare* professe pour le fennec *ovivore* (mangeur d'œufs). Jamais l'autruche n'aperçoit un fennec sans courir à lui pour lui briser les reins d'un coup de pied. En pareil cas, le fennec ne gagne rien à s'enfuir, à moins qu'il n'ait un asile souterrain tout proche. L'autruche l'atteint rapidement et exerce contre lui sa vengeance ou satisfait son antipathie native en le massacrant.

« Voilà les autruches! » dit enfin Jan après un long silence.

« Elles reviennent par la voie qu'elles ont prise ce matin. Elles approchent... les voilà près du nid. Mais que font-elles donc? Les vois-tu, Jan? Elles courent en cercle comme des folles; elles agitent la tête et donnent tout au travers du sable des coups de sabot.

— On croirait, dit Jan, qu'elles brisent elles-mêmes leurs œufs. Mais cela est-il possible?

— Pas le moindre doute, dit le naturaliste; les autruches sacrifient elles-mêmes leur couvée quand elles s'aperçoivent qu'un homme ou un animal y a touché en leur absence.

— Elles quittent leur nid et viennent en droite ligne au buisson, poursuivit Jan. Oh! comme elles courent!... Les voici sur le fennec. Sont-elles furieuses! elles le renversent à coups de pied, et elles le frappent du bec.

— Mais que fait donc le vieux Facetannée? demanda Hendrik. Les autruches ne sont donc pas à sa portée?

— Il bande son arc, dit Klaas, la flèche part... Oh! les autruches fuient à toutes jambes. C'est fini, la chasse est manquée. Elles ne sont pas atteintes, puisqu'elles courent, et elles ne reviendront pas de ce côté certainement. Pauvre Boschiman! Va-t-il être penaud. »

Klaas se trompait. En entendant vibrer la corde de l'arc, les autruches avaient en effet pris leur course; mais à peine avaient-elles franchi quatre cents mètres que le mâle laissa tomber ses ailes et se mit à décrire des cercles que ses femelles répétaient derrière lui; il était sous l'influence du poison. Il finit par chanceler comme un homme ivre, s'agenouilla deux ou trois fois, se releva, courut quelques pas, battit des ailes, agita son long cou par des torsions convulsives, et tomba en avant sur le sable.

L'autruche lança pendant quelques minutes des ruades qui soulevaient des flots de poussière; puis les derniers efforts d'agonie firent place à l'immobilité de la mort. Les deux femelles se tenaient à peu de distance du mâle et témoignaient par leur attitude autant de surprise que d'effroi; mais, dès que le Boschiman se dressa près de son buisson protecteur, elles prirent la fuite à toute vitesse.

Une heure après, Facetannée revenait au camp, portant sur ses épaules la dépouille de l'autruche, et il passait devant le Zoulou d'un air de triomphe qui signifiait à ne pas s'y méprendre : « Eh bien! Congo, saurais-tu en faire autant? »

Les chasseurs résolurent de passer encore deux jours dans leur campement, afin d'y boucaner la viande de l'égocère. Ils ignoraient s'ils trouveraient du gibier dans leur traversée du désert, et il était prudent d'avoir des provisions. La route qu'ils allaient suivre leur était inconnue. Le Zoulou lui-même n'avait que des notions générales sur la région qu'ils se préparaient à traverser. Ils se dirigeaient vers le Molopo, dont Congo connaissait les bords; mais, n'ayant jamais parcouru le territoire qui, de ce côté, les séparait de cette rivière, il ne pouvait dire s'il était ou non giboyeux. Quant à Facetannée, son ignorance à ce sujet était plus grande encore; sa terre natale était au sud-ouest, vers le pays des Namaquas; et jamais il ne s'était aventuré aussi loin vers l'est.

Le départ des chasseurs fut remis au surlendemain. La viande qui pendait en festons aux branches des acacias prit une couleur brune, se durcit, et se trouva dans l'état nécessaire pour être gardée cinq ou six semaines.

La présence des chasseurs n'était pas nécessaire au camp pendant ces journées d'arrêt. Leurs deux serviteurs suffisaient à garder la viande contre les atteintes des oiseaux de proie; ils se lancèrent donc dans la prairie pour passer agréablement leur temps à une autre partie de chasse.

Les jeunes Boërs ne furent pas trompés dans leur espoir. Après avoir trotté quelques milles, ils aperçurent un troupeau de petites antilopes dont les cornes en forme de lyre et le pelage jaune brun annonçaient des springboks (antilopes sauteuses); leurs mouvements, à eux seuls, auraient révélé leur espèce. A chaque instant, l'un des membres du troupeau bondissait comme mû par un ressort.

Non loin des springboks paissait une bande d'animaux de plus haute taille qui se mêlaient parfois aux antilopes, avec lesquelles ils paraissaient vivre en rapport de bon voisinage. Ils appartenaient à cette espèce de quadrupèdes appelée par les naturalistes *zèbre de Burchell* (*equus Burchellii*) et nommée vulgairement *dauw*. Ce n'est point là le véritable zèbre chez lequel le fond de la robe est blanchâtre rayé d'un beau noir. Le pelage du dauw est couleur terre de Sienne, zébré de brun. Ce qui distingue encore les deux espèces, c'est que les jambes du dauw sont blanches, et son corps plus allongé que celui du zèbre, qui a des anneaux de raies sombres jusqu'aux pieds.

Les habitudes sont plus différentes encore que le fond de la robe chez ces deux animaux. Le zèbre est un montagnard; le dauw vit dans les plaines, où on le rencontre dans les mêmes parages que le couagga. Aussi les Boërs le désignent-ils sous le nom de couagga rayé.

D'autres animaux encore paissaient dans la prairie. Les jeunes chasseurs n'avaient jamais rencontré cette troisième variété, mais ils connaissaient le type de leur espèce, le gnou, qui, à la couleur près, ressemble aux bêtes qu'ils voyaient pour la première fois, et dans lesquelles ils reconnurent aisément le *gnou rayé* ou *blauw-vildebeert*, comme le nomment les colons du Cap.

Il est plus gros et plus grand que le type de l'espèce, surtout plus lourd de formes; sa crinière et sa barbe, la touffe de poil qu'il porte sur le chanfrein, sont plus épaisses; sa robe, d'une teinte bleu sale, est zébrée de raies irrégulières. On ne rencontre jamais dans les mêmes parages ces deux espèces de gnous; le rayé réside plus au nord, en compagnie du dauw. Il est bizarre que ces deux variétés répugnent à frayer entre elles, quand chacune d'elles va de compagnie avec les springboks, les couaggas et même les autruches. On voit parfois dans les prairies un troupeau de gnous, d'antilopes et d'ânes sauvages galoper, volter, manœuvrer comme un régiment de cavalerie, tandis que les autruches, qui dominent tous ces quadrupèdes, vont à pas comptés et ressemblent à des officiers surveillant des manœuvres. C'est un spectacle que présentent fréquemment les steppes du midi de l'Afrique.

Les chasseurs arrêtèrent leurs montures à l'entrée de la prairie pour contempler la scène animée qu'elle présentait. Les springboks paissaient, et de temps à autre, l'un d'eux se mettait à bondir comme un acrobate. Les dauws erraient çà et là, comme s'ils eussent fait un jeu. Trente ou quarante gnous femelles paissaient en masse assez serrée; les mâles les entouraient, par groupes de trois ou

quatre individus, veillant à ce qu'elles ne s'écartassent
pas. Par moments, un de ces gardiens s'ébrouait, renâ-
clait et lançait un cri aigu comme pour transmettre des
ordres. Aucun de ces animaux n'avait encore avisé la
venue des chasseurs.

Après avoir délibéré quelques minutes, ceux-ci convinrent de courir sus aux gnous. Il ne s'agissait que de
les poursuivre à l'aventure, de façon à rendre les coups
de fusil productifs. Il était entendu qu'on n'attaquerait
pas les autres bêtes, les jeunes chasseurs s'étant interdit
de chasser les animaux qui n'étaient pas nécessaires à les
sustenter. Malgré leur beauté, les dauws n'avaient point
de valeur comme venaison, et il en était à peu près de
même des springboks, tandis que la chair du gnou ressemble plus à celle du bœuf qu'à la viande des bêtes fo-
restières. Le gnou fait partie de ce genre d'antilopes que
l'on nomme *bosélaphes*, c'est-à-dire cerf-bœuf.

« Un roastbeef pour le souper! » Tel fut le mot d'ordre
donné par Hendrik. Tous les chasseurs se précipitèrent
en avant. Ils coururent droit aux gnous, précédés par
leurs limiers que la mort du favori de Wilhem avait réduits à cinq.

Au bruit de la cavalcade, les hôtes de la prairie prirent
la fuite; les dauws se rassemblèrent et filèrent droit devant eux; les springboks s'éparpillèrent dans toutes les
directions. Après s'être réunis en troupe irrégulière, les
gnous firent une manœuvre plus savante; ils partirent
d'abord en droite ligne; puis la bande se divisa; quelques
éclaireurs prirent, les uns à droite, les autres à gauche;
ils décrivirent un cercle pour se placer à l'arrière des
chasseurs.

Au bout de quelques minutes, dauws et springboks

avaient disparu. Il ne restait plus dans la prairie que les gnous. On les voyait partout, devant et derrière la meute, fuyant à deux cents mètres des chevaux, faisant parfois volte-face pour charger. Leurs yeux féroces, leurs cornes aiguës et recourbées, la crinière qui ombrageait leur face révélaient en eux des ennemis redoutables.

C'étaient les mâles qui étaient restés pour occuper les chasseurs et protéger ainsi la fuite du troupeau. Ce qui parut étrange aux jeunes Boërs, c'est que ces gnous engageaient parfois entre eux des duels qui n'étaient pas une feinte. Ils se précipitaient l'un contre l'autre et se frappaient de la tête avec une telle force que le choc des deux boîtes osseuses résonnait; mais ces duellistes se séparaient toujours avant que les chasseurs pussent les atteindre. Malgré l'imprudence de ces querelles de famille en face du danger, les gnous se maintenaient si bien hors de portée, que les chasseurs n'auraient pas eu l'occasion de brûler une amorce, n'eût été l'assistance des limiers.

Les chiens, s'étant réunis, parvinrent à séparer un beau mâle de la troupe des autres et se mirent à le poursuivre. Hendrik et Wilhem éperonnèrent leurs chevaux, et partirent en avant sur cette piste, suivis à distance par les autres chasseurs.

Après avoir parcouru trois kilomètres, le gnou, sentant ses forces ou sa patience à bout, se retourna vers les limiers et lança au loin les deux plus proches qu'il atteignit de ses cornes. Il se serait débarrassé probablement des trois autres chiens avec la même facilité; mais l'arrivée des chasseurs l'effaroucha. Il reprit sa course vers un petit bois distant d'un kilomètre environ, où il espérait trouver un refuge. A l'approche du taillis, la respiration lui manqua, il sentit la morsure des chiens à ses jarrets, et il se tourna pour faire tête à ses adversaires.

Les chiens se jetèrent sur le gnou qui les écarta d'un effort désespéré. Il allait cependant être renversé par les limiers dont l'un lui serrait la gorge, tandis que les autres lui mordaient la croupe, lorsque Hendrik et Wilhem lui envoyèrent deux balles pour l'achever.

Hans et Arend arrivèrent juste à temps pour l'hallali; Klaas et Jan rejoignirent bientôt après leurs aînés de toute la vitesse de leurs petits poneys. Tous mirent pied à terre pour laisser souffler leurs montures et dépouiller le gnou.

En général, c'était Arend qui avait le département de la cuisine. Hendrik et Wilhem faisaient l'office de bouchers; c'était l'annexe de leur spécialité de chasseurs. Hans était le jardinier de la bande, c'était lui qui recueillait une foule de tubercules, de racines, de légumes et de fruits pour varier l'alimentation de la caravane.

Hendrik et Wilhem écorchaient donc la bête avec autant de promptitude que de dextérité; pendant ce temps, Hans et Arend préparaient la tête et les cornes, pour rapporter ce nouveau trophée à Graat-Reinet. Klaas et Jan faisaient office d'aides; ils donnaient un couteau par-ci, tenaient un membre de la bête par-là, et se rendaient utiles aux quatre opérateurs.

Tous les six étaient absorbés dans leur besogne lorsqu'un bruit étrange les fit tous tressaillir. C'était une sorte de ronflement, suivi d'un souffle rauque, non sans analogie avec le grognement d'un porc, mais beaucoup plus fort. On entendait aussi craquer les branches; on aurait dit que quelqu'un s'amusait à les casser l'une après l'autre.

Malgré leur intrépidité, les six chasseurs tremblèrent

V

ILS S'ENFUIRENT BRIDE ABATTUE, POURSUIVIS
PAR LE RHINOCÉROS EN FUREUR.

en voyant sortir du hallier un hôte de ces parages qu'ils ne désiraient pas rencontrer. A la grande corne droite qu'il portait sur le nez, à sa masse pesante, il était impossible de ne pas reconnaître un rhinocéros.

Il existe en Afrique quatre espèces différentes de ces énormes quadrupèdes; il n'y avait pas à s'y méprendre; la couleur sombre de celui qui apparaissait ainsi et sa double corne désignaient en lui un rhinocéros noir, un *boulé*, comme disent les indigènes, c'est-à-dire le plus farouche des divers types connus.

Au moment où les chasseurs l'aperçurent, l'animal faisait irruption dans la prairie, et il courait d'un galop rapide vers ces intrus pour leur faire dans ses domaines un accueil peu sympathique. Il avait la tête levée, les oreilles en mouvement; la méchanceté faisait luire ses yeux noirs, et un ouragan de cris annonçait sa colère.

Les six chasseurs abandonnèrent tout ce qu'ils tenaient dans les mains, et coururent à leurs chevaux, sans pouvoir retenir des cris de terreur. Heureusement, ils avaient tenu compte des avis de leurs pères qui leur avaient recommandé de ne jamais desseller leurs montures en expédition et de les attacher légèrement. Ils n'eurent donc qu'à rompre les branches d'arbres auxquelles les brides étaient nouées, et ils se trouvèrent à cheval d'un bond. Il n'était que temps. Le rhinocéros était déjà si proche que les chevaux plongèrent et firent un écart effroyable au moment de prendre leur course; plusieurs de ces braves montures faillirent même désarçonner leurs cavaliers, ce qui eût été fatal dans ce moment.

Tous réussirent à garder leurs étriers, et ils s'enfuirent bride abattue par la prairie, suivis du rhinocéros qui hurlait de fureur.

Les chasseurs commençaient à voir l'aventure sous un jour moins tragique; ils savaient que le rhinocéros est moins rapide qu'un bon cheval. Hendrik et Wilhem, qui tenaient la tête de la cavalcade, commençaient à rire de l'inutile poursuite du monstre, lorsqu'en tournant la tête, un simple coup d'œil leur suffit pour changer en effroi leur bonne humeur. Hans et Arend les suivaient à distance rassurante, mais les poneys de Klaas et de Jan n'étaient qu'à vingt mètres environ du rhinocéros.

Ce fut un instant d'angoisse atroce pour les deux chasseurs. Hendrik fit volte-face et, invitant Wilhem à l'imiter, il courut à la rencontre du rhinocéros en prenant à droite. Wilhem comprit ce plan dont la diversion sauvait les deux collégiens; il lança son cheval à gauche; puis tous deux s'arrêtèrent au bout de quelques minutes. Hans et Arend passèrent entre eux de toute la vitesse de leurs montures, puis Klaas et Jan que suivait de près le rhinocéros.

Hendrik et Wilhem tirèrent la bête au passage, et, la poursuivant à leur tour, ils rechargèrent leurs armes.

Les deux balles avaient porté; mais le rhinocéros n'en continuait pas moins de charger vers les deux poneys; ceux-ci donnaient déjà des signes de fatigue, et une catastrophe serait survenue peut-être si Hans et Arend n'avaient envoyé de leur côté deux balles dans la tête du rhinocéros.

L'animal se détourna alors des deux poneys pour se ruer avec rage vers le cheval d'Arend qui était le plus rapproché de lui. La lutte dura un quart d'heure, et elle fut acharnée; les Boërs tiraient et chargeaient leurs armes le plus rapidement possible; le rhinocéros se ruait en avant vers ses quatre antagonistes; pendant ce temps, les poneys emportaient les collégiens en toute sûreté vers le campement ; enfin une balle du gros roër de Wilhem pénétra dans le crâne épais du rhinocéros qui tomba pour ne plus se relever.

La journée avait été bonne, puisqu'on pouvait adjoindre à la tête du gnou rayé la corne du rhinocéros pour orner les murs du Graat-Reinet.

« Voilà un meurtre d'animal non comestible qui ne pèsera pas sur notre conscience, dit Hendrik au souper. Nous aurions tiré volontiers une humble révérence à sire rhinocéros, s'il avait bien voulu garder ses distances.

— Sa mort, répondit gaiement Wilhem, est une revanche du gibier contre le chasseur, car nous ne pouvons nous dissimuler que Klaas et Jan ont couru grand risque lorsque le rhinocéros les poursuivait. Oui, malgré mon goût pour la chasse, je me serais passé de cette émotion. Mais si, à notre retour, nos mères nous reprochent de leur rapporter trop de massacres d'innocent gibier, je gage qu'elles prendront en gré cette corne de rhinocéros. C'est la dépouille d'un ennemi mortel. Nous étions contre lui en état de légitime défense. »

CHAPITRE VI

Absence mystérieuse. — La plume ne fait pas l'autruche. — Battue ou chasse à courre? — Le refuge du défilé.

Les jeunes chasseurs se permirent le lendemain de dormir la grasse matinée pour réparer leurs forces. Ils comptaient ne pas s'éloigner du camp, afin de permettre aussi à leurs montures de se refaire par un repos bien gagné.

Leur déjeuner se composa de la langue du gnou qui est un morceau délicat; ils la mangèrent avec du pain qui datait de leur départ de Graaf-Reinet, et l'arrosèrent de café. Ce pain était rassis, on s'en doute; mais la privation de cet aliment n'aurait pas été fort sensible aux jeunes explorateurs.

Le pain est un aliment de luxe inconnu à la plupart des colons du Cap, surtout aux classes pauvres. La principale richesse du sol est l'industrie pastorale; on ne cultive guère les terres. Néanmoins les riches colons ensemencent un peu de *blé cafre* (c'est une variété de maïs), et ils récoltent aussi un peu de sarrasin. Ils possèdent de grands vergers qui produisent des fruits en abondance; ils soignent leurs belles vignes, et leurs potagers leur donnent diverses sortes de légumes, surtout des melons, des concombres et des citrouilles. Quant aux pauvres gens, ils ne connaissent guère que de nom tous ces produits; ils vivent de venaison boucanée, ou de viande de bœuf et de mouton.

Les jeunes Boërs, élevés délicatement, avaient donc emporté plusieurs sacs de biscuit pour leur expédition, et ils dévoraient à belles dents ce pain dur au déjeuner, en causant des aventures de la veille qu'ils voyaient sous leur côté plaisant.

Comme ils s'abandonnaient à ce doux farniente qu'ils comptaient savourer toute la journée, Congo vint leur annoncer qu'on voyait dans la plaine un certain nombre d'autruches.

Cette nouvelle eut un effet subit. En une minute le café fut avalé, et chacun courut seller son cheval. On ne songeait plus au repos promis aux montures, ni au départ fixé pour le lendemain.

Mais où était donc Facetannée, dont l'avis aurait été si utile dans cette occurrence? Chacun le demanda, et on le chercha vainement dans l'enceinte du camp. Congo dit que le Boschiman avait mené paître les bœufs dans la prairie; il s'y trouvait encore sans doute. L'endroit indiqué était assez loin. L'envoi d'un messager et le retour de Facetannée auraient demandé une demi-heure; les autruches pouvaient disparaître pendant ce temps. On résolut donc de se passer de cet aide expérimenté, et l'on se dirigea vers la plaine déserte.

A la lisière du bois, les jeunes Boërs s'arrêtèrent pour faire une reconnaissance. Le rapport de Congo était vrai;

il y avait dans la plaine un petit troupeau d'autruches composé de cinq femelles et d'un mâle. Un peu plus loin, une huitième autruche faisait bande à part. C'était un mâle solitaire.

Hans n'était pas aussi absolu que ses cousins dans son jugement; il savait que, pendant leur première jeunesse, les mâles n'ont pas encore les belles plumes qui les distinguent, et il ne se prononçait donc pas dans le classement que ceux-ci prétendaient établir dès le premier coup d'œil.

Les sept autruches allaient et venaient d'un pas tranquille, baissant la tête de temps en temps pour ramasser un caillou et quelque becquée de sable. Ce fut du moins l'idée des chasseurs; il n'y avait pas ombre de végétation là où les oiseaux étaient postés. Quelques-unes des autruches étaient accroupies, leurs grandes jambes repliées sous leur ventre qu'elles frottaient contre le sable en poudroyant, à la manière des volailles pendant la belle saison.

Elles n'étaient pas très éloignées de la lisière du bois. Le mâle solitaire en était encore plus rapproché; il se dirigeait vers ses congénères, et il mangeait en marchant.

L'intention des chasseurs était de cerner le troupeau tout entier, et c'était pour en trouver les moyens qu'ils examinaient les mouvements des autruches. Elles étaient fort loin du nid pillé l'avant-veille; elles ne devaient avoir aucune parenté avec les pauvres bêtes dépossédées, puisqu'elles s'installaient en pleine confiance si près du théâtre de cette catastrophe récente.

La place qu'elles occupaient était favorable au plan des chasseurs. C'était une large baie, entourée d'arbrisseaux et de buissons d'acacia, qui ne se rattachait que par un côté à la plaine découverte dont il fallait leur fermer le passage. Cette disposition permettait aux chasseurs de décrire sous bois une partie du circuit qu'ils devaient parcourir pour cerner les autruches, et le plan fut vite arrêté.

Hendrik et Wilhem, dont les chevaux étaient les plus vites, devaient gagner les deux extrémités de la baie, sortir du fourré et marcher à la rencontre l'un de l'autre pour couper la retraite aux oiseaux. Hans et Arend, venant ensuite, occupaient les deux coins extrêmes de la baie, pour empêcher les fugitifs de passer de côté, et ils devaient être soutenus dans cet office par Klaas et Jan. Congo, de son côté, avait l'ordre de ne sortir du fourré que lorsque les premiers cavaliers paraîtraient dans la plaine. Il s'avancerait alors de toute la vitesse de ses bonnes jambes de sauvage.

La chasse promettait d'être intéressante si les autruches laissaient à Hendrik et à Wilhem le temps de gagner le poste qu'ils s'étaient assigné. Quand cet oiseau se voit assailli de tous côtés, il perd la tête et rien n'est plus facile que de le rabattre vers les chasseurs postés à l'affût. C'était une question de temps ; la partie du désert où les oiseaux s'étaient postés n'avait pas moins de cinq kilomètres de large. Hendrik et Wilhem devaient parcourir deux fois cette étendue avant de gagner la plaine, et leurs voies étaient obstruées de broussailles qui retardaient leur allure.

Tous se pressaient d'atteindre à travers bois la place qui leur était dévolue ; ils n'apercevaient leur gibier qu'au hasard des éclaircies des branchages. Seul, Congo avait le loisir d'épier les mouvements des autruches, autant du moins que le soleil, dont les rayons le frappaient droit au visage, le lui permettait.

Il observa que le mâle solitaire se rapprochait insensiblement du troupeau. Quand il en fut à quelques mètres, les autruches s'éloignèrent d'une vingtaine de pas, et s'arrêtèrent rassurées. L'étranger continua d'aller et de venir, picorant çà et là, mais manœuvrant toujours pour se rapprocher de la bande. Cette fois, les cinq autruches femelles décrivirent un cercle autour du paria et revinrent à leur premier poste; quant aux deux mâles, ils restèrent à leur place; cette attitude intrigua fortement le Zoulou.

L'un d'eux s'était accroupi sur le sable; l'autre tournait sur lui-même, battait des ailes, et avait dans ses mouvements quelque chose d'égaré.

Au bout de quelques secondes, le premier parut s'étendre et rester immobile, et le second venait s'asseoir à côté de lui. Une autruche femelle s'accroupit à peu de distance. Il ne restait plus debout qu'un mâle et quatre femelles.

Le Zoulou ne comprenait rien à la scène qu'il avait sous les yeux; il était peu au fait des habitudes des autruches, cet oiseau ne fréquentant pas son pays. « Peut-être, se disait-il, que c'est un jeu entre elles, comme ceux dont s'amusent les perdrix. »

Congo n'était pas seul à s'étonner de l'attitude singulière du gibier. Klaas et Jan, dont les stations étaient les plus voisines, se perdaient en commentaires sur ce sujet; Hans et Arend s'en préoccupaient aussi, mais avec moins de suite. Leur attention était fixée sur l'arrivée d'Hendrik et de Wilhem dans la plaine.

Enfin ceux-ci sortirent du bois et galopèrent vers les autruches. Au même instant leurs camarades, y compris Congo, parurent à la lisière du taillis, et tous restèrent stupéfaits en voyant que leur approche ne changeait rien à la quiétude de leur gibier.

Les autruches restaient couchées ou assises, se chauffant au soleil. Deux d'entre elles seulement tentèrent de cou-

VI

CHASSE A L'AUTRUCHE.

rir vers le désert; mais, ayant aperçu les cavaliers, elles revinrent sur leurs pas en chancelant. Un seul des trois mâles restait debout; c'était le solitaire, et, chose étrange! il ne faisait pas mine de s'enfuir. Hendrik prit son fusil et il allait envoyer sa balle, lorsqu'un cri humain s'échappa de l'autruche; la peau de l'énorme bipède s'ouvrit et montra Facetannée, dont les jambes étaient blanchies à la chaux jusqu'au haut du genou.

Ce furent des cris, des hurrahs à n'en plus finir; les chasseurs admirèrent comment le Boschiman avait tiré profit de son stock de flèches empoisonnées (il avait tué tout le troupeau), et ils lui firent redire à dix fois *ses impressions d'autruche*. Le Boschiman les débita de la façon la plus plaisante et conta comment son déguisement, qui avait couvert ses oreilles, l'avait empêché de rien entendre et de rien voir hors d'un cercle étroit. C'était par hasard qu'il avait aperçu l'arme d'Hendrik qui le menaçait, et sa frayeur avait été telle qu'il lui avait fallu un grand effort pour se faire reconnaître.

« Je ne me serais jamais consolé de cette méprise, mon vieux Boschiman, » lui dit Hendrik avec émotion.

Pendant ce temps, Klaas et Jan riaient de voir leur nègre blanchi par son enduit de chaux, et les autres chasseurs, allant de l'une à l'autre autruche, les dépouillaient de leurs plumes et célébraient à l'envi l'exploit de Facetannée.

« Hein! vieux Zoulou! » dit le Boschiman d'un air de triomphe à l'autre serviteur d'un ton qui prouvait que l'expédient de la peau d'autruche surpassait celui du bouclier à chasser le lion, dans son opinion personnelle, du moins.

Le lendemain matin la caravane s'engagea dans le dé-

13

sert, se dirigeant vers le nord-est. Elle mit deux jours à traverser cette contrée aride, où toutes les provisions d'eau se réduisaient à deux petits tonneaux, que les voyageurs avaient remplis à leur dernier campement. Chacun de ces tonneaux contenait quatre-vingts litres de liquide, ration bien insuffisante dans cette contrée chaude. On dut se rationner, pour ne pas trop faire souffrir les montures et les attelages ; mais, après avoir subi courageusement cette épreuve, la caravane pénétra dans un pays tout différent de ce désert brûlé.

C'était une région montueuse, dont les élévations offraient les aspects les plus divers : quelques montagnes étaient coniques, d'autres arrondies ; plusieurs avaient une cime plate qui contrastait avec les pics voisins élancés en aiguilles. Les unes étaient de simples collines ; les autres pouvaient revendiquer le nom de montagnes, et elles s'élevaient directement de la plaine sans qu'un premier mouvement du sol servît d'échelon entre leurs flancs abrupts et le terrain plat. Toutes celles qui affectaient la forme conique étaient isolées de cette manière ; d'autres, en pyramide, n'offraient pas trace de végétation de la base au sommet, tandis que, près d'elles, des pitons de quartz blanc s'élançaient d'un manteau de forêt, rejeté à mi-côte.

Les plaines qui séparent ces montagnes sont couvertes d'une herbe fine et presque rase, ressemblant à du gazon ; c'est qu'elles sont broutées par les troupeaux de ruminants sauvages qui abondent dans ces régions. Cet herbage est cassant et frisé, d'un goût légèrement saumâtre. En divers endroits le sol est couvert d'une croûte saline, dont l'efflorescence blanchit les brins d'herbe comme une gelée blanche, et, de loin en loin, on rencontre des dépôts de sel accumulés sur une superficie de plusieurs milles.

Les Boërs nomment cette région *Zuur-Veldd*, c'est-à-dire contrée où l'*herbe est acide;* c'est la retraite favorite de deux belles espèces d'antilopes, le *bleeckbok* et le *buntebok*.

Ces deux antilopes appartiennent au genre *gazelle*, dont elles diffèrent pourtant par leurs habitudes, et les naturalistes les ont souvent considérées comme étant de la même espèce. Pourtant le bleeckbok (*gazella albifrons*) est moins grand et moins bien marqué que le buntebok (*gazella pygarga*). Ses cornes sont presque blanches, tandis que celles du buntebok sont noires; ce dernier a les quatre jambes toutes blanches, du pied au genou, et le bleeckbok n'a de blanc que la partie latérale des membres inférieurs.

Le buntebok est une des antilopes les plus rapides que l'on connaisse. Aussi grande que le cerf d'Europe, elle est plus gracieuse et plus preste. Le violet pourpre et le brun dégradé de nuances sont les couleurs de sa robe; ces teintes sont disposées avec goût, comme à plaisir, ce qui a fait donner à l'animal son nom de buntebok, qui veut dire *antilope peinte*.

Sa tête et son cou sont d'un brun rougeâtre; une raie blanche part de ses cornes, s'allonge jusqu'aux yeux, où elle s'élargit de façon à couvrir la face jusqu'au mufle. Le buntebok a sur le dos une tache lilas, glacée de bleu et lustrée à la croire vernie; cette tache affecte la forme d'une selle, bordée d'une large bande brune qui descend jusqu'au ventre.

A part les différences déjà signalées, le bleeckbok porte les mêmes couleurs, mais moins vives et plus confuses de dessin. La dépouille de ces jolies gazelles est fort estimée par les indigènes qui en font des *caross;* c'est une sorte de vêtement qui sert de manteau le jour et de couverture la nuit.

Ces gazelles vivent par troupeaux de plusieurs milliers d'individus dans les plaines du Zuur-Veldt. Elles étaient autrefois communes dans toutes les colonies européennes du midi de l'Afrique ; mais on les y a détruites, et elles restent dans cette région isolée où elles se gardent avec défiance, instruites par les chasses que leur beauté leur a values.

Lorsque les voyageurs eurent atteint le pays des gazelles pourprées, ils résolurent de s'arrêter un jour ou deux pour se procurer quelques-unes de ces belles robes peintes qui les distinguent, afin de les rapporter à Graaf-Reinet. Ils firent donc halte auprès d'un étang et y installèrent leur camp.

Le lendemain de bonne heure, toute la troupe était à cheval pour se mettre en quête des bunteboks. Cette recherche ne fut ni longue ni difficile, dans un pays où abondent ces gazelles. Mais comment les chasse-t-on ? Voilà ce qu'aucun de nos chasseurs ne savait. Fallait-il lancer les limiers au milieu du troupeau et foncer à leur suite, ou bien user de ruse pour se glisser à portée de fusil des antilopes ? Nul des jeunes Boërs ne pouvait dire quelle alternative était la bonne. Leurs guides n'en savaient pas davantage. Les bunteboks sont inconnus au pays de Face-tannée ; depuis longtemps ces gazelles ne traversent plus la rivière d'Orange. Quant au Zoulou, il n'avait jamais chassé dans la région de son pays où l'on rencontre le buntebok.

On avait donc laissé au campement les deux serviteurs, après avoir obtenu d'eux l'aveu de leur incompétence, et ils n'étaient pas au conseil où l'on décidait du plan d'attaque.

Les avis étaient partagés. Wilhem pensait qu'il fallait se

tenir immobile, à l'affût, pendant qu'un ou deux cavaliers rabattraient le gibier du côté des tireurs. Hendrik voulait courir sus au troupeau et le faire poursuivre par les limiers. Hans et Arend croyaient qu'il valait mieux s'en rapprocher par ruse et le tirer à bonne portée. Les deux collégiens ne furent pas admis à énoncer leur opinion. On la leur aurait demandée sans doute, s'il se fût agi d'oiseaux à chasser, et, dans ce cas, ils auraient insisté pour prendre la parole; mais, en dépit de leur course rapide qui fait dire qu'ils ont des ailes, les bunteboks ne sont pas des volatiles.

En résumé, l'on convint que la meilleure chance de ne pas voir disparaître toutes les antilopes était de les traquer. Si nul des chasseurs ne pouvait s'approcher assez du troupeau pour pouvoir tirer utilement, il serait temps de suivre le plan d'attaque d'Hendrik.

Les jeunes Boërs mirent pied à terre, et confièrent à Klaas et à Jan le soin de garder chiens et chevaux; puis ils se dirigèrent vers le troupeau, qui se trouvait être une bande de bleeckboks. Ils paissaient dans une plaine si vaste qu'on distinguait à peine les montagnes formant l'horizon. Pas un arbuste, pas un rocher, pas un pli du sol ne donnaient aux chasseurs le moyen de cacher leur approche; ils ne désespéraient pourtant pas de la dissimuler.

De singuliers monticules s'élevaient de loin en loin dans la prairie: la plupart étaient hémisphériques; d'autres avaient la forme d'un cône obtus; leur couleur, d'un gris clair, offrait la teinte du pisé séché au soleil. A la base de ces monticules, on voyait une ouverture, grossièrement percée, qui n'était pas entrée dans le plan de l'architecte de ces bizarres monuments; c'étaient, au contraire, leurs ennemis qui les avaient creusés, des ennemis pillards et meurtriers, qui avaient dévasté leurs maisons et détruit leurs tribus. Ces dômes, en effet, étaient des fourmilières, et ces ouvertures y avaient été pratiquées par des fourmiliers du genre *pangolin*.

Les chasseurs se mirent à ramper sur l'herbe, se traînant d'une fourmilière à l'autre; chaque fois que l'un d'eux s'approchait des gazelles, le troupeau s'éloignait doucement, mais sans inquiétude, et maintenait la même distance entre lui et les nouveaux venus. Les chasseurs prirent chacun une direction différente; cette stratégie ne fut pas plus heureuse. Les gazelles, sans cesser de pâturer, évitaient les fourmilières d'embuscade, et restaient hors de la portée de tir. Après deux heures de cet exercice pénible, les chasseurs durent renoncer à leur tentative infructueuse, et ils s'en vengèrent par des railleries contre Hans et Arend. Ah! ceux-ci avaient cru qu'on pouvait traquer les bleeckboks? Les habiles chasseurs!

Il restait à expérimenter si le plan de Wilhem était meilleur.

Chacun alla reprendre son cheval; on permit aux collégiens de prendre part à la chasse; ils avaient à rabattre le gibier vers leurs aînés, qui tireraient les bleeckboks au passage.

La cavalcade courut dans la direction des gazelles, qui s'étaient écartées de plusieurs milles pendant qu'on tentait vainement de les traquer. Quand on fut à la limite extrême où l'on n'alarmait pas le gibier, Klaas et Jan furent expédiés en avant sur la gauche, pendant que les autres chasseurs décrivaient à droite un demi-cercle d'un large diamètre. Grâce à leurs bons chevaux, ce fut l'affaire d'un moment. Dès qu'ils eurent gagné les tertres des fourmilières, Jan et Klaas firent le tour des gazelles, en ayant soin de ne pas provoquer les mâles à la fuite.

Les deux collégiens étaient assez habiles pour mener leur tâche à bien, et ils y mettaient autant d'intelligence que d'ardeur. Les chasseurs, agenouillés derrière les fourmilières, ne doutaient pas du succès cette fois. Ils voyaient déjà les plus belles gazelles du troupeau à bas, et caressaient de la main leurs bonnes armes à feu.

Wilhem surtout jubilait. On allait voir de combien sa méthode était supérieure à celle de Hans et d'Arend, ces fameux chasseurs ! Enfin, Hendrik ne s'était pas rallié de bonne grâce à son plan de battue qui allait triompher. Toutes ces considérations redoublaient sa joie.

Klaas et Jan s'approchaient du troupeau ; les gazelles paissaient en marchant vers le poste que les collégiens venaient d'atteindre ; elles allaient se retourner par instinct et revenir en broutant dans la direction de l'affût. Wilhem n'en doutait pas.

« Les springboks, se disait-il, n'en font jamais d'autre. Il en doit être de même des bleeckboks. »

Wilhem se trompait. Les bleeckboks ont une singulière habitude qui leur est propre. Au lieu de se détourner à l'approche de Jan et de Klaas, ces créatures obstinées ne voulurent pas se diriger comme on s'y attendait, et persistèrent à courir en avant ; elles s'écartèrent de la ligne droite, il est vrai, pour ne pas rencontrer les deux rabatteurs, mais elles la reprirent après les avoir dépassés.

Elles s'éloignèrent donc de l'affût au lieu de venir s'y faire prendre ; et, après avoir détalé quelques minutes, elles recommencèrent à brouter sans plus de souci, comme pour narguer les chasseurs.

Ce résultat imprévu déconcerta Wilhem, qui dut subir à

son tour les quolibets de ceux qu'il avait raillés ; mais ce qui rendit sa déception plus cuisante, ce fut le sang-froid dont Hendrik lui dit :

« Comment pouvais-tu supposer que les bleeckboks allaient se laisser conduire ici par deux bambins montés sur des poneys? Tu les prenais donc pour des moutons? J'étais sûr, quant à moi, que nous les attendions sous l'orme légendaire ; mais je n'ai pas voulu te contrarier en refusant de m'associer à ton plan. »

Wilhem essaya de prouver qu'on avait mal exécuté son idée : les bleeckboks paissant au vent, c'étaient les tireurs et non les rabatteurs qui auraient dû être placés en aval du troupeau ; son amour-propre blessé au vif livra son secret dans la proposition suivante :

« Essayons la battue telle que je l'entends, et je garantis le succès. Si je me trompe par malheur, nous adopterons la méthode de maître Hendrik, et nous verrons ce qui résultera de ce plan qui consiste à n'en avoir aucun. »

Hendrik ne protesta pas contre cette boutade de mauvaise humeur ; il fut même des premiers à donner le signal de la nouvelle battue en se dirigeant vers le poste du vent. Klaas et Jan restèrent derrière le troupeau, qu'ils avaient pour mission de faire avancer.

Les chasseurs, à leur poste d'affût, guettaient d'un œil avide les antilopes qui se rapprochaient d'eux insensiblement. La raie blanche qui marque la face des bleeckboks devenait à chaque instant plus distincte. Encore quelques pas, et les antilopes allaient être à portée de fusil. Tout à coup, les premières de la bande poussèrent un cri étrange, bondirent et piquèrent en avant, suivies de tout le troupeau.

« Enfin, elles sont à nous, et j'ai eu raison, » murmura

le gros Wilhem en s'agenouillant, le fusil à l'épaule, derrière sa fourmilière.

Une nouvelle déception lui était réservée. Chaque fois que les bleeckboks passaient sous le vent d'un de ces postes d'embuscade, ils faisaient un crochet et fuyaient à une distance où un coup de fusil n'aurait servi à rien. Wilhem avait toujours le doigt sur la détente; mais il laissa retomber son arme en songeant que la perte d'une balle ajouterait à son humiliation.

Peu d'instants après, les bleeckboks étaient en sûreté un peu plus loin, et ils recommençaient à pâturer avec la même tranquillité irritante.

Hendrik se dressa fièrement. C'était à lui de montrer comment l'on chassait les bleeckboks et comment on en forçait à cheval une demi-douzaine.

« En avant! » cria-t-il.

Les chasseurs montèrent à cheval, galopèrent dans la direction des antilopes, et ralentirent leur allure au moment où ils approchaient du troupeau, afin de ne pas trop l'effaroucher. Lorsque la cavalcade fut à quatre cents mètres environ de son but, les bleeckboks se remirent en marche. C'était décidément leur tactique.

« En avant! » cria de nouveau Hendrik. Les chiens furent lâchés, les chevaux bondirent, et la chasse rasa la plaine comme un coup de vent d'orage.

Les Boërs n'avaient pas fait un mille qu'Hendrik s'aperçut qu'il s'était vainement flatté d'un prompt succès. La troupe des chasseurs était distancée par le gibier; chaque minute allongeait la route qui la séparait des antilopes.

Les cavaliers s'échelonnèrent peu à peu dans leur poursuite; vingt minutes après le départ, Hendrik, avec deux chiens, s'obstinait seul à suivre la trace des bleeckboks.

Hans et Arend s'étaient arrêtés presque au début, jugeant leurs montures peu capables de fournir une telle course. Malgré les qualités de sa *girafe*, Wilhem n'avait pas envie de continuer ; les deux collégiens ne pouvaient pas entraîner plus loin leurs poneys ; ils se retrouvèrent tous, groupés dans la plaine, au moment où la silhouette d'Hendrik disparaissait à l'horizon.

Les bleeckboks rasaient la surface gazonnée de la plaine, et, malgré la vitesse de son cheval, Hendrik ne gagnait pas sur eux. Les chiens ne se rapprochaient pas davantage du gibier, et nul moyen de ruser, de couper court par une manœuvre habile avec les bleeckboks. Ils ne doublent pas leurs voies, ne font ni circuits ni crochets. Ils vont devant eux, toujours en ligne droite. C'est donc une question de vitesse qu'une telle chasse.

Les chiens finirent par se lasser. Il ne resta bientôt plus que le limier d'Hendrik ; puis il fut distancé par le cavalier qui continua seul la poursuite des bleeckboks.

Hendrik avait fait un peu plus de seize kilomètres, son cheval ruisselait de sueur et l'inondait d'écume ; les antilopes fuyaient toujours. Elles avaient pourtant ralenti leur allure. Hendrik aurait pu les atteindre avec le secours d'un cheval frais. Peut-être même, sur un autre terrain, sa bonne monture l'aurait-elle fait réussir ; mais elle rencontrait à chaque instant des trous de fourmiliers ; deux ou trois fois, elle avait butté du pied dans une de ces sortes de trappes, et les bleeckboks avaient gagné du terrain pendant ce temps.

Hendrik sentait l'impossibilité de réussir ; mais il répugnait à abandonner son entreprise ; il pensait à Wilhem et il éperonnait sa bête fatiguée. Il finit enfin par désespérer du succès. Les antilopes lui paraissaient toujours aussi légères, tandis que son cheval soufflait avec effort. Il eut pitié de ce bon serviteur, et il allait tirer sur la bride quand il aperçut devant lui une chaîne de montagnes ; elles se dressaient dans la plaine où elles formaient un angle dont le sommet constituait une impasse ; c'était de ce côté que se dirigeaient les bleeckboks.

L'espoir revint au cœur d'Hendrik. Le troupeau allait être arrêté par cette barrière ; il le rejoindrait là. Caché derrière un buisson ou un rocher, il pourrait tirer sur la bande et choisir le plus beau mâle dont la conquête le payerait bien de ses peines.

Tout en faisant ces réflexions, Hendrik étudiait du regard les deux lignes rocheuses qui s'élevaient devant lui, et reconnaissait avec plaisir qu'elles étaient formées de blocs abrupts impossibles à franchir, selon toute apparence. Les bleeckboks allaient être acculés entre ces deux murailles, comme au fond d'une trappe. Ils reviendraient sur le chasseur qui n'aurait qu'à tirer dans le tas.

Hendrik retrouva de nouvelles forces ; flattant son cheval de la parole et de la main, il en obtint un dernier effort. Il n'y avait plus d'ailleurs qu'un mille à parcourir. Il n'était plus qu'à trois cents pas des bleeckboks, qui fuyaient toujours en droite ligne vers l'angle des murailles rocheuses. Il était temps de préparer son arme. Il s'agissait de tirer sur une masse compacte. Hendrik chercha, parmi ses balles, quelques chevrotines qu'il glissa dans le canon de son fusil ; il en vérifia la cartouche, puis, il leva les yeux pour voir où en étaient les antilopes... Il crut rêver : le troupeau tout entier avait disparu !

Les antilopes avaient-elles escaladé la montagne ? Impossible ! d'ailleurs on les verrait encore sur la pente. Hendrik arrêta son cheval, laissa retomber son fusil sur le garrot de la bête, et fixa un regard stupéfait vers la montagne voisine ; mais il était d'un caractère trop net pour ne pas vouloir se rendre compte des faits les plus surprenants, et il poussa son cheval en avant.

Le mystère lui fut enfin expliqué ; l'angle de rochers qui, de loin, semblait former une impasse, n'était pas fermé à la base, comme Hendrik l'avait supposé. Les deux masses rocheuses se croisaient simplement et laissaient entre elles une issue par où la plaine, d'où les bleeckboks avaient été chassés, communiquait avec une autre plaine située de l'autre côté de la montagne. Il était évident que les bleeckboks connaissaient ce passage ; ils ne se seraient pas dirigés avec tant d'assurance vers une impasse où on aurait pu les acculer.

Hendrik franchit à son tour ce col étroit qui s'élargissait presque aussitôt, et il vit le dos pourpré des bleeckboks à une distance désespérante. Alors, il mit pied à terre, fit quelques pas en chancelant, et alla s'asseoir sur un quartier de roc. Il ne prit pas même le soin d'attacher son cheval ; il lui laissa la bride sur le cou, et permit à la pauvre bête excédée de fatigue de faire ce qu'elle voudrait.

CHAPITRE VII

Rencontre inattendue. — Hendrik en état de siège. — Un sauveur fauve. — Émigration d'antilopes.

Les impressions d'Hendrik n'étaient pas d'une nature agréable. Il était vexé, humilié ; il aurait voulu n'avoir jamais rencontré de bleeckboks. Ces maudites bêtes étaient cause de la figure ridicule qu'il allait faire en rentrant au camp. Il avait si bien raillé les autres ! On allait le lui rendre. Wilhem surtout allait rire à ses dépens et se venger d'avoir été critiqué.

« Revenir au camp ! pensa Hendrik. J'en parle à mon aise ; mon cheval est fourbu ; il halette encore. Sera-t-il capable de refaire cette longue route ? Tout au plus, je le crains. »

Hendrik fut arraché à ses tristes réflexions par un bruit singulier qui le fit bondir de la roche sur laquelle il était assis, et qui produisit une impression aussi forte chez son cheval. Malgré sa fatigue, ce dernier hennit avec force en dressant ses oreilles, et, après avoir caracolé follement, il franchit comme un trait l'étroit passage qui unissait les deux plaines.

Hendrik ne s'inquiéta pas de son cheval ; son regard et sa pensée étaient absorbés par un animal qui venait du côté opposé, et dont la voix avait causé cette frayeur subite. Ce grognement rauque, ce bruit de soufflet de forge était bien connu du chasseur ; il savait qu'en tournant les yeux, il allait voir apparaître un rhinocéros noir.

L'énorme quadrupède débouchait par l'étroit défilé de la montagne. Au premier abord, Hendrik ne fut pas très effrayé ; il avait chassé plusieurs fois le rhinocéros et ne croyait pas que cette chasse fût aussi dangereuse qu'on le prétend. Il était toujours parvenu à fuir l'approche de la brute féroce, et s'était contenté de ce résultat.

Hendrik oubliait qu'en pareille circonstance, il n'était pas assis sur un rocher, mais monté sur un bon cheval auquel il avait dû son salut. Il comprit d'où lui était venue autrefois cette sécurité en se trouvant seul, à pied, à vingt mètres de l'animal farouche, sans que rien les séparât.

Hendrik se rendit compte du danger de la situation ; sa vie était sérieusement menacée. Sa première idée fut de gravir la montagne pour échapper au rhinocéros; mais un chat lui-même n'aurait pu escalader ces rochers, dont les flancs étaient unis comme un mur. Impossible de se cacher dans le défilé. On n'y voyait aucun accident de terrain, et les rochers y étaient aussi abrupts. Quelques arbres s'élevaient bien dans la seconde plaine, mais c'étaient de simples arbustes que le moindre choc devait renverser.

Il était inutile de chercher son salut dans la fuite; un

rhinocéros est plus agile que le plus rapide coureur. Pour comble de malheur, Hendrik avait laissé son fusil attaché à la selle de son cheval, et celui-ci était maintenant sur l'autre versant de la montagne. Pour toute arme, le jeune Boër avait sur lui son couteau de chasse. Mais que peut une lame de cette sorte sur le cuir épais d'un rhinocéros ? autant dire une piqûre d'épingle.

Un seul espoir restait au pauvre Hendrik, c'était de n'être pas aperçu par le terrible animal. Le sens de la vue est peu développé chez le rhinocéros ; leurs yeux sont petits, assez perçants quand il s'agit d'un objet placé en face d'eux ; mais la raideur de leur cou les empêche de voir ce qui se trouve à leurs côtés.

Hendrik espérait donc que la bête sauvage ne l'apercevrait pas ; selon toute probabilité, le rhinocéros ne l'avait pas encore remarqué, car il n'aurait pas manqué de se précipiter sur lui. Le rhinocéros noir n'a pas besoin d'être provoqué pour attaquer ; son caractère brutal et sa stupidité lui font craindre un ennemi dans tout ce qu'il rencontre, et c'est cette sottise défiante qui le pousse à l'attaque.

Mais, si le rhinocéros a la vue aussi peu développée que l'intelligence, son flair est des plus subtils, et son ouïe d'une acuité extrême ; il évente même une souris à une distance invraisemblable, et le moindre frôlement des feuilles, le pas le plus léger le guident vers l'ennemi qu'il redoute sans cesse. Le rhinocéros vit en effet dans une inquiétude continuelle ; ne pouvant se fier à ses petits yeux, il se rue en aveugle sur tout ce qu'il rencontre. Là est le secret de sa brutalité.

Le vent, qui soufflait dans les narines dilatées du rhinocéros noir, l'avertit tout à coup de la présence du chasseur, et il n'en fallait pas davantage pour que le regard de l'énorme bête se portât vers le rocher. Lorsqu'il eut aperçu Hendrik, il s'arrêta court, se mit à grogner, remua ses oreilles et sa petite queue dont il frappa plusieurs fois son énorme croupe. Puis, il souffla avec force et se précipita vers le chasseur.

Hendrik fit appel à tout son sang-froid ; au moment où l'animal se ruait vers le rocher, il fit un bond pour s'en éloigner. Quelques secondes de retard, et la corne du rhinocéros lui eût traversé la poitrine.

Par bonheur pour lui, Hendrik savait qu'il était inutile de fuir. Il s'engagea dans l'étroit défilé qui joignait les deux plaines et s'arrêta en face de son terrible ennemi. Le rhinocéros prit le chemin par lequel le chasseur lui avait échappé ; Hendrik l'attendit encore de pied ferme jusqu'au moment où la corne menaçante s'abaissa vers lui ; faisant un nouvel écart, il glissa près du rhinocéros et se prit à courir dans la direction opposée.

Cette fatigante manœuvre se répéta trois fois de suite ; mais, à la dernière, le rhinocéros finit par comprendre la ruse par laquelle le chasseur lui échappait constamment ; au lieu de poursuivre son élan, comme il l'avait fait les autres fois, il tourna sur lui-même en voyant disparaître son adversaire, et il diminua ainsi les chances de salut du pauvre Hendrik. Plus un moment d'arrêt désormais ; il fallait toujours courir, sauter à droite, bondir à gauche, en face d'un péril incessant. Un faux pas, un instant de trouble, une chute, et c'en était fait du chasseur devenu gibier.

Hendrik se sentait gagné par le désespoir. Il était épuisé, hors d'haleine ; il lui était impossible de continuer longtemps une telle défense, et le rhinocéros n'était pas d'humeur à quitter la partie; il ne faisait qu'y échauffer sa colère.

Le pauvre garçon pensait à sa famille, à ses parents, à Wilhelmine qu'il ne reverrait jamais, à Graaf-Reinet où ses frères et ses cousins auraient la douleur de revenir sans lui. Ses compagnons de voyage sauraient-ils jamais ce qu'il était devenu? pourraient-ils le reconnaître dans ces restes sanglants que le rhinocéros allait fouler aux pieds pour assouvir sa rage?.... Au milieu de ces affreuses pensées qui serraient le cœur d'Hendrik, un cri de joie lui échappa.

Il y avait plus d'un quart d'heure que durait ce duel d'attaques et de feintes; les deux champions se trouvaient au milieu du défilé, dans un endroit où le chasseur n'avait pas encore pénétré. Le hasard voulut qu'en levant les yeux, Hendrik aperçut un petit plateau formé par une saillie de la masse rocheuse, à deux mètres de terre. Il paraissait y avoir une caverne à l'extrémité de cette petite plate-forme qui avait deux mètres environ de largeur; mais Hendrik ne s'inquiéta pas de ce détail, il saisit le rebord de cette saillie de rocher et se hissa vivement sur ce refuge inattendu. Il y fut installé en un clin d'œil, et put regarder sans trembler le rhinocéros dont la rage s'exhalait à ses pieds.

Bien que très essoufflé et fort ému, Hendrik respira librement, une fois juché sur son perchoir. Il n'avait plus la moindre inquiétude. Tout ce que le rhinocéros pouvait faire, c'était de poser son museau sur le bord de la plate-forme. Encore fallait-il qu'il se dressât sur ses jambes de derrière pour y parvenir; mais il s'obstinait à cette tentative, et tâchait de saisir sa proie au moyen de sa lèvre supérieure, qui est extensible et prenante.

Hendrik fut irrité de cette persistance; il avait plus d'une raison d'en vouloir à l'affreuse bête à laquelle il n'avait demandé d'abord que de passer son chemin; il profita donc de la sécurité de son asile pour frapper du talon ferré de sa botte la lèvre épaisse du rhinocéros.

L'animal recula en poussant des cris de rage; mais il n'essaya plus d'escalader la plate-forme; il se contenta d'aller et de venir à la base du rocher, de faire en un mot le blocus de la place.

Hendrik put alors contempler à son aise cet énorme monstre. Il s'aperçut que le rhinocéros qui montait la garde à ses pieds était d'une espèce nouvelle pour lui, c'est-à-dire d'une espèce qu'il ne connaissait que par ouï-dire. Hans lui avait appris que l'on trouve en Afrique quatre espèces de rhinocéros dans la région qui s'étend du tropique du Capricorne au Cap, et qu'il en existe selon toute probabilité une cinquième au nord de cette contrée.

Deux de ces espèces sont blanches, et les deux autres, noires. Les rhinocéros blancs sont le *Kobaoba* et le *Mouchocho;* les noirs sont le *Borélé* et le *Kéitloa*.

Les rhinocéros blancs sont plus grands que les noirs et d'un meilleur caractère; ils sont *unicornes*, ou pour mieux dire, leur corne antérieure est plus développée; elle atteint quatre-vingt-dix centimètres chez le mouchocho, et davantage chez le kobaoba, tandis que la corne postérieure s'atrophie au point de rester une simple protubérance. Les blancs se nourrissent d'herbes, tandis que les noirs paissent les feuilles et les jeunes pousses des buissons et des arbustes.

Puisque le rhinocéros qui bloquait Hendrik avait la peau noire et n'était pas un borélé, il fallait bien que ce fût un kéitloa. Chez le borélé, la corne antérieure est seule très grande.

Le rhinocéros qu'Hendrik envisageait avait ses deux cornes à peu près de la même longueur; elles mesuraient environ quarante centimètres. Son cou était plus allongé, sa lèvre plus extensible et plus pointue que celle du borélé, bien connu de tous les colons de la frontière.

Le kéitloa, dont le séjour est plus au nord, est beaucoup moins connu d'eux que son congénère; mais Hendrik avait entendu dire à de vieux chasseurs qu'il est plus féroce encore que le borélé, et que, dans tous les parages où il abonde, les indigènes le craignent plus que le buffle et même plus que le lion.

Hendrik n'était donc pas surpris de la fureur avec laquelle il avait été attaqué, et il se félicitait d'avoir trouvé un asile d'où il pouvait braver ce terrible adversaire. Il avait même l'esprit assez libre pour se dire :

« Quel bon observatoire pour Hans! Comme il serait bien ici à étudier la forme, les faits et gestes de ce kéitloa! »

Au même instant, comme s'il eût voulu répondre à la pensée du chasseur, le rhinocéros le rendit témoin d'une des habitudes qui caractérisent son espèce.

Il y avait en face de la plate-forme un buisson fort épais; une lubie soudaine du rhinocéros le précipita sur ces arbustes inoffensifs. Il frappa d'estoc et de taille, brisa les branches avec ses cornes, foula aux pieds tout ce que ses sabots pouvaient écraser, et il ne s'arrêta dans son œuvre de destruction que lorsqu'il eut tout anéanti et fait place nette.

La scène était sauvagement comique. Hendrik éclata de rire. Cette rage stupide lui rappela le combat de Don Quichotte contre les moulins à vent. Mais cette joyeuse humeur ne fut pas de longue durée.

Quand il ne resta plus vestige du buisson, le rhinocéros revint au pied de la plate-forme et fixa sur le chasseur son regard où brillait un feu livide. Il devenait évident qu'il ne songeait pas à quitter la place.

Une heure s'écoula ainsi, et l'anxiété d'Hendrik s'accroissait. Il souffrait cruellement de la soif; il était en plein midi, sans rien qui l'abritât des rayons du soleil, adossé à une paroi calcinée par la chaleur, et ne sachant quand finirait son supplice. Impossibilité absolue de quitter son perchoir. Descendre dans la plaine, c'était courir à la mort. Il fallait donc rester dans cette fournaise tant que le rhinocéros ne se résoudrait pas à déguerpir le premier.

Les autres chasseurs s'inquiéteraient-ils de leur camarade et suivraient-ils sa trace pour le retrouver? Sans nul doute; mais cette idée ne leur viendrait pas avant la nuit. Souvent, un des voyageurs s'absentait du camp pour la journée, et les autres ne prenaient pas d'alarme pour si peu. Comment le pauvre Hendrik supporterait-il plus longtemps la soif qui brûlait ses entrailles?

Et s'il pleuvait pendant la nuit, si les pas de son cheval s'effaçaient, rien n'indiquerait à ses compagnons le lieu de sa captivité. Que devenir en ce cas?

Telles étaient les appréhensions qui torturaient Hendrik pendant qu'il regardait son horrible geôlier.

A mesure que le temps s'écoulait, la soif du chasseur s'accroissait et son exaspération devenait plus intense. Il avait examiné la montagne derrière lui, pour constater ses chances d'escalade; nul espoir de ce côté. Il voyait bien d'autres saillies du rocher formant plusieurs étages au-dessus de sa tête; mais comment les aborder? La plate-forme où il était installé avait une certaine longueur; elle se rétrécissait ensuite au point de n'être pas assez large pour qu'on pût y marcher. Hendrik n'avait pas bougé de l'endroit où il s'était hissé tout d'abord. C'était la partie la plus large de son refuge, celle où il était le mieux à l'abri des atteintes que tentait la lèvre du rhinocéros.

Il se souvint tout à coup d'avoir remarqué d'en bas une ombre au bout de la corniche; il l'avait prise alors pour une caverne ou pour une fissure dans la masse rocheuse. Peut-être trouverait-il dans cette retraite un abri contre les rayons brûlants du soleil. Puis, il était possible que le rhinocéros s'éloignât dès que son adversaire serait hors de vue. La stupidité bien connue des rhinocéros permettait cette supposition. Hendrick se glissa donc le long du rocher vers l'endroit où il avait remarqué cette baie.

Le rhinocéros le suivit pas à pas, avec attention. La corniche sur laquelle Hendrick avançait se rétrécissait de plus en plus, et il avait mille précautions à prendre. Le rhinocéros pouvait, en se dressant, allonger sa lèvre très près de la muraille à laquelle le chasseur s'appuyait, et il fallait beaucoup d'adresse et de présence d'esprit pour échapper à ce danger. Le jeune homme fut assez heureux pour y parvenir, et il gagna l'ouverture de la grotte.

Cette excavation était assez profonde, ténébreuse par conséquent, et l'on y pouvait entrer en baissant un peu la tête.

Hendrik s'engageait déjà sous les voûtes de la caverne, lorsqu'une sorte de grincement se fit entendre, répercuté par les parois du rocher. Glacé d'effroi, le chasseur s'arrêta. Un rugissement de fauve succéda à l'étrange bruit de scie dont il connaissait trop bien la provenance, et le malheureux Hendrik eut l'idée, dans son épouvante, de sauter à terre, malgré les cornes du rhinocéros qui pointaient à peu de distance de la corniche.

Cette voix rauque sortant du fond de la caverne ne pouvait être confondue avec aucun autre bruit. Hendrik avait pénétré dans l'antre d'un lion.

Les rugissements se rapprochaient de plus en plus ; les pattes du lion faisaient rouler les cailloux qui jonchaient la caverne. Sa majesté léonine venait s'enquérir de l'intrus qui avait troublé son repos.

Hendrik bondit avec l'agilité d'un chamois et courut à l'autre bout de la plate-forme en jetant derrière lui des regards terrifiés.

Pendant qu'il traversait la corniche, le rhinocéros n'avait pas tenté de le saisir au passage ; il était resté le menton appuyé au rebord de la plate-forme et les yeux dirigés vers la grotte. Le lion avait fait diversion.

Un instant après, la tête chevelue du lion apparut à l'entrée de la caverne, et les deux fauves se trouvèrent face à face.

Le rhinocéros fut intimidé sans doute par le feu qui jaillissait des yeux clairs du lion ; il recula et descendit de la rampe où ses pieds de devant trouvaient un appui. Il n'avait aucun désir d'un duel avec ce nouvel antagoniste ; mais le lion était offensé qu'on eût troublé son repos. Tout en regardant le kéitloa, il se frappait les flancs de sa queue. Tout à coup, se rasant à plat sur la corniche, il bondit en l'air et retomba sur la large échine du rhinocéros.

Mais il s'était étrangement mépris s'il s'était promis de déchirer la bête monstrueuse. Ses griffes tranchantes égratignaient à peine le cuir épais du pachyderme. Dès que celui-ci sentit le poids de son féroce cavalier, il s'éloigna de la montagne, et, secouant son énorme corps par une

VII

LE LION ET LE RHINOCÉROS.

impulsion convulsive, il rejeta le lion à bas sur le sol.

Le lion se rasa de nouveau pour s'élancer sur le rhinocéros; mais ce dernier fit subitement volte-face et le chargea avec fureur. L'impétuosité de sa course et le poids de sa masse auraient certainement fait pénétrer les deux cornes du kéitloa dans le corps du lion, si dure que soit sa peau. Le fauve parut apprécier la situation et même la craindre; au lieu d'attendre l'attaque de son ennemi, il s'enfuit à travers la gorge qui séparait la montagne, poursuivi comme un simple chat par le rhinocéros.

De son poste, Hendrik avait suivi les péripéties de cette lutte; mais il en ignora toujours la fin. Dès que les deux adversaires eurent passé devant lui à toute vitesse, il sauta de la plate-forme et courut de toutes ses forces dans la direction opposée.

Une fois arrivé dans la plaine, il se demanda quelle route il devait suivre. Fallait-il doubler la voie qu'il avait tracée à la poursuite des bleeckboks, ou chercher son cheval? Après un instant d'hésitation, Hendrik se mit à suivre la trace des antilopes; mais ce ne fut pas sans regarder de temps en temps par-dessus son épaule pour voir si le rhinocéros n'apparaissait pas. A sa grande satisfaction, il n'en aperçut pas même l'ombre. Le pachyderme était sans doute trop occupé de l'autre côté du défilé pour songer à son premier adversaire, et le cerveau des rhinocéros n'est pas assez développé pour contenir deux idées à la fois.

Hendrik découvrit bientôt que son cheval, livré à lui-même, avait repris son ancienne piste, et il le trouva bientôt qui paissait paisiblement à l'abri d'un buisson.

Hendrik l'appela, sauta en selle, et se dirigea en hâte vers le camp qu'il avait cru ne jamais revoir. Pour y arriver directement, il n'eut qu'à suivre la trace des bleeckboks.

Ceux-ci, allant toujours contre le vent, ne s'écartent pas de la ligne droite. La piste du troupeau était encore très visible; Hendrik n'eut pas de peine à s'y maintenir. Après deux heures de trot bien fourni, il arriva au camp, accompagné des limiers qu'il avait ralliés dans la prairie où ils vaguaient à l'aventure.

Hendrik avait subi de trop fortes émotions pour craindre les railleries sur la chasse dont il revenait bredouille. Ses amis prirent un grand intérêt à son récit, et Wilhem, qui se souvenait de la délicatesse avec laquelle Hendrik l'avait épargné lors de sa malheureuse chute sur le terrier du protèle, ne se permit pas la moindre allusion au plan de chasse malencontreux de son cousin. Tous ses camarades envièrent même à celui-ci son aventure, en avouant qu'ils n'auraient peut-être pas su si bien s'en tirer. Bref, une soirée de causeries amicales fit oublier au chasseur ses émotions de la journée.

Le lendemain, les jeunes Boërs furent témoins d'un spectacle extraordinaire. Ils aperçurent un nombre si prodigieux de bleeckboks que la plaine était littéralement émaillée de leurs masses pourprées. Cette multitude fuyait contre le vent, poursuivie sans doute par quelque ennemi. Elle occupait un espace large environ de huit cents mètres, et passa pendant plus d'une heure sous les yeux des chasseurs, comme un fleuve agité çà et là de remous. Tous les individus qui composaient cette foule innombrable fuyaient le cou tendu, les narines baissées contre terre, comme des limiers sur une piste, et ils franchissaient de temps à autre les rangs qui les précédaient.

Entre ces masses compactes, on voyait çà et là un intervalle rempli par un petit nombre de mâles, et, de loin en loin, un espace libre séparait en légions distinctes et par colonnes cette multitude, aussi nombreuse qu'une armée en marche.

Ces espaces indiquaient les bandes particulières qu'une même impulsion avait réunies. Toutes les fois, en effet, qu'un troupeau de bleeckboks ou de bunteboks se sauve pour un motif quelconque, leurs congénères qu'ils rencontrent se joignent à cette fuite, et, comme ils ont tous l'habitude de piquer dans le vent, l'exode se grossit incessamment.

Ce spectacle rappela aux jeunes Boërs ce qu'ils avaient lu des troupeaux de bisons qui traversent les prairies américaines et de ces myriades de pigeons voyageurs qui voilent les rayons de soleil, tant le nuage de leur vol est étendu, et qui écrasent les arbres où ils viennent percher le soir. D'ailleurs, une autre espèce d'antilopes, les springboks, leur avaient donné souvent l'exemple de ces flots vivants qui traversent parfois les régions inhabitées.

Il était impossible de voir défiler toutes ces antilopes sans se dédommager de l'échec de la veille; l'expérience avait appris aux Boërs comment se chasse le bleeckbok; au lieu de faire tête au troupeau, ils galopèrent à ses côtés et lui envoyèrent une fusillade nourrie.

Le carnage ne fut pas grand toutefois, il ne resta sur le terrain qu'une demi-douzaine de bleeckboks ; mais, comme il se trouvait trois mâles dans le nombre, les chasseurs furent très satisfaits de ce résultat. Ils n'avaient tué ces antilopes que pour en garder les cornes et la peau, et les aînés avaient interrompu le feu, dès qu'ils avaient vu gisant à terre assez de bleeckboks pour servir de trophées dans les habitations des deux familles et chez le docteur Smith.

La chasse avait été de courte durée; toutefois les chevaux s'étaient essoufflés à fournir cette course rapide. Les chasseurs retournèrent au camp, n'emportant de leur butin que les dépouilles des bleeckboks et quelques tranches de venaison fraîche pour varier leur menu pendant un jour ou deux.

En écorchant les antilopes, les jeunes Boërs avaient été frappés de l'odeur agréable qu'exhalait leur pelage. Cette particularité curieuse est due sans doute aux plantes odoriférantes des pâturages où paissent ces animaux.

L'après-midi fut employée à nettoyer ces belles robes pourprées et à les étendre au soleil. Hendrik et Wilhem furent chargés de cet office qui leur était spécial. La préparation des têtes, qui exigeait non seulement plus d'adresse, mais encore une certaine expérience scientifique, fut laissée au naturaliste, qui s'en acquitta fort bien avec l'aide d'Arend. Hans avait emporté dans ses bagages, à cette intention, une boîte de produits chimiques, analogues à ceux qu'emploient les empailleurs. Le soir du même jour, quatre belles têtes de bleeckboks, ayant conservé leur peau et leurs cornes, n'attendaient plus que le moment où elles seraient appendues aux murailles de Graaf-Reinet. C'étaient deux couples, mâle et femelle, dont l'un était naturellement destiné aux Von Bloom et l'autre aux Van Wyk. La tête du troisième mâle était destinée au docteur.

La seule différence qui existe entre la tête du mâle et celle de la femelle, c'est que les cornes de la dernière ont moins de longueur et d'épaisseur. La même remarque s'applique aux bunteboks que les jeunes Boërs chassèrent avec succès le lendemain.

Ils employèrent cette fois la méthode de Wilhem, et elle leur réussit. Les quatre aînés se mirent à l'affût, et le triomphe du jour fut pour Hans, qui fit coup double sur deux superbes bunteboks. Ce gibier défiant se laissa rabattre par Klaas et Jan, non pas qu'il ait d'autres habitudes que les bleeckboks; mais ce jour-là, nulle brise ne soufflait, l'air était lourd et immobile, ce qui empêchait les bunteboks de découvrir quelles étaient les fourmilières qui servaient de gîte aux chasseurs.

Ceux-ci ne seraient point parvenus, par un temps de brise, à surprendre le troupeau en se traînant jusqu'à lui, de fourmilière en fourmilière. Les bunteboks ne se seraient pas laissé approcher, bien qu'ils se fient plus à leur odorat qu'à leurs yeux.

Il est d'ailleurs toujours difficile de tirer juste dans les plaines du *Zuur-Veldt* où se produisent souvent des phénomènes de mirage. La plupart des objets qu'on y envisage d'une certaine distance y sont méconnaissables. Un secrétaire y paraît avoir taille d'homme; une autruche y prend les proportions d'un clocher. Les couleurs elles-mêmes s'y dénaturent pour les yeux. On raconte à ce sujet que des voyageurs ont pris un jour deux lions fauves pour les toiles blanches tendues sur leurs chariots, et se sont dirigés vers les deux félins, croyant revenir à leur camp. L'histoire ne dit pas si leur méprise leur fut fatale, ni comment les deux lions les reçurent.

CHAPITRE VIII

Exploration de la montagne. — L'aigle à l'affût.
Les sauteurs de rochers.

Le lendemain, les jeunes Boërs levèrent le camp et poursuivirent leur expédition à travers les cantons pittoresques du Zuur-Veldt. Ils s'extasiaient, chemin faisant, sur la diversité de forme des montagnes qu'ils côtoyaient ou traversaient. Les unes sont en forme de dôme; d'autres présentent des masses carrées à sommet plat; on y voit des pics élancés comme des flèches d'église, des rampes qui rappellent d'autant mieux l'enceinte fortifiée des villes du moyen âge que des rochers, ressemblant à d'énormes tours, flanquent çà et là cette ligne de fortifications.

Cette variété ôtait toute monotonie au voyage, non sans le retarder parfois. Tantôt la direction de la caravane la conduisait au pied d'une muraille de plusieurs centaines de mètres d'élévation, qui se déployait, sans être coupée de la plus étroite brèche, sur un espace de plusieurs milles;

tantôt on devait traverser une gorge si resserrée que les chariots avaient peine à s'y ouvrir un passage ; plus loin, un éperon montueux obligeait les voyageurs à décrire un circuit de plusieurs kilomètres.

Un matin, les jeunes Boërs traversaient une des plus vastes plaines qu'ils eussent encore rencontrées ; leur attention fut attirée par une montagne plus singulière encore que les autres. Ce titre de montagne était peut-être ambitieux, eu égard à son élévation ; mais on pouvait l'accorder à son aspect sauvage, à ses flancs de granit dénudé. Aucun mouvement de terrain n'environnait sa base ; elle dressait brusquement dans la plaine sa forme pyramidale, dont la teinte sombre contrastait avec la verdure qui l'entourait. De loin, cette montagne paraissait aussi régulière que si elle eût été faite de main d'homme ; quand on en était plus proche, elle présentait un cône obtus d'où surgissait un rocher de neuf pieds de haut, qui d'en bas avait l'air de se terminer en pointe d'aiguille.

Cette particularité excita la curiosité des jeunes touristes.

« Pourquoi n'irions-nous pas jusque-là ? dit Arend. Cela ne nous détournerait guère ; nous aurions bientôt rejoint les bœufs des chariots qui avancent à pas de tortue. Qu'en pensez-vous ?

— Allons ! » dirent Hendrik et Wilhem. Ce dernier ajouta même : « C'est une promenade d'un kilomètre à peine.

— Je crois qu'il nous faudra en faire sept ou huit, dit Hans, pour nous trouver au pied de cette montagne, et nous n'aurons que le temps juste de revenir avec la fin du jour au campement désigné ; mais je serai bien aise de pousser cette pointe en avant. Peut-être se trouvera-t-il là-bas quelque plante curieuse à récolter pour mon herbier. »

Tous les compagnons de Hans le raillèrent de savoir si mal apprécier les distances. Quoi! huit kilomètres de distance entre le lieu où ils étaient et cette montagne si proche! Le naturaliste fut harcelé de plaisanteries qui auraient pu faire perdre patience à tout autre que lui. Il voulait y répondre en expliquant sérieusement sur quelle base il fondait son appréciation; il essayait de rappeler à ses amis que, dans la région où ils voyageaient, on se trouvait à plus de mille mètres au-dessus du niveau de la mer; or, à cette hauteur, on est souvent le jouet d'une illusion d'optique. Mais ses amis ne le laissèrent point s'expliquer; ils riaient aux éclats de ce qu'ils nommaient une naïveté d'apprenti savant, plus habitué à déchiffrer des bouquins qu'à lire dans le grand livre de la nature. Eux, les chasseurs, ils avaient le coup d'œil très sûr aussi bien que s'il s'agissait de mesurer les distances dans un pays de basses terres, et, ne voulant pas permettre au naturaliste de leur donner ses raisons, ils finirent par le pousser à bout.

« Voyons! leur dit Hans, la seule manière de savoir qui a la raison pour soi dans un désaccord, c'est d'aller aux preuves. Mesurons la distance, et vous rirez ensuite de moi tout autant que vous le souhaiterez si je me suis trompé. Je vous promets même de faire chorus avec vous.

— Très volontiers, dit Wilhem; mais tu n'as pas, je présume, une chaîne d'arpentage dans tes engins de naturaliste?

— Ou tu ne comptes pas, ajouta Hendrik, nous embrouiller la cervelle d'un calcul trigonométrique où nous n'entendrions rien.

— J'emploierai un moyen moins scientifique, répondit

Hans, et contre lequel des chasseurs ne pourront rien m'objecter. Vous vous êtes souvent moqués de l'allure de mon cheval, lorsque je l'abandonne à lui-même. Il sera mon viamètre, si vous y consentez; nous compterons ses pas. Vous savez que son allure est si régulière, si paisible, qu'il fournit alors la même quantité de pas par minute. Le calcul sera donc facile à établir; d'ailleurs, je vais tirer ma montre pour mieux régler l'allure de ma bête, et, si vous avez raison, nous allons rire de mes lubies avant qu'il soit peu.

Hans partit en avant, suivi de ses amis qui ne lui parlaient pas, de peur de le troubler dans ses calculs; ils se bornaient à se regarder entre eux et à se faire des mines plaisantes. Cette bonne humeur ne dura pas longtemps; ils avaient beau trotter vers la montagne, celle-ci ne paraissait pas plus voisine.

Au bout d'une demi-heure, leurs figures s'allongèrent. La montagne semblait toujours à la même distance. Enfin, après une seconde demi-heure, quand les chevaux arrivèrent au pied de la montagne, les railleurs avaient l'oreille basse, et aucun ne protesta lorsque Hans dit d'une voix ferme : « Huit kilomètres et demi !..... Mais pourquoi avez-vous l'air d'être confus, mes amis? Moi aussi, je suis sujet à me tromper en jugeant d'après les apparences. Quand cela m'arrivait autrefois, par ignorance ou manque de réflexion, mon vieux professeur me disait un axiome que je vous laisse à méditer : « Toute vérité est voilée par un sophisme plus vraisemblable que cette vérité elle-même. »

Le débat finit ainsi par le triomphe modeste de Hans; il ne s'appesantit pas sur ce sujet, et demanda qu'on visitât la montagne.

De loin sa surface avait paru unie; mais elle présenta

de près un aspect bien différent aux explorateurs. Ce n'était qu'un amoncellement de grosses roches ressemblant à ces tas de pierres que les anciens peuples du Nord réunissaient sur les tombes de leurs chefs. Seulement, ce *cairn*, c'est ainsi qu'on nomme ces monuments, semblait être dû à des mains de géants, tant ces fragments de roche accumulés étaient monstrueux.

La végétation s'était fait sa place parmi ces débris gigantesques. Des cactus et des euphorbes croissaient çà et là; un arbre à cime étalée, dont le feuillage ressemblait à celui du myrte, répandait ses parfums aux alentours, et l'aloès arborescent dressait entre les quartiers de roche ses belles fleurs rouges.

Hendrik proposa de gravir jusqu'au sommet de la montagne; elle n'était ni très haute ni fort escarpée; à peine faudrait-il un quart d'heure pour atteindre la cime, et quelle largeur d'horizon l'on embrasserait de cet observatoire! Il commandait un espace que la caravane mettrait peut-être trois jours à parcourir, et peut-être de là-haut découvrirait-on une voie qui ferait éviter les obstacles montueux, trop fréquents dans ce voyage.

« Montons, montons ! » dirent ses camarades.

Klaas et Jan surtout se montrèrent enthousiastes de ce projet. Ils venaient d'apercevoir un grand oiseau planant dans l'air, et, persuadés que c'était un aigle, ils désiraient faire connaissance avec son aire.

De son côté, Hans était curieux d'étudier les plantes qui parsemaient la montagne et qui différaient de celles qu'il avait trouvées dans la plaine ; il voulait surtout examiner de près cet arbre à feuilles de myrte dont le parfum descendait jusqu'à lui.

Ce vœu ayant réuni l'unanimité des voix, les jeunes

Boërs mirent pied à terre et s'assurèrent de leurs montures en les attachant toutes ensemble par la bride. Ils employaient ce moyen chaque fois qu'ils ne trouvaient pas d'arbres à leur portée; leurs bêtes se connaissaient, vivaient en bonne intelligence, et ne se gourmaient jamais entre elles. Quant à s'enfuir et à laisser ainsi leurs maîtres dans l'embarras, ceux-ci ne craignaient rien de semblable; il aurait fallu le consentement de toute la bande pour exécuter cette trahison. Lors même que cinq de ces chevaux auraient eu la velléité de vaguer à l'aventure, celui de Hans se serait opposé au projet d'école buissonnière. Son maître l'avait habitué à ne jamais bouger de la place où il le laissait. Il lui avait jeté tant de fois la bride sur le cou pour aller herboriser dans l'épaisseur des halliers!

L'ascension commença. Les touristes passèrent d'abord entre de gros quartiers de granit, et franchirent le sommet de ces premières assises. Ce ne fut pas chose aisée. Quand on gravit une montagne, il faut faire dans ses calculs une large part aux difficultés imprévues. Hans, qui le savait, avait dit à ses compagnons qu'il faudrait au moins une demi-heure pour gagner le sommet du cône. Plus d'un aurait eu envie de se récrier; mais tous gardèrent le silence, dans la crainte de subir un nouveau démenti. Les chasseurs se contentèrent de penser qu'en cinq minutes on atteindrait le sommet.

Au bout d'un quart d'heure, on n'était pas encore à mi-côte, et l'on dut faire halte pour reprendre haleine. Hans eut alors l'occasion d'examiner l'arbre qui l'intéressait, car ce fut sous son dôme de feuillage que les touristes s'assirent.

Cet arbre, peu élevé et de grosseur médiocre, était chargé de petites feuilles d'un vert tendre et de fleurs peu apparentes, qui procurèrent cependant au botaniste la possibilité de reconnaître la famille de cet arbre. C'était une espèce de santal ayant beaucoup de rapport avec le *santalum album* qui croît aux Indes.

Tous les jeunes Boërs avaient vu chez leurs parents une foule de petits objets en bois de santal, mais ils n'avaient jamais rencontré l'arbre qui le fournit, et ils adressèrent des questions à ce sujet au naturaliste.

« L'arbre qui donne au commerce le bois de santal, leur dit Hans, croît dans la partie montueuse du Malabar, et dans les îles de l'océan Indien. Il n'est jamais très haut et présente rarement un mètre de circonférence. Il est fort estimé à cause de l'odeur agréable qu'il exhale; cette odeur, qui le préserve de la pourriture, empêche les objets voisins d'être attaqués par les insectes ou par la rouille. Voilà pourquoi on fabrique tant de coffrets et de petits meubles de ce bois ; on en fait aussi des éventails et des colliers d'un assez haut prix. Enfin, les brahmes l'emploient dans leurs sacrifices à Vishnou, pour parfumer l'huile dont ils font usage dans ces cérémonies.

— Est-ce qu'il n'y a pas deux sortes de bois de santal? demanda Klaas. Mon oncle a rapporté des Indes à ma sœur une boîte et un collier de santal. La boîte est blanche; les perles du collier sont très jaunes, d'un beau jaune. Après tout, peut-être qu'on les a teintes.

— Non, répondit Hans, c'est leur couleur naturelle. On a cru longtemps, il est vrai, que le santal jaune et le santal blanc étaient produits par des arbres différents. On ne tombe plus dans cette erreur maintenant, on sait que le blanc et le jaune sont produits par le même arbre; seulement, la partie du bois qui est au cœur, et au plus près de la racine, est jaune, et le jeune bois, tout contre l'écorce, est blanchâtre. Le jaune est plus dur, plus parfumé, estimé davantage, vous le comprenez. Quand on abat cet arbre, on le dépouille de son écorce et on l'enterre pendant deux mois. Cette opération développe son parfum d'une façon sensible. »

Tout en écoutant ces détails, Klaas et Jan avaient coupé une branche de santal ; ils l'approchèrent de leurs narines et en mâchèrent un bout.

« L'odeur y est bien, dit Jan, mais c'est extraordinaire, ce bois si parfumé n'a pas le moindre goût.

— Il en est de même du santalin des Indes, répondit Hans. Il sent très fort et pourtant il est insipide.

— Tu dis toujours santal, remarqua Klaas ; il me semble avoir entendu dire : sandal. Est-ce de là que vient le mot sandales?

— Ce sont en effet ces chaussures primitives qui ont tiré leur nom du santalin, répondit Hans. *Sandal* est plus conforme à l'étymologie que santal, car le nom de cet arbre vient du persan *sandul* qui veut dire utile. Ceci vous révèle la valeur qu'on a de tout temps reconnue à cet arbre. »

Après cette halte, les jeunes touristes recommencèrent leur ascension avec des forces renouvelées, et ils atteignirent, un quart d'heure après, le sommet du cône principal. Au-dessus d'eux, s'élevait toujours cette aiguille dont la singularité avait frappé de loin leur attention. Elle n'avait pas moins de neuf à dix mètres de haut ; ses flancs étaient fendus, ravinés comme par la pluie. Elle se terminait par une pointe en paratonnerre, mais de la base au faîte, ce rocher était hérissé d'une multitude d'aiguilles analogues, de sorte que le tout ressemblait à une tour gothique accostée de tourelles et de poivrières qu'aurait accumulées un bizarre caprice d'architecte.

Il ne fallait pas songer à escalader ce dernier étage de la montagne, qui ne devait être accessible qu'aux oiseaux, tout au plus aux chats sauvages.

Lorsque les jeunes Boërs eurent examiné ce phénomène géologique, ils voulurent en explorer la base. Ce n'était pas chose facile à cause des rochers qui encombraient la plate-forme; il fallait s'y frayer un chemin et souvent les gravir pour aller en avant.

Tout à coup les regards des jeunes gens s'arrêtèrent sur un objet intéressant qui suspendit leur marche. A la moitié du versant de la montagne se trouvait un énorme rocher dont la cime dépassait tous les autres et dominait une vaste portion du cône principal. Un gros oiseau était posté sur la pointe de ce bloc de granit; son plumage était noir, sauf une tache blanche sur les épaules, et des plumes brunes le chaussaient jusqu'aux orteils qui paraissaient d'un jaune vif. Son bec recourbé, la largeur de ses ailes révélèrent son espèce, même à ceux des chasseurs qui n'avaient jamais observé de si près un oiseau de proie si bien armé.

« Un aigle ! » s'écrièrent tous les jeunes gens.

C'était en effet un des plus grands aigles connus, *l'aigle-vautour de Verreaux*, que Klaas et Jan avaient aperçu au moment où l'on proposait de gravir la montagne. Il n'avait pas entendu les cris et les rires de la bande joyeuse, parce que son attention était fixée sur quelque proie, invisible jusque-là aux yeux des observateurs.

Les serres fixées comme un étau à la crête du rocher, le cou tendu, le regard baissé vers le sol, il était aux aguets, sans se douter qu'il offrait une cible engageante aux fusils des touristes.

A l'observation qu'en fit Klaas, Hendrik répondit qu'une

VIII

CHASSE À L'AIGLE.

balle n'atteindrait pas l'aigle qui était éloigné de deux cents mètres environ. Peut-être la portée du roër de Wilhem s'étendrait-elle jusque-là, mais ce n'était pas assez sûr pour qu'on tentât de s'en assurer. Il valait mieux guetter l'aigle qui méditait quelque rapine et voir comment il s'acquitterait de ce haut fait. Hans insista aussi sur son désir de voir la fin de l'aventure.

Presque aussitôt, la victime parut sur une plate-forme étroite située au-dessous de la roche où l'aigle s'était posté. Un petit quadrupède grisâtre, aux formes rondes, ressemblant à un lapin, mais plus bas sur jambes, passait en s'arrêtant çà et là pour mordiller une feuille.

« C'est un hyrax, dit le naturaliste, qu'on appelle aussi blaireau de rocher et lapin de montagne, encore un de ces animaux qui n'ont pu trouver une place déterminée dans les nomenclatures scientifiques. Cuvier prétend, à tort selon moi, que l'hyrax... »

Hans n'eut pas le temps d'exposer la cause de son désaccord avec l'illustre naturaliste ; l'aigle fondit sur la plate-forme où plusieurs hyrax étaient venus rejoindre le premier qui avait apparu. Un cri aigu partit du groupe que l'oiseau de proie couvrait de son ombre, et les chasseurs s'attendaient à voir remonter l'aigle avec un hyrax dans ses serres ; mais les bêtes craintives s'étaient dispersées ou terrées avant que leur ennemi eût pu saisir l'une d'elles. Il n'était pas probable qu'elles songeassent à sortir de sitôt ; du moins l'aigle parut en avoir la conviction, puisqu'il s'éleva dans l'air en lançant une clameur de colère, et dirigea son vol de l'autre côté de la montagne.

Les jeunes Boërs s'étaient accroupis derrière les rochers, leur fusil à l'épaule, dans l'espoir de frapper l'aigle au vol. Il passa trop haut et trop loin pour qu'on pût le tirer. C'était sans doute un vieil aigle affamé qui était venu chasser jusque-là et qui allait chercher fortune ailleurs pour avoir mal réussi dans ces parages. L'oiseau de proie était déjà haut dans l'air, et il s'éloignait du point d'où le regardaient les chasseurs, quand il s'arrêta dans son vol, descendit quelque peu, se balança dans l'air et regarda un point intéressant pour lui à la base de la montagne.

Les hyrax s'étaient-ils aventurés déjà hors de leurs retraites ? Ce n'était pas probable, et d'ailleurs l'aigle regardait l'autre versant de la montagne ; s'il y avait là d'autres hyrax s'ébattant dans les buissons de cactus, l'oiseau de proie n'aurait point plané de si haut sur eux. L'aigle se met à l'affût pour saisir ce gibier timide, perché dans le voisinage de ses retraites, et il se précipite sur l'hyrax dès que celui-ci apparaît.

En pareille occasion, l'hyrax aurait, en effet, le temps de regagner son fort si l'aigle tombait sur lui d'une hauteur considérable. Les aigles sont trop habiles chasseurs pour ne pas proportionner leur attaque aux facilités qu'ont leurs victimes de leur échapper. Ce n'était donc pas un hyrax que l'oiseau de proie guettait de si haut.

Les jeunes Boërs, curieux d'assister à cette nouvelle chasse, se hâtèrent de gagner l'autre versant de la montagne. Hans était en tête, plus intéressé qu'aucun autre au spectacle qui se préparait. Il aperçut donc le premier un beau coin de paysage ombragé par un santalin. C'était le plus bel arbre de cette espèce qui se trouvât sur la montagne ; il ombrageait une terrasse d'où le regard embrassait un large horizon et dominait la plaine. C'était une de ces retraites délicieuses qu'il n'appartient pas seulement à l'homme d'apprécier. Il est prouvé en effet que les animaux eux-mêmes sont sensibles à la beauté des sites.

S'il en était autrement, pourquoi choisiraient-ils leurs gîtes dans les lieux les plus favorisés de la nature, souvent même aux dépens de leur sécurité ?

Cette terrasse ombreuse n'était pas déserte. Hans y aperçut un groupe de créatures qui semblaient faites pour compléter les harmonies de ce coin de terre, à la fois gracieux et sauvage. Ce groupe se composait de trois individus appartenant à une espèce que les jeunes Boërs n'avaient pas encore rencontrée depuis le commencement de leur expédition.

C'étaient des antilopes de fort petite taille, de robe olive teintée de jaune. La plus grande avait à peine les dimensions d'un chien d'arrêt, et son jeune faon, à peine celles d'un tout jeune chevreau ; la mère, car c'était là une famille, ne portait pas de cornes comme le mâle. Hans reconnut dans ces antilopes des *Klipspringers* ou sauteurs de rochers (*Orestragus saltatrix*). Il en avait souvent rencontré dans les parties montagneuses de la colonie, et ses compagnons en avaient vu également quelquefois.

Parmi les diverses antilopes que l'on trouve dans l'Afrique méridionale, celles-ci ne sont pas les moins intéressantes, malgré leur taille exiguë. Les sauteurs de rochers sont un objet de curiosité, même dans les régions qu'ils fréquentent, parce qu'ils s'éloignent de leurs congénères par leurs habitudes et les séjours qu'ils affectionnent. On ne les rencontre jamais dans les plaines où paissent le gnou, l'oryx, le bleeckbok et tant d'autres individus de sa famille. C'est un montagnard, un hôte de la région des abîmes, où il trouve une protection dans la nature des lieux contre l'atteinte des grands carnassiers. Le léopard lui-même ne peut l'y poursuivre, malgré ses griffes crochues qui lui permettent des ascensions de chat.

Le sauteur de rochers n'a pas de rival en Afrique pour bondir sur la crête des précipices, à des hauteurs vertigineuses où nul n'oserait le suivre. Les seuls ennemis qu'il ait à redouter lui viennent du ciel, non de la terre : l'aigle de Verreaux, l'aigle cafre et le gypaëte.

Le corps du sauteur de rochers est trapu, vigoureux ; ses petites cornes, ridées à la base et annelées au milieu, se dressent verticalement au-dessus de sa tête. Son pelage est long, fourni, rude, et raide, ce qui lui donne quelque ressemblance avec celui du porc-épic. Chacun des poils est gris de cendre à la base, brun au milieu, jaune à l'extrémité, en sorte que sa robe présente une teinte olive clair. Le pied de cet animal est merveilleusement adapté à sa résidence habituelle ; ses sabots sont cylindriques, posés verticalement sur leur base et dentelés aux bords, ce qui lui permet de se cramponner aux roches les plus unies et d'y adhérer pour ainsi dire.

Cette antilope ne vit point en troupeau ; on ne la rencontre que par couples isolés ou par famille, comme celle que contemplaient les jeunes Boërs.

Au moment où ils furent tous en vue de la terrasse, l'antilope mâle était debout sur le rocher et regardait au loin la plaine ; la femelle, couchée à l'ombre, allaitait son jeune faon, agenouillé près d'elle.

Tout à coup, l'ombre noire des ailes de l'aigle se projeta sur la plaine ; elle s'agita sous les yeux du mâle qui tressaillit, proféra une sorte d'imprécation et frappa du pied. La femelle et son faon se levèrent aussitôt, et tous trois se prirent à regarder d'un œil inquiet l'ombre qui glissait sur la surface de la prairie ; puis ils commencèrent à bondir sans quitter néanmoins la plate-forme, et ils aperçurent leur ennemi qui n'était plus masqué par la cime du santalin.

En un clin d'œil, l'aigle se rapprocha de la montagne, et tout à coup il bondit sur la proie qu'il venait de découvrir. Mais, quelle que fût la rapidité de son plongeon, il se releva encore sans rien tenir dans ses serres.

Aussi vite que l'oiseau de proie, les antilopes avaient sauté à bas de la plate-forme; mais elles ne s'étaient pas terrées comme les hyrax; on les voyait debout à la cime d'un rocher d'où elles guettaient l'aigle. Elles s'attendaient évidemment à une nouvelle attaque. En effet, après avoir fait un second calcul des distances, l'aigle se précipita sur la victime qu'il s'était choisie.

Le faon bondit de roche en roche avec le ressort d'une balle élastique, et il parvint encore à éviter l'étreinte mortelle des serres; mais l'aigle resserra de plus en plus les cercles qu'il décrivait autour du petit sauteur, dont l'effroi et la fatigue firent trembler et fléchir les membres délicats. Pendant cette lutte, le père et la mère couraient sur la crête des rochers avec autant de légèreté que s'ils eussent eu des ailes. Leur but était certainement de sauver leur progéniture aux dépens de leur propre vie, et d'attirer sur eux les attaques de l'aigle; mais l'oiseau de proie s'acharnait à la poursuite du jeune faon. Il avait peut-être dans son aire des aiglons qu'il fallait sustenter de chair tendre.

Il continua donc de poursuivre le petit animal jusqu'au moment où celui-ci n'eut plus assez de force pour s'élancer du roc sur lequel il était tombé. L'aigle se précipita une dernière fois de la montagne, enfonça les grapins de ses serres dans l'échine du faon et se releva pour fuir avec sa proie.

Un bêlement douloureux s'éleva du cône de granit; il fut étouffé par la détonation de plusieurs fusils que les échos de la montagne répétèrent, et le ravisseur ailé tomba foudroyé, tenant encore sa victime dans ses serres.

CHAPITRE IX

Le blocus. — Le perchoir du grimpeur de rochers. — Les milans pêcheurs. — Un voleur emplumé. — L'antilope et le crocodile.

C'étaient les deux balles du naturaliste qui avaient abattu l'aigle. Ces chasseurs, déjà endurcis, n'eurent pas un instant le sentiment de ce qu'avait d'inutilement cruel le rôle qu'ils venaient de jouer.

Entraînés par la joie d'un premier succès et tout à leur passion, ils se mirent à poursuivre les antilopes avec autant d'empressement qu'ils en avaient mis à foudroyer l'oiseau de proie. Ce n'était pas tant cependant l'ardeur de la chasse qui les tenait que le désir d'examiner de plus près les sauteurs de rochers et d'en ajouter la dépouille aux trophées qu'ils collectionnaient dans le cours de leur expédition.

Bien que nombreux dans certains districts de la colonie, les sauteurs de rochers tombent rarement sous les balles des chasseurs. Aussi farouches que les chamois, ils ne hantent que les sommets inaccessibles ; aussi regarde-t-on comme un véritable exploit le fait d'avoir abattu une de ces antilopes, et malgré leur petitesse, ses cornes font valoir un trophée de chasse.

Il fallut s'entendre sur la méthode à suivre pour mener à bien le projet de s'emparer du mâle. Au bruit des coups de fusil qui avaient frappé l'aigle, les deux sauteurs de rochers avaient bondi d'étage en étage, et ils se trouvaient sur un quartier de roche placé près de la base de la montagne.

Hendrik proposa de les rejoindre et de lancer après eux les chiens dans la plaine, ces sauteurs de rochers étant de fort médiocres coureurs sur un terrain plat.

La proposition, paraissant excellente, fut adoptée à l'unanimité. Les chiens furent découplés et lancés en avant. Ils précédaient les chasseurs, qui se hâtaient de descendre la montagne et seraient arrivés en dix minutes à portée de fusil des antilopes, si celles-ci avaient eu l'obligeance de les attendre ; mais les Boërs n'étaient pas à moitié chemin que leur gibier avait déjà fait le tour de la montagne et volait d'un rocher à l'autre, avec une légèreté fantastique.

Au lieu de suivre les passages qui s'ouvraient entre les quartiers de granit, les antilopes franchissaient ces blocs, si larges qu'ils fussent ; leur course était formée d'une succession de bonds prodigieux qui les faisaient retomber parfois sur des crêtes si étroites que leurs quatre pieds avaient peine à s'y poser.

L'entreprise des chasseurs avait donc échoué ; leur gibier ne voulait pas se laisser rabattre dans la plaine. Ils rappelèrent les chiens, passèrent sur l'autre flanc de la montagne et aperçurent les antilopes sur la pointe d'un bloc de granit. Ils cherchèrent à les cerner; mais les deux sauteurs recommencèrent leur manœuvre et se trouvèrent en quelques bonds sur l'autre versant. Les chiens, fort maladroits sur ce terrain accidenté, n'étaient ni un secours pour les chasseurs, ni un sujet d'inquiétude pour le gibier; d'ailleurs, en supposant que les antilopes eussent passé par hasard à portée des tireurs, le plus habile d'entre eux n'aurait pu les viser, tant elles étaient rapides dans leurs mouvements.

« Il serait plus facile de tuer une bécasse au vol avec une balle, » dit Hendrik.

Les chasseurs essayèrent par trois fois d'entraîner les sauteurs de rochers dans la plaine; il fallut enfin y renoncer. Wilhem ouvrit un avis fort sage.

« Si au lieu de vouloir forcer ces bêtes à quitter la montagne, dit-il, nous les poussions vers le sommet en nous divisant pour les cerner, le terrain finirait par leur manquer, et il y aurait chance pour qu'elles se trouvassent en descendant à portée d'une de nos balles.

Les jeunes Boërs se séparèrent, et chacun se fit accompagner d'un chien, sauf Klaas qui fut obligé d'aller tout seul, le sixième chien de la meute ayant péri, comme on le sait. Fort pointilleux d'habitude quant au maintien de ses droits, Klaas n'avait pas insisté pour qu'un de ses aînés lui laissât le chien qui lui appartenait.

« Prends-le, avait-il dit à Hendrik; il fera avec toi une meilleure besogne que s'il me suivait. Nous avons tant couru à travers ces rochers que j'en ai les pieds écorchés. Je monterai tranquillement, et ferai bonne garde dans mes entours; mais ce n'est pas moi qui forcerai de près les antilopes. »

Les chasseurs se mirent à gravir la montagne, s'avertissant de loin en loin des mouvements de leur gibier; celui-ci fuyait devant eux, se dirigeant en zigzags vers la cime du cône. Lorsque les chasseurs furent à mi-côte, les antilopes commencèrent à s'alarmer; elles se voyaient cernées de toutes parts. De plus en plus inquiètes, elles voulurent franchir le cercle qui se rétrécissait autour d'elles, et se précipitèrent hardiment vers le naturaliste. Hans n'avait aucune prétention de chasseur, mais il n'en tirait pas moins bien, et son coup de fusil mit à bas l'antilope femelle.

Le mâle lui échappa par une pirouette et reprit son escalade. Pendant cet incident, les chiens avaient gagné du terrain et le harcelaient de près. Le sauteur de rochers semblait traqué dans ses derniers retranchements; il était posé sur un bloc de granit près de la base de la tourelle qui surmontait la montagne; les cinq limiers se précipitaient sur lui, la gueule ouverte et menaçante, quand il atteignit d'un bond la lisière étroite d'un rocher qui se dressait verticalement devant la meute. C'est tout au plus si une belette aurait pu se tenir sur cette rampe où l'antilope gardait sans effort son équilibre. Les chasseurs se rapprochèrent, ne pouvant s'empêcher de crier victoire; les chiens, déçus en voyant le gibier hors de portée de leurs dents, donnèrent de la voix. Tout ce tapage effraya l'antilope, qui continua sa marche ascendante; elle courut d'une saillie de rocher à l'autre, et ne s'arrêta que lorsqu'elle fut perchée sur la pointe de l'aiguille de granit qui servait comme de paratonnerre à la montagne.

Un cri de surprise échappa aux chasseurs quand ils virent l'antilope ainsi juchée sur cette pointe étroite. Ce devait être là le terme de la fuite du pauvre sauteur, à moins qu'il ne fût capable décidément de voler dans l'air comme un oiseau; replié sur lui-même, le pelage hérissé, les quatre pieds rapprochés les uns des autres, le pauvre animal était aux abois.

Pas un des chasseurs ne songea à finir son supplice d'un coup de fusil, tant ils étaient saisis du tableau bizarre qu'ils avaient sous les yeux. A quoi bon se presser d'ailleurs? Les chiens entouraient la base de l'aiguille qui servait de perchoir à l'animal; on avait le temps de le contempler; il était certain que nul moyen de fuite ne pouvait le délivrer.

Les jeunes Boërs ne connaissaient pas la puissance des ressorts qui lançaient comme une balle le sauteur de rochers par-delà les obstacles. Pendant qu'ils se félicitaient de l'avoir acculé dans ses derniers retranchements, l'animal s'élança dans l'espace, fendit l'air avec le bruit d'un aigle qui fond sur sa proie, se posa sur un quartier de granit placé derrière les chasseurs, rebondit quelques mètres plus bas, et se trouva en quelques secondes à la base de la montagne.

Cette fuite avait été tellement imprévue que les chasseurs n'avaient songé à tirer sur l'antilope que lorsqu'elle s'était trouvée hors de portée. Ils regardaient dans une stupeur comique cette retraite impossible, quand un peu de fumée s'éleva entre les buissons au bas de la montagne; au même instant, la détonation d'une arme fit résonner les échos, et l'antilope tomba, la tête la première, du rocher sur lequel elle était posée.

« C'est ce gros endormi de Klaas, dit Hendrik en riant. Il ne nous sert de rien de nous être escrimés à monter et descendre la montagne à la poursuite du gibier. Nous n'avons fait que le rabattre près de ce paresseux qui avait renoncé à la chasse. N'importe! il aura mes vifs compliments. Il n'a manqué ni de présence d'esprit ni de justesse de coup d'œil.

— Il a eu de la chance! dit Jan, qui n'avait eu encore à enregistrer aucun exploit personnel, plus de chance que n'en méritait sa paresse. C'est un hasard heureux dont il a profité. La belle affaire! tirer sur un gibier qui a la complaisance de venir se camper au bout de votre fusil! »

Les frères aînés rirent beaucoup de cette velléité jalouse, qui poussait Jan à dénigrer le succès de son inséparable. Cette gaieté moqueuse fit rentrer en lui-même le collégien; il comprit qu'il faisait le sot personnage d'un envieux et il rougit de ce mauvais mouvement. Nul ne félicita Klaas avec plus de chaleur que lui, et le reste de la journée se passa gaiement.

Il y avait trois jours que les jeunes Boërs s'étaient engagés dans le Zmer-Veldt, quand ils arrivèrent près d'un fleuve qu'ils côtoyèrent en amont. La région avoisinante différait de la plaine qu'ils laissaient derrière eux; des saules ombrageaient les rives qui étaient jonchées de roseaux, et, sur l'autre bord, on voyait une prairie verdoyante, semée de bouquets d'arbres. Ces eaux pures, ce paysage frais, n'étaient plus un de ces mirages que les voyageurs avaient subis pendant la traversée des plaines salées; c'était une belle et bonne réalité dont ils voulurent jouir à leur aise. Ils s'établirent donc dans une petite prairie au bord de la rivière, et coupèrent des saules pour entretenir le feu de leur campement.

Pendant qu'on s'installait, Klaas et Jan remarquèrent une bande d'oiseaux qui planaient au-dessus de la rivière et en effleuraient de temps en temps la surface, à la façon des hirondelles cherchant pâture les soirs d'été.

Ces oiseaux étaient à peine aussi gros qu'un pigeon, et, pour des oiseaux avoisinant le tropique, ils n'étaient pas favorisés quant au plumage ; le brun rougeâtre mêlé de blanc et de gris leur faisait une robe peu éclatante.

« Quels sont donc ces vilains oiseaux ? demanda Jan au naturaliste.

— Vilains ? en quoi donc ? Parce que leur plumage est terne ? répondit Hans. Si tu les voyais de près, tu t'apercevrais qu'ils rachètent cette teinte effacée de leur robe par d'autres avantages. Pour ce qui est de la couleur même, ils ont le pied, le tarse et le cou d'un bel orangé luisant. Mais vous ne seriez pas dignes, Klaas et toi, de vous dire passionnés pour tout ce qui vole dans les airs si vous n'étiez pas capables de savoir, non pas quels sont ces individus, mais du moins à quelle famille ils appartiennent.

— Attends, que je les regarde un peu, dit Jan. Ils ont la queue fourchue, mais les pointes sont moins prononcées que chez les hirondelles ; ce plumage sombre, la forme de leur corps et ce que tu me dis de leur tarse orangé.... il me semble que ce sont des milans. A coup sûr, ce sont des oiseaux de proie.

— Très bien, dit Hans, c'est en effet le *milan parasite* (*Milvus ater*) qu'on rencontre dans toute l'Afrique et qui abonde dans ces parages. »

Les deux collégiens formèrent aussitôt le projet de chasser les milans, et ils s'embusquèrent dans les roseaux de la rive, leur fusil à la main, pour guetter tous les mouvements de la bande ailée.

On aurait pu croire que les milans jouaient entre eux ; ils flottaient dans l'air, s'y arrêtaient, et, de temps à autre, ils se précipitaient vers le fleuve. Parfois ils en rasaient seulement la surface; parfois ils y plongeaient. Lorsqu'un d'eux sortait de l'eau, il tenait dans ses serres un petit poisson dont les écailles brillaient au soleil.

« Tiens! dit Jan à son compagnon la première fois qu'il se fut avisé de cette manœuvre, nos milans sont des pêcheurs.

— Parce qu'ils sont ici dans un pays bien arrosé, répondit Klaas, et que l'état de pêcheur y est bon; mais les milans sont omnivores, ils mangent de petits quadrupèdes, des oiseaux, des reptiles, et, quand ils n'ont pas autre chose, ils ne dédaignent aucune des bêtes mortes qu'ils peuvent trouver, si décomposée qu'elle soit. Souviens-toi de ce que Hans nous a dit du rôle qu'il assigne aux bêtes de proie, oiseaux et fauves. Ce sont des agents de voierie destinés à faire disparaître toute pourriture capable d'infecter de ses miasmes le voisinage. Mais chut! voici un milan qui descend! S'il allait être moins malin que les autres et s'approcher à portée de fusil!... »

Cet espoir ne se réalisa pas, et nos jeunes amis n'avaient pas eu l'occasion d'un coup de feu quand on les rappela au camp pour dîner. Le menu du repas était friand ce jour-là. Wilhem avait tué le matin même une grande outarde que les Boërs nomment *paon sauvage;* la chair en est très délicate, et ce rôti avait été soigné selon ses mérites.

Arend le découpa, et chaque convive tenait sa part de rôti quand les milans vinrent s'abattre dans le camp. Jan et Klaas n'en revenaient pas de surprise, eux qui avaient appris en une heure d'affût que ces oiseaux ne se laissent pas approcher. Ils paraissaient très familiers maintenant; ils se posaient à quelques pas des convives, faisaient des pirouettes, se mettaient sur le dos et se livraient à des évolutions si comiques que ce fut un chorus de rires parmi les dîneurs. Congo et Facetannée faisaient écho.

A chaque cabriole, les milans se rapprochaient des dîneurs. C'étaient sans doute de profonds philosophes, sachant qu'on est désarmé quand on rit; mais c'étaient aussi d'effrontés pillards, puisqu'ils prirent jusque dans les mains des jeunes gens des morceaux de volaille rôtie. Les chiens eux-mêmes furent victimes de ces voleurs qui osèrent leur ôter de la gueule les os qu'ils s'escrimaient à ronger.

Klaas, indigné de s'être vu arracher un morceau succulent de rôti, sauta sur son fusil pour punir le larron. Jan imita son camarade.

Il avait sur le cœur d'avoir posé une heure à l'affût de ces milans qu'il avait crus farouches, et de les voir s'ébattre avec tant d'impudence autour de lui; mais le naturaliste supplia les deux collégiens de ne pas mettre en fuite les oiseaux de proie, afin qu'il fût possible d'examiner leurs allures. Tous s'amusèrent quelque temps des allées et venues grotesques des milans; puis, les aînés permirent à Jan et à Klaas d'exercer leur adresse sur ces visiteurs importuns. Les collégiens prirent leurs fusils et tuèrent plusieurs milans, mais sans réussir à chasser les autres, tant l'appât de la proie les retenait dans ce camp bien approvisionné; ceux mêmes qui n'étaient que blessés revenaient près des dîneurs, et oubliaient leur mal pour fixer des regards de convoitise sur les reliefs de viande.

On se résigna à cette importunité, et Hans s'occupa de dépouiller un pigeon vert qu'il avait tué dans la matinée et dont il voulait conserver la peau, son espèce étant assez rare. Il jeta la viande aux chiens et se mit en mesure d'extraire la cervelle de l'oiseau. Un milan eut l'audace de venir saisir cette dépouille dans les mains du naturaliste et de l'emporter triomphalement. Absorbé par son travail et les yeux baissés sur ses instruments, Hans n'avait pas remarqué l'approche de l'oiseau. Il crut d'abord que c'était l'un ou l'autre des collégiens qui lui avait joué ce tour ; ce ne fut qu'en redressant la tête qu'il aperçut son larron fuyant à tire d'aile. Les chasseurs coururent à leurs fusils ; mais il était trop tard. La dépouille du pigeon vert n'en fut pas moins perdue.

Le lieu du campement était élevé de deux mètres au-dessus du niveau de la rivière ; la rive opposée surplombait également le cours d'eau, mais il se trouvait des deux côtés une brèche formant escale, qui s'inclinait en pente douce jusqu'au lit de la rivière. Ces deux brèches avaient été produites probablement par le passage fréquent de grands quadrupèdes qui avaient pris l'habitude de venir boire là ou d'y passer le cours d'eau. La piste de divers animaux sur les deux rives confirmait cette hypothèse.

« Il est probable, dit Hendrik à Wilhem, qu'une quantité de fauves viendront boire à cet abreuvoir après le soleil couché. Si tu y consens, nous chercherons un bon poste d'affût pour les épier et voir s'il en vient qui vaillent un coup de fusil. »

Wilhem ne refusait jamais une proposition de ce genre.

« Je crois que nous aurons bonne chance, répondit-il. La lune est dans son plein, le ciel a été beau toute la journée ; nous n'avons pas même besoin d'attendre la chute du jour pour nous mettre en chasse. »

Les deux amis s'occupaient de leurs préparatifs, quand certains mouvements dans le champ de roseaux qui bordait la brèche opposée attirèrent leur attention.

Quelques minutes après, un bel animal se dégagea du fourré de roseaux et de saules, et s'avança par la brèche, où l'herbe rase permit de l'examiner depuis les cornes jusqu'aux sabots. Les Boërs s'aperçurent que c'était pour eux une nouvelle connaissance.

C'était une grande antilope, de formes élégantes, portant des cornes d'un vert blanchâtre, ornées d'anneaux très rapprochés ; la couleur de sa robe était un brun de sépia lavé de gris, dont la nuance s'assombrissait à la base des cornes et sur le front. Son mufle était blanc, sa gorge, tachée de la même couleur ; son œil était orné aussi d'une raie blanche, et une bande ovale de même teinte se dessinait autour de la queue, terminée par un bouquet de poils. Ce pelage paraissait rude et se tenait droit sur le cou comme une crinière.

Hans reconnut dans cette antilope une des plus belles de la tribu entière, l'antilope aquatique, nommée par les naturalistes *Egocreus ellipsiprymus*.

On lui donne ce nom parce qu'elle ne s'éloigne jamais des cours d'eau où elle passe avec délices les heures les plus chaudes du jour. C'est une excellente nageuse, et, quand on la poursuit, elle se précipite dans la rivière la plus voisine sans s'inquiéter de sa profondeur ou de la rapidité du courant. Mais elle ne se borne pas à traverser le cours d'eau pour le mettre entre elle et les chasseurs, selon l'usage de tant de fauves. Elle descend la rivière pendant assez longtemps ; si elle aborde sur la rive opposée, elle revient au cours d'eau après une légère pointe dans les bois. C'est là son asile préféré, son refuge constant ; c'est au milieu du courant qu'elle tient tête à ses ennemis, s'ils ont la hardiesse de la poursuivre jusque-là.

L'antilope aquatique habite les rives marécageuses où

croissent les roseaux et toutes les plantes d'eau. On l'aperçoit rarement à l'époque où les rivières débordent; elle séjourne alors dans des bas-fonds où nul ne pourrait aller la chercher. Ses longs pieds à larges sabots lui permettent de courir sans danger sur la vase, où d'autres antilopes s'enfonceraient sans retour.

Les jeunes Boërs n'avaient jamais vu cette antilope, qui ne se trouve pas dans les régions à eux connues jusqu'à leur voyage. C'est un hôte des contrées chaudes, et dont le parcours ne s'étend pas jusqu'aux frontières de la colonie du Cap. Il est possible qu'il y ait d'autres espèces du même genre aux bords des grands fleuves qui baignent le centre de l'Afrique. Cette partie du monde est encore si peu connue qu'elle réserve de belles surprises à ses vaillants explorateurs!

L'antilope, que tous les chasseurs regardaient, descendit la pente de la brèche d'un pas léger et entra paisiblement dans la rivière. Les jeunes gens espérèrent qu'elle la traverserait; ils avaient souhaité l'examiner de plus près sans l'alarmer dans ses mouvements; ils se glissèrent parmi les roseaux et s'embusquèrent près de la brèche.

Mais l'intention de l'antilope n'était pas de traverser le cours d'eau; elle ne voulait que se désaltérer et prendre un bain.

Une sorte de poutre gisait à l'endroit où l'antilope venait d'entrer dans la rivière; elle était couchée dans un sens parallèle à la rive, et paraissait flotter. On n'en voyait cependant que la partie supérieure; c'était sans doute quelque tronc d'arbre, peut-être celui d'un acacia dont l'écorce est noire, entraîné par quelque inondation de la rivière et resté là au pied de cette escale. Rien n'était plus ordinaire; ce détail n'intéressa pas les observateurs au guet.

et l'antilope elle-même ne s'en inquiéta pas. Mieux eût valu pour elle qu'un sentiment de prudence lui eût fait examiner cet objet à demi plongé dans l'eau.

A la grande surprise des chasseurs, ce tronc immobile s'agita tout à coup et s'élança vers la place où l'antilope se désaltérait sans nulle appréhension. Ce n'était plus une pièce de bois inerte, mais un crocodile aux dents aiguës, à la carapace écailleuse.

Le monstre saisit entre ses fortes mâchoires le mufle de l'antilope avant que celle-ci eût le temps de fuir. L'antilope se débattit avec courage; elle plongea, revint à la surface pour échapper à la prise de son affreux ennemi. Trois fois elle s'agenouilla sous la pression du crocodile, et, se relevant toujours, elle finit par attirer son adversaire sur la rive. Elle ne cessait de le frapper de ses sabots de devant; mais que pouvait-elle contre l'épaisse cuirasse dont les crocodiles sont protégés? Elle ne pouvait faire usage de ses cornes, qui sont ses armes offensives, étant prise par le mufle, comme elle l'était.

Le crocodile n'était pas des plus grands, sans quoi la lutte aurait été finie dès la première minute de l'assaut. On cite tel de ces reptiles mesurant six mètres de long et capable d'entraîner un buffle au fond de l'eau. Celui qui tenait l'antilope n'était pas à moitié si grand, et sa victime aurait pu lui échapper, si elle n'avait pas été mordue au mufle. Le crocodile tenait bon sur sa prise, que ses mâchoires serraient comme eût fait un étau.

Depuis que le reptile était à moitié sorti de l'eau, les chasseurs distinguaient sa poitrine, ses pieds de devant étalés à terre comme une main, et ils suivaient les péripéties de la lutte. Le crocodile se servit tout à coup de sa queue comme d'un point d'appui; il attira la tête de l'an-

IX

LE CROCODILE ET L'ANTILOPE D'EAU.

tilope dans l'eau et il l'y maintint, en dépit des efforts de sa victime, dont les convulsions rayaient de bouillonnements et d'écume la surface de la rivière. Ce débat se ralentit bientôt. L'antilope fut entraînée à une certaine distance de la rive, et, dès qu'elle eut perdu pied, il lui devint impossible de continuer à se défendre. Ses cornes s'enfoncèrent peu à peu, l'eau s'agita sous les derniers efforts que faisait le crocodile pour en finir avec l'antilope. Bourreau et victime allèrent à fond, et on ne vit plus rien.

Les spectateurs de cette tragédie sylvestre restèrent longtemps muets, les yeux fixés sur la place où les deux animaux venaient de disparaître. Une écume sanglante l'avait rougie un moment; mais le courant l'avait vite emportée, délayée dans ses flots limpides.

Hendrik et Wilhem revinrent au camp où leur relation fit tomber la causerie sur les crocodiles de l'Afrique méridionale. Le Zoulou y prit part; il avait chassé autrefois sur les rives du Limpopo, au nord-est de leur campement actuel, et il avait vu là des crocodiles énormes mesurant neuf mètres de long, et dont le corps était aussi gros que celui d'un rhinocéros. Ce sont ceux-là qui ne craignent pas de s'attaquer aux buffles et qui s'en emparent par le procédé qu'avaient pu observer Wilhem et Hendrik.

D'après Congo, ces monstres ne dévoreraient leur proie qu'après l'avoir laissée se putréfier. Les jeunes Boërs avaient entendu assurer ce fait que beaucoup de naturalistes ont nié, mais ils ne savaient encore qu'en croire, malgré les protestations de Congo à ce sujet. Ils ne devaient guère tarder à voir de leurs yeux ce qu'il en était au vrai de ce point en litige.

En attendant, Hans était sommé par ses compagnons de leur apprendre tout ce qu'il savait sur les crocodiles en général. Il leur dit qu'en y comprenant les gavials d'Asie, les alligators et les caïmans américains, cette famille de sauriens ne compte pas moins d'une douzaine d'espèces connues. Il ajoutait qu'outre les alligators, l'Amérique possède de véritables crocodiles, et il faisait remarquer qu'on n'en a jamais connu en Europe ni en Australie, quand le Zoulou montra du geste à ses jeunes maîtres un massif de roseaux dont les hampes s'élevaient au-dessus du fleuve.

Les Boërs regardèrent de ce côté et virent que les roseaux s'agitaient, craquaient, s'écartaient en se brisant sous une pression violente. Ils se demandèrent quelle pouvait être la cause de ce remue-ménage. Un animal sauvage sait glisser entre les grandes herbes, et même dans les massifs de roseaux sans produire un tel vacarme; il dérobe mieux ses mouvements, et ne s'aventure qu'aux endroits où son allure est aisée. Il se passait donc là quelque chose d'insolite; les chasseurs voulurent se rendre compte de ce que ce pouvait être. Ils se rapprochèrent de la rive en se traînant dans l'herbe, et ils s'avancèrent en silence pour ne pas effrayer l'être qui s'agitait ainsi.

Par bonheur, le massif de roseaux n'était pas tellement fourni qu'on ne pût voir à travers. Les chasseurs aperçurent un corps brun qui n'était autre qu'un crocodile. Mais était-ce bien celui qui avait tué l'antilope?... Au bout de quelques minutes, les Boërs eurent une certitude à cet égard. Le crocodile attirait à lui le cadavre de sa victime pour l'amener au rivage. Il employait à cette œuvre ses mâchoires, ses bras et son museau, traînant le corps de l'animal ou le roulant sur la rive.

Les jeunes gens observaient cette manœuvre en silence pour ne pas l'interrompre, mais le gros Wilhem, le seul qui n'eût pas oublié son fusil, profita d'un moment où le crocodile se reposait pour lui envoyer une balle dans l'œil.

Le reptile plongea dans la rivière en donnant aux eaux où il s'abîmait une teinte sanglante. Bientôt il reparut à la surface, sortit à moitié du fleuve dans les convulsions d'une effrayante agonie, cacha sa tête sous les vagues qu'il soulevait, fouetta l'air de sa queue, montra une dernière fois sa gueule béante, puis coula à fond comme une pierre.

Les deux serviteurs coururent au massif de roseaux; s'emparèrent de l'antilope que les dents du crocodile avaient quelque peu lacérée, et l'emportèrent au camp en poussant des cris de joie. C'était là un régal pour eux; mais leurs jeunes maîtres ne réclamèrent point pour leur table une pièce de cette venaison, qui n'a rien de savoureux pour le goût des civilisés. Ils avaient d'ailleurs ce soir-là pour souper un excellent rôti de pintades.

Tout le monde connaît ce joli volatile que les Allemands nomment *poule perlée*. Les Espagnols l'ont appelée pintada (*peinte*) d'où nous avons fait pintade. On le désigne en Angleterre sous le nom de *poule de Guinée*, parce que c'est de ce pays qu'on l'a exporté en grand nombre; maintenant, la pintade est domestiquée à peu près partout, et on la trouve même dans des basses-cours fort modestes.

Apportée par les Espagnols, d'Afrique aux Antilles, la pintade y est redevenue sauvage. Les planteurs de la Jamaïque lui font la chasse comme à tout autre gibier et même plus que la chasse, car, les pintades s'étant multipliées au point de devenir un fléau pour les cultures, ils les exterminent, moins encore pour les manger que pour s'en débarrasser.

20

La pintade se trouve dans toutes les parties de l'Afrique, et l'on en compte plusieurs espèces. La pintade commune diffère peu à l'état sauvage de la pintade apprivoisée; pourtant celles de nos fermes sont parfois très pâles de teintes, peu ou point tachetées, et certaines, d'un blanc pur. Cette diversité de plumage est le résultat de la domesticité; on la retrouve chez tous les volatiles qui peuplent les basses-cours. Ils atteignent rarement à la variété de couleurs qui enrichit la robe des animaux sauvages; enfin, il n'est guère d'espèces d'êtres parmi lesquels il ne se trouve de loin en loin des albinos.

On rencontre dans l'Afrique méridionale la *numida cristata* ou pintade à crête. Les plumes de ses ailes sont d'un brun jaunâtre, et les bords des secondaires sont d'un blanc pur qui tranche sur le reste de la robe, d'une teinte sombre presque toujours. C'est la parure de tête qui caractérise, plus que ces légers détails, la différence réelle entre les espèces. La pintade commune porte sur le bec une membrane ayant la forme d'un casque, et les deux caroncules sont attachées à la partie inférieure du bec. Ces ornements sont remplacés chez la seconde pintade par une crête d'un bleu foncé, composée de petites plumes fines comme des poils, ce qui coiffe ce volatile d'une façon aussi originale qu'élégante.

Les pintades vivent en société et forment parfois des bandes innombrables; elles sont presque toujours à terre, mais, dès qu'un bruit les effraye, elles se perchent sur des arbres. C'est dans leurs branches qu'elles se juchent d'ailleurs pour la nuit; elles vivent de graines, de baies et de limaces.

Le matin de ce jour même, les jeunes Boërs avaient aperçu dans la prairie un parti de pintades à crête, et naturellement ils s'étaient aussitôt promis de les faire contribuer à leur souper; mais il est difficile d'approcher de ces oiseaux. Il est rare qu'ils s'envolent, à moins d'être serrés de près par un chien ou tout autre animal agile. Malgré cela, sur un terrain plat, il est impossible à un homme de les atteindre; leur course est très rapide, et ils ont soin de ne pas se laisser approcher.

Il existe pourtant un moyen de chasser les pintades avec succès. On les fait suivre par un chien courant; elles s'envolent et, ne pouvant supporter longtemps cette allure, elles vont se percher sur un arbre. Là, elles se tiennent fort tranquilles, sachant que ce terrible aboyeur ignore l'art de grimper. Lorsque le chien est bien dressé, il aboie en effet pour mettre son maître sur la voie du gibier, et les pintades sont abattues à loisir, en pleine sécurité, au moment où, dans leur petite cervelle de volatiles, elles se moquent des cris impuissants du chien.

Les jeunes Boërs connaissaient tous cette façon de chasser la pintade, et l'un de leurs chiens était dressé à ce sport. Ils l'avaient donc lancé contre la bande qui s'était enfuie vers un massif d'acacias « de la girafe » situé sur la rive. Les chasseurs avaient tué sept pintades en quelques minutes, autant qu'il en fallait pour trois ou quatre repas.

Le massif d'acacias où ces volatiles s'étaient perchés paraissait être un asile d'élection pour les oiseaux. Hans y remarqua des individus d'espèces bien différentes. Près de ce massif, la prairie contenait une quantité de plantes dont les graines servaient de nourriture à plusieurs gros-becs, et le voisinage de l'eau, y faisant fourmiller des légions d'insectes, y attirait des gobe-mouches et des pies-grièches à foison.

Hans vit parmi tous ces oiseaux le coucou d'Afrique

qu'on nomme *édolis*, parce que c'est le mot qu'il profère sans cesse, et, après cette excursion dans les bocages de la rive, Klaas et Jan se promirent d'imiter les prouesses de leurs aînés, et ils se flattèrent de rapporter à Graaf-Reinet leur part des dépouilles de toutes les bêtes curieuses qu'ils rencontraient dans ce beau voyage.

CHAPITRE X

Chasseurs à quatre pattes. — Les veuves. — Charge de rhinocéros. L'exploit de Facetannée.

La plaine que suivaient les voyageurs se rétrécissait peu à peu en amont de la rivière; elle finissait par ne former sur les deux rives qu'un passage étroit entre deux montagnes boisées. Les éperons de cette double chaîne s'avançaient de loin en loin jusqu'à la berge et divisaient ainsi la plaine en une succession de vallées.

La plupart de ces vallées étaient peuplées de nombreux individus appartenant aux espèces que les voyageurs avaient déjà rencontrées; mais ils ne les chassèrent que pour se procurer la nourriture nécessaire, ne voulant pas faire de tuerie inutile. Congo leur avait appris qu'au delà des montagnes voisines se trouvait la région où résident le buffle, l'éléphant, la girafe, et les jeunes Boërs, excités par l'espoir d'aussi belles chasses, dédaignaient toutes les variétés d'antilopes à portée de leurs fusils; ils ne les re-

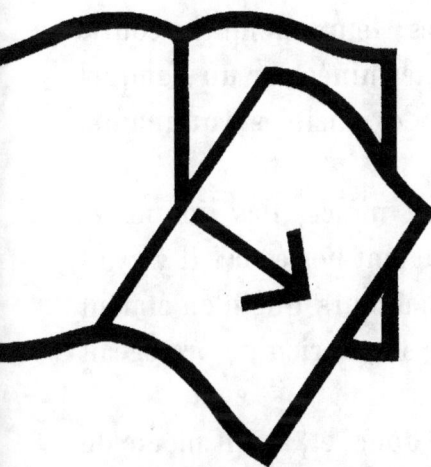
Documents manquants (pages, cahiers...)

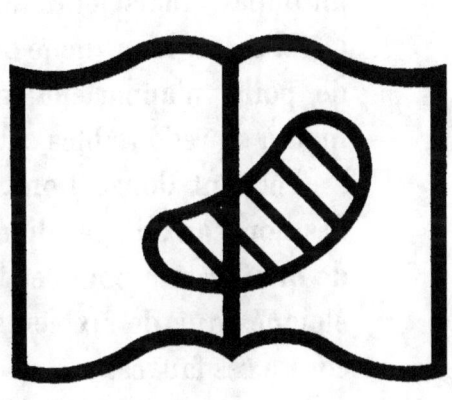
Original illisible

dirent la corniche qui surplombait la prairie. Ils marchaient d'un pas vif, allègre, causant entre eux de la partie de chasse qui débutait. Ils découvrirent bientôt le vallon qui avait jusqu'alors été caché à leurs regards, et ils s'arrêtèrent spontanément, sans pouvoir échanger une parole, en apercevant d'autres animaux couchés çà et là dans les hautes herbes.

Leur pelage était fauve, comme l'est celui de certaines antilopes, mais leurs têtes rondes, leurs membres courts et robustes, leur queue nerveuse, terminée par un bouquet de poils, n'appartenaient pas à de paisibles ruminants, mais à de redoutables carnassiers.

C'étaient douze lions, de vieux mâles, des lionnes et des lionceaux d'âges divers qui étaient postés là! Il y avait de quoi frémir pour les jeunes chasseurs qui n'en étaient éloignés que de six cents mètres, et que rien ne protégeait contre ces fauves.

Hendrik et Wilhem s'arrêtèrent donc, et, avant même de se communiquer leurs craintes, tous deux avaient pensé que ce club de lions, s'il devinait leur voisinage, ne ferait qu'une bouchée de leurs deux corps. En quelques bonds, les féroces animaux pouvaient s'offrir ce petit déjeûner, car la rampe descendait brusquement vers la plaine.

« On dit que les lions n'attaquent pas les hommes les premiers, dit Hendrik à Wilhem ; mais j'avoue que je laisse à de plus hardis que moi à le vérifier. Qu'en dis-tu?

— Foin des rodomontades, répondit Wilhem ; il fait plus sain du côté où nous avons laissé nos chevaux. Allons-y. Par bonheur, le vent souffle contre nous de la vallée, et les lions n'ont pu nous sentir. Un salut à leurs majestés léonines, un salut discret, et retournons là-haut vers nos amis. »

Une fois à cheval, les jeunes gens oublièrent leur effroi. Ils savaient que leurs montures, même les poneys de Jan et de Klaas, les emporteraient loin du plus rapide de ces lions.

« Eh bien! dit tout à coup Hendrik, je regrette de n'avoir pas vu ce qui va se passer dans le vallon entre les lions et ces pauvres pallaks que je crois voués à un mauvais sort. Ils nous échappent, mais pour trouver pire! Ne pourrions-nous pas rester un peu en observateurs du haut de la rampe, sans quitter nos chevaux, bien entendu? »

Wilhem et Arend appuyèrent cette proposition. Hans, le plus prudent de la bande, ne fit pas trop d'objections. Il désirait étudier les allées et venues des lions au point de vue de l'histoire naturelle; mais il exigea que les deux collégiens allassent rejoindre loin en arrière les chariots. Klaas et Jan obéirent à regret, mais sans murmures. C'étaient des garçons fort bien élevés qui savaient que l'obéissance perd tout son mérite en se montrant rechignée, et leurs mères avaient délégué leur autorité au sage Hans, qui, en retour, avait répondu des deux collégiens.

Leurs quatre aînés rejoignirent le poste d'observation de la corniche. Les pallaks paissaient toujours dans la vallée, sans se douter du terrible voisinage des lions. La direction du vent empêchait les antilopes de flairer les fauves; un bois touffu les séparait de leurs ennemis.

En revanche, ceux-ci connaissaient la proximité de cet excellent gibier dont ils convoitaient la chair. De temps à autre, un lion se traînait au bord des taillis, guettait les pallaks et rejoignait ses compagnons, comme un éclaireur retournant au rapport. Les autres lions, rapprochés les uns des autres, avaient l'air de tenir conseil. Enfin ils se séparèrent, et chacun d'eux prit une route différente. Quelques-uns se dirigèrent vers le fond de la vallée; d'autres rasèrent la montagne, puis, dès qu'ils eurent atteint les massifs d'arbres, ils rampèrent dans les herbes pour aller de l'un à l'autre bouquet de bois et se rapprocher ainsi des pallaks.

« Ils suivent notre plan d'attaque, » souffla Hendrik à l'oreille de ses amis.

Ceux-ci convinrent de cette coïncidence, et ils admirèrent aussi l'habileté dont leurs superbes rivaux en chasse faisaient preuve par leur stratégie.

Les trois lions qui remplissaient l'office de rabatteurs disparurent bientôt dans le fourré faisant face aux jeunes Boërs. Les neuf autres s'étaient postés de leur mieux, et cachés dans divers bouquets de bois au fond du vallon.

Tout à coup, les pallaks eurent soupçon de leur danger. Le mâle dressa la tête, fit entendre un sifflement semblable à celui du daim, et frappa du pied le sol. Les autres pallaks cessèrent de brouter et quelques-uns bondirent à la façon de sauteurs de rochers. Ils venaient de sentir les trois lions rabatteurs qui avaient gagné le haut du val.

Le vieux mâle répéta son signal, sauta lui-même en l'air et prit la fuite, suivi de tous les autres pallaks qui entremêlaient de bonds leur allure de course. Tous descendirent le vallon, se dirigeant tout droit vers les postes d'affût de leurs ennemis; comme ils fuyaient sous le vent, rien ne les avertissait de cette affreuse embuscade. Quand ils arrivèrent à la lisière du fourré, les neuf lions en sortirent et s'élancèrent chacun sur une victime. Chaque coup de griffe porta et aplatit sur l'herbe un pauvre pallak. Chaque lion était couché sur le corps de sa victime, dont il buvait le sang et lacérait la chair.

Trois antilopes échappées au massacre se mirent à

fuir vers l'autre bout de la vallée ; mais elles rencontrèrent en route les trois rabatteurs dont elles devinrent la proie. Pas une seule n'était donc parvenue à traverser la ligne que l'attaque des fauves avait tracée contre le troupeau !

« Allons-nous-en ! dit Wilhem, je répugne à regarder davantage cette boucherie.

— J'ai bien envie, dit Hendrik, d'envoyer en guise d'adieu quelques balles à ce couple de lions qui est le plus rapproché de nous. Ce sera ma carte de visite.

— Pas de folie ! s'écria le naturaliste. Jamais le lion n'est plus dangereux pour l'homme qu'au moment où il se gorge de sang. Malheur à qui le dérange dans ce cas ! Il faut nous éloigner au plus vite de cette scène de carnage, et savez-vous, mes amis, ce que nous conseille la sagesse ? De retourner en hâte aux chariots et de chercher un gué pour passer sur l'autre rive du fleuve. Cette vallée possède une garnison trop redoutable pour que nous y trouvions libre passage. N'insistons pas, croyez-moi, pour signaler notre présence et gardons un discret incognito. »

Cet avis fut suivi de tout point. On eut la bonne chance de trouver un gué, et, l'heure étant trop avancée pour qu'on poursuivît le voyage, on campa juste en face de la vallée des pallaks. Pendant toute la nuit, des rugissements se firent entendre sur l'autre bord, où les lions avaient fixé sans doute leur demeure, et les jeunes Boërs rendirent pleine justice à la prudence de Hans.

Le lendemain, on se remit en route au point du jour pour quitter ce mauvais voisinage. Les voyageurs eurent à franchir, comme sur la rive opposée, une suite de vallées qui se rétrécissaient de plus en plus. Les éperons de la montagne se rapprochaient de la berge et multipliaient les difficultés de la route. Une fois même, la montée devint si raide que les bœufs refusèrent de la gravir, et les jeunes gens se crurent condamnés à revenir sur leurs pas. Mais Congo vint à bout de la résistance de son attelage. Facetannée tint à honneur de ne pas se laisser surpasser comme bouvier; quand les chariots eurent monté et descendu cette côte escarpée, les deux conducteurs avaient la voix rauque à force d'avoir crié, et les mèches de leurs grands fouets étaient complétement usées.

Le Zoulou avait employé encore d'autres arguments que la voix et les coups pour obtenir cette obéissance de son attelage. Son procédé, selon Hans, faisait honneur à l'idée que les indigènes ont conservée de l'intelligence des animaux. Congo avait barbouillé de la bouse de ses bœufs les pierres du chemin dans lequel les chariots étaient engagés. D'après lui, l'attelage qui, l'on pouvait le vérifier, s'arrêtait un instant à flairer ces traces, en concluait que la route était praticable, puisque d'autres bœufs les y avaient précédés, et les bœufs trouvaient dans ce raisonnement le courage nécessaire pour franchir le mauvais pas d'où ils croyaient auparavant ne pouvoir sortir.

Après avoir laissé derrière eux cette côte abrupte, les voyageurs entrèrent dans un petit vallon qui n'avait pas un hectare de superficie. A cet endroit, la rivière n'était qu'un ruisseau et on pouvait la traverser facilement. Une pointe de la montagne qui formait ce petit vallon se projetait sur l'autre rive, et les eaux avaient dû se frayer un passage à travers le granit. Le seul moyen de franchir cette muraille était d'entrer dans le lit de la rivière et de le remonter jusqu'à la vallée suivante.

Si ce cours d'eau avait été bien fourni, il aurait été impossible de suivre ce chemin; mais la rivière était presque à sec; c'est à peine si elle avait assez d'eau pour baigner son lit de cailloux. Les voyageurs pouvaient donc remonter ce canal pour gagner l'autre versant de la montagne, où Congo leur annonçait de grandes plaines faciles à parcourir.

En attendant, ils s'installèrent pour la nuit dans la petite vallée où se trouvaient les meilleures conditions de campement : un bon pâturage pour leurs bêtes, de l'eau pure et du bois à profusion.

Ce petit vallon était un cirque entouré de tous côtés par les flancs escarpés de la montagne. On n'y voyait pas un arbre, sauf au pied de l'enceinte et au versant des rochers. Quelques arbustes, mêlés à des roseaux, croissaient au bord du torrent, mais ces buissons étaient peu élevés.

Les voyageurs établirent leur camp au milieu du cirque, et laissèrent leurs chevaux et leurs bœufs errer à l'aventure. Il était certain que les bêtes ne s'échapperaient pas; elles étaient fatiguées, puis le chemin qui permettait de sortir du val n'était pas facile à trouver. L'herbe d'ailleurs était si fine et si tendre, l'eau du torrent si belle que ces animaux n'avaient aucune raison de quitter un lieu où ils pouvaient prendre toutes leurs aises.

Selon leurs habitudes, Klaas et Jan se mirent à fureter les buissons pour y chercher des nids. En entrant dans le vallon, ils avaient entrevu plusieurs volatiles dont la couvée ne devait pas être loin. Toute une colonie ailée était installée en effet dans les arbustes qui bordaient la rivière. Ils ressemblaient à des moineaux et s'introduisaient dans leurs nids par une baie circulaire semblable à celle que pratiquent les roitelets en même cas. Ces nids avaient la forme d'un rognon; ils étaient faits d'herbes et doublés de floches cotonneuses, qui provenaient de quelque plante du vallon, bien que les collégiens ne sussent pas de laquelle.

Ces petits oiseaux n'étaient pas inconnus aux jeunes Boërs, ils les avaient souvent rencontrés et savaient qu'ils étaient de la famille des *tisserands*. Cette famille contient plusieurs espèces qui diffèrent de taille, de couleur et d'habitudes, mais qui toutes *tissent* leurs nids, ce qui leur a valu le nom qu'elles portent. Les nids n'ont pas toujours la même forme ; on en voit de sphériques ; il en est qui ressemblent à une cornue ; d'autres décrivent une spirale ; enfin le *tisserand social* construit une sorte de ruche énorme qui couvre parfois la cime d'un gros acacia, et qu'on prendrait pour une meule de foin établie entre les branches d'un arbre.

Les tisserands du vallon étaient des *amadinas squammifrons*. Les collégiens furent enchantés lorsque le naturaliste leur permit de dévaliser la plupart des nids pour y prendre la ouate cotonneuse qui est excellente pour bourrer les fusils. Les provisions de bourre étaient épuisées, il était urgent de les remplacer. Il fallait cette impérieuse nécessité pour que le naturaliste se décidât à dépouiller les gentils tisserands. Quant aux deux collégiens, ils s'empressèrent à la récolte, ne voyant que le plaisir de la découverte de chaque nid. Mais il n'est pas aussi facile qu'il semble d'ôter à ces nids leur doublure ; il fallait détruire l'enveloppe extérieure dont les brins étaient entrelacés comme par le plus habile vannier. Jan ne put introduire sa petite main par l'ouverture qui sert de porte à l'oiseau, tant cette ouverture était étroite, et, lorsque le tisserand n'était pas dans son nid, cette porte était si bien close qu'il devenait difficile de la trouver.

Quand les oiseleurs eurent fait leur provision de

bourre, ils respectèrent les autres nids et vinrent rejoindre leurs compagnons. Ils aperçurent tout près du camp un oiseau plus rare que le tisserand, et d'un plus beau plumage. Sa taille était celle d'un serin ordinaire, mais les plumes de sa queue, dont la longueur excédait plusieurs fois celle de son corps, le faisaient paraître plus grand.

Il était coiffé d'un brun lustré, portait un collier orangé teinté de rouge qui pâlissait en s'étendant comme un plastron sur la poitrine et se confondait avec la teinte chamois du ventre et des cuisses. Mais c'étaient surtout les plumes caudales qui faisaient la beauté de cet oiseau, elles étaient disposées avec symétrie et toutes d'un beau noir brillant.

Klaas et Jan appelèrent leurs compagnons pour leur faire remarquer ce bel oiseau qui n'était pas seul sur l'arbre où il paradait; il était suivi de branche en branche par un individu moins richement vêtu, de blanc et de brun rouillé, et sans ce déploiement de plumes caudales.

« Cet humble oiselet, dit Hans pour répondre aux questions qui lui arrivaient de toutes parts, n'est autre que la femelle de ce brillant personnage à collier orangé.

— Et ce dernier, à quelle famille appartient-il ? demanda Klaas.

— C'est un tisserand de l'espèce que les naturalistes ont nommée *veuve*.

— Voilà un singulier nom, fit Jan.

— D'autant plus singulier, reprit Hans, que c'est le mâle seul qui revêt la longue traîne noire qui lui a fait attribuer ce nom, d'après plusieurs ornithologistes. Notez en outre que c'est là son costume de noces et non pas son uniforme de deuil, car il est des époques dans l'année où la veuve n'a plus ses plumes caudales et se distingue peu de sa femelle.

— Eh bien ! alors, c'est une sottise aux naturalistes d'avoir appelé *veuve* cet oiseau, dit Klaas avec un certain ton tranchant que rabattit bientôt la réplique de Hans.

— Il ne faut pas se hâter de condamner les gens, de peur de méprise, dit celui-ci. Il n'y a de bizarre et de peu approprié que la raison donnée de cette appellation. On a prétendu que les Portugais l'avaient appliquée à l'oiseau à cause de la couleur de sa longue traîne; il n'en est rien. Les Portugais, qui ont les premiers découvert ce tisserand, le nommèrent *whidah*, parce qu'il leur venait du royaume de ce nom qui est situé, comme vous le savez, dans la partie ouest de l'Afrique.

— As-tu cet oiseau dans ta collection ? dit Wilhem au naturaliste.

— Si je l'avais, répondit Hans, je respecterais ce joli couple que je suis peiné d'abattre ; peut-être même ne m'y résoudrais-je pas s'il ne s'agissait que d'enrichir ma collection. Mais le docteur ne possède pas cet oiseau dans la sienne, et il m'a recommandé de le lui rapporter s'il m'est possible. Je vais donc tâcher de me procurer ce couple.

Hans réussit à abattre les deux veuves sans trop abimer leur plumage, et il se mit à les dépouiller pour les empailler. Arend s'empressa de l'aider, comme d'habitude, à cet ouvrage qui exige beaucoup d'adresse. Arend y excellait, mais sans s'inquiéter de questions d'histoire naturelle.

Tout à coup un bruit, qui n'avait en lui-même rien d'effrayant, frappa les oreilles des jeunes Boërs et fit tomber des mains de Hans et d'Arend les peaux des deux veuves qu'ils préparaient.

Ce n'était que le cri d'un oiseau, et d'un tout petit oiseau qui causait leur émoi. Il ressemblait à l'appel de la grive; cependant les jeunes Boërs se regardèrent entre eux en pâlissant; les chiens eux-mêmes se mirent à hurler. Les chevaux agitèrent leurs crinières et renâclèrent en courant çà et là, les bœufs mugirent avec force. Toute la caravane, gens et bêtes, venait de reconnaître l'avertissement du *pique-bœufs*.

Cet oiseau est de la taille du sansonnet; son plumage est grisâtre, sa queue d'une teinte plus foncée, et ses ailes, courtes. Ses pieds sont conformés pour saisir, et à ongles crochus; mais sa particularité la plus remarquable, c'est la forme de son bec qu'on pourrait comparer à des tenailles. Il est quadrangulaire et va s'élargissant vers la pointe; la mandibule inférieure a plus de force et d'épaisseur que la supérieure. Cette forme est naturellement appropriée à une fonction spéciale.

Levaillant, ce voyageur illustre qui a rendu tant de services à l'histoire naturelle, a décrit ainsi les mœurs de ces oiseaux :

« Leur bec est fait en forme de pinces pour leur donner
« la faculté d'extraire de la peau des quadrupèdes des
« larves de mouches qui s'y trouvent. C'est pour cela
« qu'ils recherchent avec empressement les troupeaux de
« buffles, d'antilopes, de tous les quadrupèdes sur lesquels
« ces insectes vont déposer leurs œufs. Attachés au moyen
« de leurs griffettes au cuir de ces animaux, ils en arra-
« chent avec force les larves dont un gonflement de l'épi-
« derme leur annonce la présence. Le quadrupède, accou-
« tumé à cette opération, supporte patiemment le petit
« oiseau, et paraît comprendre le service que lui rend
« celui-ci en le débarrassant des insectes qui vivent à ses
« dépens. »

Les pique-bœufs vont en général par compagnies de six ou huit individus. Ce sont des oiseaux farouches qu'on approche rarement. La seule chance qu'on puisse avoir de les tuer, c'est de faire avancer devant soi un bœuf ou tout autre quadrupède dans la direction où l'on croit trouver de ces oiseaux; ceux-ci ne tardent pas à se montrer, et, s'il est fort adroit, le chasseur parvient à les tirer au vol.

De tous les quadrupèdes auxquels s'attachent les pique-bœufs, il n'en est pas qu'ils suivent avec plus de persistance que le rhinocéros blanc ou noir. La masse énorme de cet animal, sa peau ridée, offrent aux larves et aux tiquets une pâture abondante, et fournissent par conséquent aux pique-bœufs une quantité presque inépuisable d'insectes.

Les quatre espèces de rhinocéros qui habitent l'Afrique australe sont donc toujours accompagnés de pique-bœufs. Que l'affreux quadrupède se mette en marche, et l'oiseau restera juché sur n'importe quelle partie de son corps comme sur son perchoir naturel. Le rhinocéros ne cherche nullement à se débarrasser de cet hôte, utile à plus d'un titre. Le pique-bœufs ne se contente pas de le délivrer de ses parasites, il l'avertit de l'approche des chasseurs et de tout autre danger. Dès qu'un ennemi se présente, le rhinocéros est réveillé, quand il dort, averti, s'il mange, par la voix rauque de son oiseau. Celui-ci a si bien la conscience de sa mission de gardien, qu'il voltige autour de la tête du pachyderme et lui donne des coups de bec dans les oreilles jusqu'à ce qu'il ait réussi à lui faire prendre la fuite. Il agit de la même façon à l'égard de l'éléphant et de l'hippopotame, prenant trop au sérieux, pour le plaisir des chasseurs, son rôle de sentinelle.

Les jeunes Boërs savaient que le cri du pique-bœufs leur annonçait la venue de quelque redoutable ennemi, et leur attente anxieuse ne fut pas bien longue.

Ils aperçurent deux rhinocéros blancs qui entraient dans le vallon par la brèche du lit de la rivière où ils avaient de l'eau jusqu'à mi-jambe. A leur couleur et à leur grande corne dont la pointe s'inclinait un peu vers les yeux, Hans reconnut qu'ils appartenaient à l'espèce nommée par les indigènes *mouchocho* et par les naturalistes *rhinoceros sinus*. La seconde espèce de rhinocéros blanc est le kobaoba; ils ne diffèrent entre eux que par la taille et la disposition des cornes.

Ces deux rhinocéros blancs sont aussi grands que le rhinocéros d'Asie, dont la peau dure est sillonnée de plis profonds. Ce sont, après l'éléphant, les plus gros de tous les quadrupèdes. Ils se nourrissent d'herbe, comme en témoigne la forme de leur mufle, tandis que les noirs, qui broutent divers arbustes, ont la lèvre extensible et prenante, afin d'atteindre les ramilles et les bourgeons dont ils se sustentent.

Les rhinocéros blancs n'ont pas le caractère violent de leurs congénères noirs; ils ne se précipitent pas sur l'homme sans provocation. Mais, quand ils sont blessés ou qu'ils ont à défendre leur famille, ils deviennent redoutables, et plus d'un indigène a péri sous leurs attaques furieuses.

Leur chair est excellente, assez analogue de goût à celle du porc, tandis que la viande du rhinocéros noir est amère et d'une saveur rance.

Les voyageurs connaissaient ces particularités, et ils se rassurèrent en voyant que leurs visiteurs n'étaient que des mouchochos. Ils coururent prendre leurs fusils pour donner la chasse aux pachydermes, eux qui se seraient enfuis sur leurs chevaux ou cachés dans les chariots s'ils avaient aperçu à leur place deux borelés ou deux kéitboas (rhinocéros noirs).

Les deux animaux étaient sortis du ruisseau et s'avançaient paisiblement vers le centre de la prairie. L'un d'eux, le mâle, était au moins de la taille d'une femelle d'éléphant. Entre les deux mouchochos venait leur petit que les chasseurs n'avaient pas encore aperçu; c'était la miniature de ses parents, à cette différence près que la corne de son nez n'était pas encore poussée.

Cette découverte enchanta les chasseurs. La chair des jeunes rhinocéros est plus délicate que celle des adultes, et ils se promirent de faire un bon repas.

C'était là une imprudence. Les jeunes Boërs oubliaient qu'il est dangereux d'attaquer le mouchocho en compagnie de son jeune. Hans eut bien un pressentiment fâcheux; mais il fut entraîné par la hâte étourdie de ses compagnons, et une volée de coups de fusil assaillit les rhinocéros.

Le seul effet de ce feu de peloton fut de transformer l'allure calme des mouchochos en un galop furieux qui les précipita du côté des chevaux. Leur tête baissée pointant la corne en avant, leur souffle bruyant, leur voix rauque, témoignaient de leurs intentions belliqueuses. Le jeune suivait ses parents et imitait leurs mouvements et leurs cris.

Les chasseurs ne s'attendaient à rien de semblable. Les mouchochos sont généralement mis en fuite par l'aboi d'un chien ou par la détonation d'une arme à feu; mais c'était l'amour de leur progéniture qui les faisait rompre avec leurs habitudes paisibles. Ils avaient, de plus, reçu quelques blessures qui les exaspéraient.

X

LE RHINOCÉROS BLANC DÉFONCE LE CHARIOT.

Les jeunes Boërs n'attendirent pas le choc des mouchochos; ils se prirent à fuir par la prairie, suivis de leurs deux serviteurs. Par bonne chance, ils n'avaient qu'un court espace à traverser pour atteindre leurs chariots. S'il leur avait fallu fournir une plus longue course, mal en aurait pris aux moins ingambes. Le dernier des fuyards l'échappa belle, il entrait à peine dans le chariot lorsque les cornes des mouchochos frappèrent les planches du véhicule.

C'était faute d'un plus sûr asile que les jeunes Boërs avaient opéré leur retraite dans ces wagons. Ils savaient que les rhinocéros avaient la force de détruire les chariots, pour peu qu'ils en eussent la fantaisie, mais ils espéraient que les mouchochos n'y songeraient pas. Quelle ne fut pas leur terreur quand ils s'aperçurent que le mâle baissait de nouveau la tête et prenait son élan pour frapper de nouveau le chariot qui leur servait de refuge!

Le choc fut effroyable. La corne du rhinocéros traversa la planche qui fermait par devant le wagon; le timon fut mis en morceaux et le véhicule tout entier soulevé de terre et transporté à quelques mètres de sa première place. Un cri d'épouvante échappa aux Boërs quand ils s'aperçurent que le rhinocéros se préparait à une nouvelle attaque.

Les braves chiens firent diversion et sauvèrent ainsi leurs maîtres. Deux des limiers sautèrent aux flancs du mouchocho; un troisième se suspendit à sa queue, qui est une des parties les plus sensibles de ce pachyderme. Le rhinocéros se tourna aussi vite que le lui permettaient ses proportions massives, et il lui fallut se secouer longtemps pour envoyer les chiens rouler sur l'herbe, où l'un d'eux fut écrasé sous ses pieds, tandis qu'un autre était éventré par la corne de la femelle.

Cette diversion avait entraîné les mouchochos loin des wagons, et il était peu probable qu'ils voulussent encore revenir à la charge. De vue basse et peu favorisé du côté de la mémoire, le rhinocéros retourne rarement vers l'objet qu'il a abandonné.

Les voyageurs n'avaient donc pas une grave inquiétude personnelle ; mais ils étaient préoccupés de leurs chevaux. Ceux-ci avaient pris la fuite ainsi que les bœufs, dès l'apparition des rhinocéros. Les bœufs s'étaient sagement dirigés vers le ravin qu'ils avaient franchi pour arriver dans la vallée, tandis que les chevaux, après maintes ruades, avaient traversé la rivière et s'étaient établis au pied de la falaise qui la surmontait. Ils étaient là, tremblants sur leurs quatre jambes, pendant le débat des mouchochos et des limiers. En découvrant ces nouveaux ennemis, les rhinocéros firent grâce aux chiens qui leur avaient échappé, et coururent droit aux chevaux. Ce fut pendant quelque temps une course effrénée, qu'accentuaient des hennissements d'effroi et des cris de rage.

Par bonheur, l'étendue de la vallée était assez restreinte pour que les chasseurs fissent usage de leurs armes. Dès qu'un rhinocéros s'arrêtait, une balle venait le frapper.

La peau des rhinocéros africains n'est pas à l'épreuve des armes à feu comme celle de leurs congénères asiatiques, et cette nouvelle fusillade ne fut pas sans succès. Hendrik et Wilhem, les plus habiles tireurs de la bande, s'efforçaient de viser au défaut de l'épaule afin d'atteindre le cœur ou les poumons de la bête. Il est plus facile de la tuer ainsi qu'en cherchant à atteindre son étroit cerveau.

Les deux rhinocéros finirent par tomber sur le ventre à peu de distance des chariots, et leur jeune fut frappé à côté de sa mère qu'il ne quitta point.

« Vivat ! » cria Facetannée en courant en avant, un grand couteau à la main. Il voulait se conformer à la tradition des Boschimans, d'après laquelle on saute sur le dos du rhinocéros tué pour lui enfoncer une lame dans la chair, afin de juger de l'épaisseur de sa graisse.

Facetannée, suivant de point en point la coutume de son pays, s'élança sur le dos du mouchocho mâle, et lui plongea son couteau dans la chair. Tout à coup, ses exclamations de triomphe se convertirent en cri de terreur. Le rhinocéros, qui respirait encore, s'était levé sous cette impression de douleur aiguë, et courait çà et là plus rapidement que jamais.

Facetannée était emporté par le monstre. Il n'osait mettre pied à terre, de peur d'être transpercé par la terrible corne, et il se cramponnait à sa lance, toujours enfoncée dans le dos de sa monture et qui servait de point d'appui à ce cavalier malgré lui.

Comment se serait résolue cette péripétie, au cas où les forces du rhinocéros se seraient plus longtemps maintenues ? C'est ce que nul n'aurait pu affirmer ; mais l'allure de l'animal blessé se ralentit enfin, et le colosse retomba sur ses genoux pour ne plus se relever. Il lança dans sa chute son cavalier assez loin ; le Boschiman ne posa guère sur le gazon de la prairie ; il courut tout d'un trait aux chariots où des éclats de rire inextinguibles le saluèrent. Le souper du soir fut très gai ; l'on mangea des côtelettes de jeune rhinocéros, et les colons furent unanimes à voter une double part de ce régal à Facetannée.

CHAPITRE XI

Combat de Wilhem et du serpent python — Le guide au miel.
Un cicerone perfide. — Retour à Graaf-Reinet.

Quand les voyageurs firent une nouvelle halte après celle que l'aventure des mouchochos avait accidentée, ce fut dans une large vallée tout émaillée de fleurs. Le cadre de montagnes qui l'entourait semblait n'avoir d'autre destination que de protéger cette délicieuse oasis contre les vents du désert. Un clair ruisseau se jouait en cent détours à travers cette prairie; dans les bassins qu'il s'était creusés çà et là, les feuilles et les belles fleurs du nénufar bleu se déployaient sur le miroir transparent de ses eaux. Les saules y baignaient leur chevelure éparse; l'acacia ouvrait aux pieds des montagnes son parasol de verdure légère, à l'ombre duquel ses grappes de fleurs embaumaient le voisinage. Là on voyait encore le *myrica cerifera*, aux fruits enveloppés de cire blanche, l'*arbuste aux perles*, dont la racine parfumée fournit la matière de ces colliers dont se parent les femmes indigènes, le *protée mellifère*, avec ses larges fleurs roses et blanches qui ont la forme d'une coupe, puis des géraniums rouges, des jasmins et des soucis.

Des oiseaux de vives couleurs jasaient dans la feuillée, et des essaims d'abeilles butinaient et bourdonnaient parmi les fleurs.

Le jour était peu avancé lorsque les voyageurs pénétrèrent dans cette vallée; ils en trouvèrent l'aspect si délicieux qu'ils s'y arrêtèrent d'un commun accord. On s'établit dans un massif de lauriers-roses à feuille de saule qui longeait le ruisseau, et les jeunes gens, qui s'étaient un peu fatigués le matin à pousser les attelages sur quelques côtes rocailleuses, résolurent de faire la sieste.

Les deux collégiens n'avaient pas poussé à la roue, tout exercice trop fort pour leur âge leur étant interdit par leurs aînés; ils n'étaient donc pas fatigués, et deux oiseaux qu'ils avaient aperçus non loin du camp stimulaient l'activité de leur esprit. Ils avaient reconnu dans ces hôtes de la prairie des kourhaans, grands comme des poules communes, mais d'une chair plus savoureuse. C'est une espèce ambiguë qui rattache les outardes à la série des tétras.

La grande affaire était que Jan connaissait une méthode, infaillible selon lui, pour s'emparer de ces volatiles. Depuis que Klaas avait tué le sauteur de rochers, Jan brûlait du désir de se distinguer à son tour, et il pensait être sur le point de le réaliser.

Il commença par aller tirer plusieurs crins de la queue de son poney, et il en fabriqua une sorte de collet très résistant; puis il alla emprunter le long fouet de Facetannée. Le Boschiman se hâta d'en retirer la lanière pour obliger son jeune maître. Il s'intéressait d'ailleurs au succès de cette opération; c'était lui qui avait appris à Jan cette façon de prendre les kourhaans. Le manche du fouet en question était une canne de bambou de cinq à six mètres de long; il faut se rappeler que chaque chariot avait pour attelage six paires de bœufs, afin de ne pas trouver cette dimension démesurée.

Après avoir attaché son piège à la place du fouet, Jan monta sur son poney qu'il lança au galop. Klaas suivait son cousin, fort intrigué par cette manœuvre. Jan prétendait-il prendre ces gros oiseaux comme on saisit les papillons dans un filet? Mais les kourhaans sont trop farouches pour se laisser approcher. Ne venaient-ils pas de fuir devant Klaas lui-même avant que celui-ci fût assez près d'eux pour tirer dessus?

Pendant que Klaas s'adressait ces questions et d'autres analogues, Jan s'éloignait. Quand il fut à cent mètres environ des kourhaans, il tira sur la bride de son poney et fit décrire à sa monture un cercle dont les oiseaux formaient le centre.

Klaas s'attendait à voir les outardes prendre la fuite. Pas du tout; elles restaient en place, d'un air stupide, tant soit peu ébaubies. Le cavalier décrivit un second cercle, puis un troisième et ainsi de suite, en se rapprochant toujours des oiseaux à chaque circonvolution. Klaas comprenait désormais.

Tout à coup, le cavalier lança le bambou avec beaucoup de dextérité, et il saisit une outarde par le cou. L'oiseau se débattit pendant quelques secondes, puis le chasseur put l'emporter au bout de sa perche, et il revint au camp d'une allure de triomphateur.

Des quatre dormeurs étendus sur le gazon à l'ombre des lauriers-roses, Wilhem fut le premier à se réveiller. Il fit quelques pas hors de la feuillée et aperçut au loin un objet rougeâtre qui lui parut être un animal. On avait devant soi deux heures avant le coucher du soleil ; Wilhem siffla son chien, prit son fusil et se dirigea vers l'extrémité du vallon où il avait cru apercevoir quelque chose ressemblant à un gibier.

C'était au pied d'une montagne escarpée, dont la base était ombragée d'un bouquet d'arbres, que Wilhem avait entrevu cet objet. Quand il fut arrivé à la lisière de ce petit bois, Wilhem constata qu'il ne s'était pas trompé ; il reconnut le *steenbok* dans la petite antilope qu'il avait sous les yeux et qui ne paraissait nullement émue de son approche. Il avait souvent rencontré des individus de son espèce dans la province du Cap, où elle habite sur les plateaux semés de buissons ; il ne s'étonna pas de la trouver toute seule ; elle vit isolée comme toutes les antilopes qui font partie du genre *Tragulus*.

Wilhem arrivait à portée de ce joli petit animal, qu'il n'avait plus l'intention de chasser, depuis qu'il l'avait reconnu pour appartenir à une espèce très connue de lui, et pourtant peu curieuse ; mais il attendit un momen avant de le tirer afin d'observer ses allures bizarres. L'antilope ne mangeait pas, ne manifestait aucune velléité de s'enfuir, mais elle s'agitait d'une façon continue. Elle courait tantôt à droite, tantôt à gauche d'un petit massif de lauriers-roses, battant le sol aux mêmes places et le regard toujours arrêté sur un point fixe.

Le chasseur chercha quelle pouvait être la cause de cette excitation bizarre. Il apercevait bien au pied d'un arbre une masse brillante ; mais cette masse informe restait immobile, et le chasseur ne devinait pas le rapport qu'avait l'émotion de l'antilope avec cette chose inerte. Pourtant, à force de regarder cet objet qui brillait sous l'ombre de la feuillée, il reconnut les replis écailleux d'un serpent.

Ce reptile était énorme, gros comme la cuisse d'un homme, et, roulé sur lui-même, il couvrait un espace de plus d'un mètre carré; sa tête reposait au-dessus de la spirale que décrivaient ses replis. Wilhem s'aperçut enfin que la queue du reptile était enroulée autour d'un laurier-rose qu'elle serrait à l'aide de deux crochets. Ce dernier trait caractérisait en lui la famille des *pythons*. C'était là le *python de Natal*, qui est proche parent du boa. Les indigènes le nomment tout simplement serpent des rochers, parce qu'il habite dans les régions pierreuses; on pourrait l'appeler boa des rochers; son cousin d'Amérique, l'*anaconda*, serait alors le boa des eaux, et le constrictor, qui vit dans les arbres, prendrait le titre de boa des forêts.

Bien qu'ils habitent des lieux tout différents, les pythons et les boas ont les mêmes mœurs. Ils attendent leur proie dans l'inaction, la saisissent avec leurs dents rétractiles, l'entourent, la malaxent, l'écrasent des muscles de leurs replis et l'avalent tout entière. Il arrive souvent que leur proie soit plus grosse qu'eux; mais l'élasticité de leur corps, jointe à la bave gluante dont ils enduisent cette masse alimentaire, leur permet de résoudre ce problème, invraisemblable au premier aspect.

Au bout de quelques instants, le python se dressa de plusieurs pieds, se balança par un mouvement vibratoire. Sa gueule béante laissait voir ses dents courbées en arrière, sa langue fourchue qu'il dardait vivement et ses yeux d'où jaillissait un éclair. Il était affreux à voir; mais, loin de fuir, l'antilope fascinée se rapprochait de lui. Tout à coup, le python projeta sa tête vers l'innocente créature, la saisit et l'attira vers le laurier-rose où ses crochets le maintenaient.

LE SERPENT PYTHON FASCINANT L'ANTILOPE.

Wilhem ne vit d'abord qu'une série de contorsions rapides ; puis les anneaux du python se multiplièrent autour du corps de l'antilope dont les os craquèrent l'un après l'autre sous cette horrible étreinte.

Wilhem ne comptait pas s'en tenir à son rôle de spectateur ; il se souvenait que le docteur Smith l'avait prié de lui rapporter des peaux de reptile, surtout celle du python de Natal qui manquait à sa collection. Jusque-là, les voyageurs n'avaient pas rencontré le moindre serpent ; ils commençaient à se dire que leur tournée avait dépassé les bornes du temps fixé par leurs parents, et ils songeaient à revenir à Graaf-Reinet. Bien qu'ils eussent plein un chariot des dépouilles opimes de leurs luttes contre les hôtes de ces régions, Wilhem songeait parfois avec regret qu'il n'avait pu satisfaire au vœu du docteur. Il venait donc de faire une véritable trouvaille en apercevant le python. Quelle gloire s'il réussissait à tuer ce reptile ! Comme le bon docteur serait content, et avec quelle éloquence vanterait-il à ses visiteurs la bravoure de son jeune ami Wilhem !

Ce n'est pas en effet un exploit ordinaire que de s'emparer de la peau d'un serpent qui mesure six mètres de long et quarante centimètres de tour ; mais ce triomphe n'est pas sans difficultés sérieuses.

Wilhem n'hésita pas ; n'ayant pas de notions très précises sur ce genre de lutte, il traita le python comme il eût traité un quadrupède et lui envoya une balle vers le milieu du corps.

Le python déroula ses replis, laissa le cadavre de sa victime, devenu déjà une masse informe, et s'enfuit en rampant d'une vitesse qui prouvait que sa blessure n'était pas grave.

Wilhem allait recharger son fusil quand il s'aperçut que le python se dirigeait vers un amoncellement de rochers qui jouxtait la montagne. Il était évident que, si le reptile gagnait son repaire, on ne le verrait plus reparaître. Le chasseur ne prit pas le temps de recharger son arme; il se mit à courir après le python; le reptile n'avait pas une allure aussi rapide, et bientôt Wilhem fut si près de lui qu'il aurait pu lui marcher sur la queue.

Il ne savait cependant comment renouveler son attaque. Il se mit à le frapper à coups de crosse; mais le talon de l'arme glissait sur la peau squammeuse du python, qui ne ralentissait pas son allure pour si peu.

En dépit des efforts de Wilhem, il gagna le rocher, et la moitié de son corps disparut dans une crevasse qui formait sans doute l'entrée de son repaire. L'idée que le reptile allait lui échapper décupla l'énergie de Wilhem. Le serpent n'était pas venimeux après tout; il ne risquait que d'être mordu, et combien de fois l'avait-il été par les animaux qu'il chassait! Pourquoi ne pas lutter de vigueur contre le python?

Après s'être ainsi résolu, Wilhem jeta son fusil, saisit la queue du serpent à deux mains et la tira en arrière de toutes ses forces. Il réussit d'abord à faire sortir une portion du reptile hors de la fissure où celui-ci s'était engagé; mais le python s'arc-bouta bientôt à quelque angle de rocher, et résista avec succès à la traction qu'opérait le chasseur.

Wilhem tirait aussi fort qu'un marin sur un cordage en temps de tempête. Il ne gagnait plus rien, bien au contraire. Les vertèbres du python craquaient sous ses efforts, et pourtant il ne gardait pas l'avantage.

Wilhem ne désespérait pas; il avait là certitude que le

reptile ne pourrait lui échapper tant qu'il aurait la force de le tenir; mais il faudrait peut-être longtemps au reptile pour se fatiguer d'être ainsi tiraillé, et pour se décider à sortir de sa retraite afin d'en finir.

Une idée traversa l'esprit du chasseur. Un arbre se trouvait près de lui. Si par un moyen quelconque il réussissait à y attacher la queue du python, il n'aurait plus qu'à lui frapper sur le corps pour l'assommer. Wilhem trouva fort à point dans une poche de sa jaquette une corde assez solide pour remplir ce but. Il se mit donc à cheval sur le reptile qu'il serra entre ses genoux, et lui passa le nœud coulant de la corde qu'il finit par fixer à l'arbre.

Cela fait, il cassa une forte branche dont il se servit comme d'un gourdin, et se mit à frapper de toutes ses forces le serpent, résolu à le broyer de coups pour le contraindre à quitter son asile. Wilhem n'eut pas le temps de s'essouffler à cet exercice; le python sortit tout à coup de sa crevasse avec tant de rapidité que le chasseur fut environné de ses replis avant d'avoir compris ce qui arrivait. Wilhem ne sut pas comment la chose s'était faite. Il avait vu tout à coup la tête du reptile darder contre lui sa gueule enflammée, et, comme il avait voulu fuir cette hideuse vision, il avait senti autour de son corps les replis visqueux du serpent qui le rapprochaient de l'arbre qu'il avait voulu fuir.

Les anneaux se multiplièrent autour de lui et il se sentit serré contre l'arbre comme dans un étau; puis l'horrible tête apparut de nouveau en face de lui.

Wilhem ne perdit ni son courage ni sa présence d'esprit. Ses deux mains étaient libres; il saisit la gorge du monstre et la serra de toute l'énergie du désespoir. Par bonheur, la queue du python se trouvant fixée par la corde, le serpent était pris aux deux extrémités. Ne pouvant disposer ni de sa tête ni de sa queue, il avait perdu sa puissance de constriction qui lui aurait permis de broyer Wilhem aussi facilement que l'antilope. Il tordait son cou, agitait sa spirale frémissante autour du corps de son ennemi, mais sans pouvoir la resserrer.

Le dénouement de la lutte dépendait des forces des deux adversaires. Wilhem ne pouvait pas s'éloigner, puisque ses jambes étaient enlacées par le serpent, et il ne pouvait lâcher la tête du reptile sans être presque aussitôt broyé. Le python, de son côté, ne pouvait se dégager des mains du chasseur, parce qu'il était pris à ses deux extrémités.

Wilhem comprit enfin que la durée de la lutte était toute en faveur du serpent, puisqu'il ne réussissait pas à l'étrangler dans le nœud de ses deux mains. Quand ses forces faibliraient, le python prendrait peu à peu ses avantages, et tout serait vite fini alors!

Wilhem ne voulait pas attendre que son énergie diminuât. Il saisit son couteau de chasse à sa ceinture et le tira de sa gaîne.

Ce mouvement permit au python de se dégager de l'étreinte du chasseur; mais, avant qu'il eût pu resserrer ses replis, le couteau avait presque séparé la tête du monstre de son corps. La spirale hideuse se relâcha peu à peu et tomba d'un bloc au pied de l'arbre.

Quelques instants après, le python avait cessé de vivre, et bien qu'il fût très fier de son aventure, Wilhem regretta d'avoir gâté par son coup de couteau la dépouille qu'il comptait offrir au docteur Smith.

D'un commun accord, il fut déclaré au campement que l'exploit de Wilhem surpassait tous ceux qui avaient signalé ce voyage. Chacun s'y était distingué à sa manière après tout, sauf Arend que les occasions n'avaient pas favorisé. Il en prenait gaiement son parti et se déclarait peu propre à explorer les déserts. Depuis longtemps, il n'aspirait qu'à revoir Graaf-Reinet, et Wilhem ne perdait pas une occasion d'affirmer que certains yeux bleus n'étaient pas étrangers aux goûts sédentaires du jeune cornette.

La halte suivante de la caravane l'amena dans une autre prairie pleine aussi de fleurs. On y voyait encore des soucis et des géraniums; mais les cactus et les euphorbiacées y foisonnaient à côté de l'amaryllis toxique. Le camp était donc établi sur un terrain occupé par des plantes aux sucs mortels.

Jamais puissances malfaisantes ne se sont cachées sous de plus agréables dehors. Ces fleurs étaient belles et fraîches; des oiseaux voltigeaient dans la feuillée des arbres; des abeilles visitaient toutes ces corolles ouvertes; leur bourdonnement rappelait le toit paternel aux voyageurs fatigués, et ce souvenir s'imposait à eux avec une insistance qui leur était douce.

Les jeunes Boërs se reposaient à l'ombre, quand leur attention fut attirée par un oiseau perché sur un buisson, à peu de distance. Il n'avait rien de remarquable dans la voix ni dans le plumage, cet oiseau à peine aussi gros qu'un pierrot vulgaire. Son plumage brun cendré, et son babil monotone ne lui auraient pas valu tant d'attention si les voyageurs n'eussent reconnu en lui le célèbre *guide au miel*.

Cet oiseau ne manque jamais, quand il rencontre un homme, de le conduire à une ruche qu'il connaît. Il voltige de buisson en buisson, ne se lassant pas de lancer son cri d'appel jusqu'à ce qu'il ait approché de la ruche;

il attend ensuite que le voyageur ait dépouillé les abeilles de leur trésor, et va dévorer le reste du miel et les larves dont il est très friand.

« Notre provision de sucre est épuisée, dit Arend, et je ne puis m'empêcher de trouver chaque matin mon café bien amer. Si nous profitions des bonnes dispositions de ce cicerone? »

Ses amis l'approuvèrent, et tous montèrent à cheval après avoir pris leurs fusils. Ces dispositions paraissent un peu belliqueuses pour aller s'emparer d'une ruche; mais le guide au miel entraîne parfois les voyageurs à six ou sept milles du point de départ, et l'on est exposé à rencontrer en route des passants peu civilisés, des lions ou des rhinocéros, par exemple.

Comme la cavalcade allait se mettre en marche, on vit apparaître un petit quadrupède bas sur jambes et ressemblant assez à un blaireau. Les chasseurs reconnurent en lui le ratel ou mangeur de miel, qui passe sa vie à découvrir les ruches. Quand celles-ci sont établies dans la terre, il les pille au moyen de ses ongles qui sont propres à creuser; mais il lui est impossible de s'emparer du miel placé à une certaine hauteur, parce qu'il ne peut grimper aux arbres. Il n'en fait pas moins de vains efforts pour atteindre le but de sa convoitise, et, quand les Hottentots remarquent la trace des ongles du ratel à la partie inférieure d'une écorce d'arbre, ils ne manquent pas d'y chercher la ruche.

Le ratel accourt toujours à la voix du guide au miel, et celui-ci agit à son égard comme avec l'homme, en ayant le soin toutefois de voler plus bas afin que le quadrupède ne le perde pas de vue.

Les chasseurs comprirent aisément que c'était l'appel

du guide au miel qui leur valait la visite du ratel; mais celui-ci se vit de trop dans la cavalcade; il comprit que cet appel ne s'adressait pas à lui, et, discrètement, il détala.

La cavalcade se mit en route, précédée de l'oiseau qui répétait d'arbre en arbre son *koui koui kit* avec une satisfaction évidente. Il ne fallut pas fournir une longue traite. L'oiseau s'arrêta bientôt sur un arbre d'où il ne voulut plus s'envoler. L'écorce était lacérée à la base; plus d'un ratel y avait vainement essayé ses griffes.

Facetannée et Congo sapèrent l'arbre à coups de hache; puis, ils enfumèrent les abeilles, et l'on recueillit de beaux rayons de miel, sans oublier de laisser sa part au petit guide. Au souper, tous les convives mangèrent du miel avec excès, et, quand ils se trouvèrent tous fort malades une heure après ce repas, leur première idée fut qu'ils étaient justement punis de leur gourmandise par une forte indigestion. Mais ces symptômes de leurs souffrances s'aggravèrent tellement que Hans devina enfin la vérité.

Le miel était empoisonné; les abeilles de cette ruche avaient recueilli leur butin journalier sur les amaryllis et les euphorbes, et, si l'on ne se hâtait de remédier à ce mal qui dévorait tous les mangeurs de miel, on pouvait craindre le plus terrible dénouement.

Hans avait su conserver, par bonheur, toute sa présence d'esprit, malgré les nausées qui lui soulevaient l'estomac et le feu qui lui brûlait la gorge. Il se traîna jusqu'au wagon, en tira sa pharmacie de voyage, et distribua à la ronde de fortes doses d'émétique dont il usa pour lui-même après les autres malades.

Les jeunes Boërs en eurent pour plusieurs jours à se

traîner languissamment autour de leur camp, ou à rester en silence auprès du feu ; cette crise avait été si rude qu'il ne fut plus question que de retourner à Graaf-Reinet dès qu'ils eurent repris un peu de forces.

Le désir d'Arend allait être enfin exaucé. Hendrik lui-même avait hâte de montrer les trophées de ses hauts faits et de raconter ses aventures à la gentille Wilhelmine. Jan et Klaas rêvaient de confitures et de galette, et le naturaliste se voyait déjà occupé à ranger dans son herbier les plantes nouvelles qu'il avait recueillies dans cette expédition.

Wilhem était le seul qui eût regret de ne pas pousser plus loin son voyage, de n'avoir pas franchi les montagnes qui le séparaient de la région des éléphants et des girafes ; mais son père lui avait fait une promesse à cet égard. Ce n'était pas adieu, mais au revoir qu'il disait à ces frontières montueuses, qu'il ne lui avait pas été donné cette fois de traverser.

De jour en jour, les chasseurs se rétablissaient, et, quand ils firent une entrée triomphale à Graaf-Reinet, les effets du poison avaient complètement disparu.

Leurs deux familles allèrent à leur rencontre dès que l'arrivée de la caravane eut été signalée, et ce fut fête pendant plusieurs jours, tantôt à la maison Von Bloom, tantôt chez M. Van Wyk.

CHAPITRE XII

Sur les rives du Limpopo. — Enterrés vivants! — La horde de chiens sauvages. — Le chasseur égaré.

L'année suivante, à peu près vers l'époque où les jeunes Boërs avaient quitté Graaf-Reinet pour leur première expédition, un feu de bivouac brillait sur les rives du Limpopo. Ce fleuve sépare la république du Transvaal du pays des Betchuanas, et il est fort éloigné du Graaf-Reinet. Pourtant les voyageurs groupés autour de ce foyer clair sont bien nos vieilles connaissances. Voici Hans Von Bloom avec sa physionomie méditative; une année de plus n'a fait qu'accentuer sa douceur sérieuse. Il réfléchit; il pense sans doute à ce voyage en Europe que son père lui a promis, et dans lequel il espère tirer parti de ses herbiers et terminer son éducation scientifique. Il doit partir après cette expédition qui commence aux rives du Limpopo, la caravane s'étant dirigée jusque-là sans chercher les aventures.

Voici Hendrik et Arend. Malgré leur passion pour la chasse, ils n'auraient pas accompagné volontiers Hans et Wilhem; ils auraient préféré rester au Graaf-Reinet à jouir des douceurs de la vie de famille, si leurs parents n'avaient pas, en dépit de tout ce qu'ils avaient pu objecter, ajourné leur mariage à la fin de l'expédition projetée. Au retour, mais au retour seulement, hélas! Arend doit épouser Gertrude, et Hendrik, Wilhelmine, et, s'ils sont un peu rêveurs auprès de ce feu de bivouac, c'est qu'ils songent que chaque journée de marche en avant les éloigne de leurs fiancées. Mais ni l'un ni l'autre n'a murmuré en apprenant que cette seconde expédition est une épreuve exigée par les deux familles pour s'assurer de la solidité des sentiments des fiancés; au retour, ceux-ci auront gagné le renom d'hommes vaillants, intrépides; chacun les jugera dignes de devenir chefs de famille et de diriger leurs affaires. Leur prestige moral sera plus grand auprès de leurs jeunes fiancées dont la main deviendra la récompense des travaux de cette seconde expédition.

On chercherait en vain Klaas et Jan sur les rives du Limpopo; il était temps que les écoliers se livrassent à l'étude sans d'aussi longues interruptions que celles d'un voyage périlleux et lointain. Leurs mères ont insisté pour ne pas les envoyer avec leurs aînés, et les deux collégiens ont fini par comprendre qu'il valait mieux pour eux travailler à s'instruire que courir le pays sans être en état de profiter pleinement des rencontres qu'on y fait et des curiosités qu'on y peut voir.

Quant aux fidèles serviteurs, Congo et Facetannée, ceux-là ont accompagné leurs jeunes maîtres; ils veillent sur les six chevaux qui servent aux cavaliers et sur les six autres qui portent les bagages. Cette fois, ils n'ont pas à mener des attelages de bœufs; on doit aller d'une allure plus rapide pour atteindre la région que Wilhem a nommée si longtemps sa « Terre promise. »

Wilhem était en effet au comble de ses désirs; il comptait s'illustrer dans cette expédition.

Le consul des Pays-Bas avait reçu de son gouvernement l'ordre de se procurer et d'envoyer en Europe deux girafes mâle et femelle, et il avait offert une prime de 12 500 francs pour ce couple rendu en bonne condition au Cap ou à Port-Natal. Plusieurs bandes de chasseurs avaient tenté de gagner cette prime; ils n'avaient pu parvenir à capturer deux girafes vivantes et n'avaient fait qu'un inutile massacre de ces animaux. Wilhem avait quitté Graaf-Reinet dans le but de réussir là où tant d'autres avaient échoué. La prime et la vente des dents d'hippopotame qu'on se procurerait en route devait compenser les frais de cette expédition; mais ce n'était pas, à vrai dire, l'appât de l'argent qui tentait Wilhem. La gloire de capturer deux girafes vivantes, les premières qui dussent être vues en Europe, lui semblait préférable à l'argent offert, et il avait fait partager cette opinion à ses amis. Ceux-ci ne songeaient pas aussi exclusivement à la capture des girafes; ils avaient pour mission, donnée par leurs pères, acceptée par eux, d'observer les ressources naturelles des régions qu'ils allaient parcourir et de juger s'il serait possible d'établir des relations cordiales avec les tribus indigènes, au grand profit matériel et moral des sauvages et des civilisés.

Pendant cette première nuit passée sur les bords du Limpopo, les jeunes Boërs s'aperçurent qu'ils se trouvaient déjà dans le voisinage des fauves qu'ils venaient chercher. Leur sommeil fut troublé par un concert sauvage, où le rugissement du lion répondait aux notes cuivrées de l'éléphant, que ponctuaient de loin en loin des cris aigus, tout nouveaux pour les chasseurs.

Ils avaient passé une partie du jour précédent à tâter la rivière pour y chercher un gué. Quand ils l'avaient trouvé, le soleil était bas sur l'horizon, et nul n'éprouvait le désir de s'aventurer à la légère dans ce pays inconnu. Congo avait pourtant proposé de s'avancer au moins d'un demi-mille, soit en amont, soit en aval, et l'on avait accepté ce plan, sans bien se rendre compte de ses motifs. Wilhem avait simplement opiné pour qu'on se rendît à l'avis de Congo, poussé par sa confiance dans le caractère du Cafre.

« Comprenez-vous pourquoi Congo nous a menés jusqu'ici? dit-il dans la nuit à ses compagnons, réveillés comme lui par les rauques miaulements des bêtes fauves.

— Pas du tout ! Cette réponse fut unanime et variée dans ses expressions selon les humeurs et les caractères.

— Je crois que c'est parce que le gué où nous avons débarqué est l'abreuvoir de tous les fauves des alentours.

— Dans tous les cas, s'écria Hendrik, nous n'avons pas fait un millier de milles pour nous tenir hors de la voie de ces animaux, n'est-ce pas?

— Nous sommes venus, répondit gaiement Wilhem, pour les dépister et non point pour nous faire dépister par eux. Nos chevaux ont besoin de repos cette nuit. »

La conversation s'arrêta; les chasseurs finirent par s'habituer aux ébats bruyants des fauves, et ils se rendormirent l'un après l'autre.

En se levant, le soleil éclaira autour d'eux un superbe paysage. Les jeunes Boërs se trouvaient dans une large vallée couverte de grands arbres, parmi lesquels se distinguaient des baobabs gigantesques (Adansonia digitata). De petits groupes de dattiers sauvages élevaient de loin en loin leur plumet de feuillage. Le sol était un véritable tapis de fleurs. Hans le contemplait avec une joie de naturaliste. Il allait donc poursuivre ses études favorites, peut-être faire quelque précieuse découverte végétale dont on parlerait à son voyage en Europe, et qui lui vaudrait un bon accueil auprès des maîtres de la botanique.

Avant qu'aucun de ses compagnons fût éveillé, Wilhem, escorté par Congo, avait opéré une tournée de reconnaissance en aval de la rivière. Il aperçut, au point où l'on avait abordé la veille, un tableau fait pour causer une impression pénible, même à un chasseur.

Cinq antilopes mortes gisaient à terre, dépecées par des hyènes qui se repaissaient avec gloutonnerie de leur chair. A l'approche des chasseurs, les hyènes se retirèrent lentement, en poussant un cri qui ressemblait au rire d'un fou. Des empreintes laissées sur le sable de la berge prouvaient que des lions et des éléphants avaient passé là pour s'abreuver. Wilhem s'occupait à relever leurs voies quand il fut rejoint par Hans qui herborisait déjà. Le naturaliste reconnut dans les antilopes mutilées une variété d'élan qu'il n'avait pas encore rencontrée.

« Je pense que le poste où nous avons couché cette nuit est bon, dit Wilhem en revenant vers le camp. Nous devrions y construire un kraal régulier pour nous y arrêter quelques jours. L'herbe y est abondante pour nos chevaux, et j'espère que nous n'y manquerons pas d'aventures, puisque notre voisinage est fréquenté par des animaux d'espèces différentes.

— C'est aussi mon avis, répondit Hendrik, sauf que je trouve notre établissement actuel un peu trop près du gué. Je ne serais pas fâché de dormir en paix, et les hôtes de ce pays ont la voix forte, sinon belle. Enfin, nous pourrions les écarter de leur abreuvoir si nous les attaquions près de ce lieu de rendez-vous. »

Les autres chasseurs adoptèrent cet avis ainsi modifié, et il fut résolu qu'on se mettrait à la recherche d'un autre campement.

Après le déjeuner, Wilhem, Hans et Hendrik montèrent à cheval pour explorer le fleuve en amont; ils se firent suivre de toute leur meute. Arend et les deux serviteurs devaient suffire à garder le camp.

Pendant près de trois milles, les jeunes Boërs ne trouvèrent pas un poste d'où l'accès de la rivière fût possible. Les bords escarpés ne pouvaient être fréquentés par les animaux qu'ils voulaient chasser. Enfin, le caractère du paysage se modifia. La rivière n'était plus inaccessible, et des arbres d'essence légère, propres à la construction d'un kraal, croissaient sur ses bords.

« On ne voit pas beaucoup de traces de fauves par ici, dit Wilhem; mais nous ne sommes qu'à une demi-heure de chemin du gué; peut-être trouverons-nous en amont d'autres bons postes de chasse. Il me semble que notre kraal serait bien situé par ici.

— C'est aussi mon sentiment, dit Hendrik; mais, avant de nous mettre à élever des palissades pour faire notre camp retranché, il serait bon de savoir quelle sorte de gibier nous trouverons dans ces parages.

— C'est juste, reprit Wilhem; il faut découvrir où se trouvent les hippopotames et surtout les girafes. Que de gens me riraient au nez si je ne revenais pas avec mon couple vivant!

— Ce serait justice, fit observer Hans; tu t'es si souvent moqué des chasseurs revenant bredouille! »

Et les trois explorateurs partirent en riant pour se

rendre un compte plus exact de leur terrain de chasse.

Pendant qu'ils galopaient ainsi, une série d'incidents se succédaient au camp. Peu de temps après le départ de ses compagnons, Arend aperçut à un demi-mille de la rivière une petite horde d'antilopes qui paissait tranquillement. Il monta à cheval dans l'intention de fournir le souper de venaison fraîche, qui en manquait depuis sept ou huit jours. Après s'être détourné pour se mettre sous le vent, il s'approcha des antilopes et vit qu'elles appartenaient à l'espèce des *Springboks* ou chèvres sautantes. Un massif de *Nerium olcander*, superbe arbuste de douze pieds de haut, croissait près du pâturage. Arend s'avança sous ce couvert et visa une des plus belles antilopes qui tomba foudroyée. Les autres franchirent le taillis d'un bond énorme et disparurent la tête la première comme si elles eussent plongé.

Arend revint au camp et envoya chercher son gibier par les deux serviteurs qui, dès leur retour, se mirent à dépouiller l'antilope et à la parer pour la broche. Tout en s'occupant ainsi, Facetannée dit tout à coup à son maître :

« Voyez là-bas, baas (monsieur) Arend, un cheval de somme qui s'est échappé du camp.

— Il n'est guère qu'à un demi-mille, Facetannée, tu peux continuer ton office de cuisinier. Je remonte à cheval et ramènerai la bête égarée. »

Arend s'éloigna aussitôt. Restés seuls, les deux serviteurs eurent besoin d'aller chercher de l'eau à la rivière pour la confection de leur souper, et, munis chacun d'un barillet, ils descendirent vers le gué. Il suivaient la berge lorsque Congo, qui marchait le premier, s'abîma tout à coup dans la terre. Il avait donné dans un piège à éléphants.

Ce trou, soigneusement dissimulé par des branchages, avait neuf pieds de profondeur. Le Cafre resta d'abord stupéfié de cette chute; puis il fut aveuglé et frappé par le sable, les branches et autres matériaux qui avaient recouvert la fosse et qui tombaient par l'issue qu'il leur avait ouverte. Congo était trop au courant de cette méthode de capturer le gros gibier pour ne pas reprendre bientôt sa présence d'esprit; il se tâta, s'assura qu'il n'avait rien de cassé et leva les yeux vers le sol d'où il attendait le secours de Facetannée.

Le Boschiman avait trouvé cet accident trop curieux pour ne pas prolonger la plaisanterie; il s'abandonna aux transports d'une gaieté frénétique. A en juger par les sauts et les gambades qu'il exécuta autour de la fosse, jamais il ne s'était tant amusé; mais cette manifestation joyeuse ne dura pas longtemps. Au milieu de ses bonds fantastiques, il disparut également sous le sol.

Selon la pratique des indigènes de cette région, deux fosses avaient été creusées l'une à côté de l'autre, afin que l'éléphant tombât dans la seconde, s'il évitait la première.

La cavité dans laquelle Congo s'était abîmé contenait une couche de boue de deux pieds d'épaisseur. Les parois perpendiculaires étaient formées d'une argile savonneuse, de sorte que tous les efforts du prisonnier pour regagner la berge furent infructueux. Les cris de joie de Facetannée résonnaient désagréablement à ses oreilles; mais il les supportait, pensant qu'après l'hilarité causée par l'accident, son camarade songerait à l'aider.

Tout à coup, il n'entendit plus rien. Plusieurs minutes s'écoulèrent, et le Cafre les trouva longues comme des heures. Facetannée était-il retourné au camp? Dans ce

XII

CONGO DANS LA FOSSE AUX ÉLÉPHANTS.

cas, pourquoi baas Arend, s'il était informé du triste état de son serviteur, ne venait-il pas le délivrer?

Pour comble de désagrément, la fosse fourmillait d'insectes et de reptiles qui s'y étaient introduits de façon ou d'autre et qui n'en pouvaient pas plus sortir que Congo. Il s'y trouvait entre autres des crapauds, des grenouilles et de grosses fourmis très gênantes. Congo appela plusieurs fois Facetannée et son jeune maître. Personne ne répondit à ses cris, et le Cafre resta livré à un accès de rage contre son mauvais camarade qui l'abandonnait lâchement; il ne désira plus la liberté que pour se venger de Facetannée.

Le Boschiman n'éprouvait pas des émotions aussi poignantes. Ne s'étant pas blessé en tombant dans la fosse, il n'avait songé d'abord qu'à en sortir sans l'aide du Cafre dont il s'était tant moqué. Quelle mortification si Congo, sortant de son trou, le trouvait, lui aussi, dans un piège semblable. Il fallait se hâter de remonter.

Facetannée ne répondit donc rien aux appels de Congo; pour opérer seul sa délivrance, il tenta d'arracher le pieu aiguisé qui se dressait au milieu de sa fosse. Ce pieu a pour objet d'empaler et de tuer dans sa chute l'éléphant ou l'hippopotame qui donne dans le piège.

Si le Boschiman avait réussi à le déraciner, il aurait pu s'en servir pour remonter sur la berge; mais cette opération dépassait ses forces. Il fallait réfléchir à un autre moyen de sauvetage.

En attendant de l'avoir trouvé, Facetannée découvrit que Congo était l'unique cause de son malheur, à lui. Si le Cafre ne s'était pas laissé choir dans un trou, il avait la certitude que le même accident ne lui serait pas arrivé personnellement. La mésaventure de Congo avait entraîné la sienne. Congo ne méritait pas qu'on daignât répondre à ses supplications.

Facetannée n'eut pas l'affreuse crainte d'être délaissé dans sa trappe. Il gardait assez de calme pour raisonner sa situation. Arend reviendrait au camp avec le cheval égaré ; il s'étonnerait de ne plus voir les serviteurs ; il remarquerait l'absence des barillets à eau et descendrait vers la rivière. Il ne manquerait pas alors de découvrir les pièges que ne dissimulaient plus leurs couvertures de branchages.

Ces calculs de probabilités firent prendre patience à Facetannée ; mais les heures s'écoulèrent sans amener son jeune maître près des fosses. A mesure que le soleil descendait sur l'horizon, le Boschiman sentait diminuer ses espérances. Il ne pouvait comprendre qu'Arend ne fût pas venu le délivrer. A coup sûr, les trois autres Boërs devaient être rentrés au camp depuis longtemps. Était-il possible qu'à eux quatre, ils n'eussent pas l'idée de chercher leurs serviteurs du côté de la rivière ?

Le silence devint tout à coup insupportable à Facetannée ; il se mit à crier :

« Eh ! Congo, vieux fou, pourquoi ne retournes-tu pas au camp ? »

La voix arriva au Cafre avec des intonations sourdes et affaiblies, et Congo pardonna à son camarade en devinant qu'il était, lui aussi, enterré vivant.

« Je t'attends, Facetannée, répondit le Cafre en souriant pour la première fois depuis sa chute. Je ne veux pas rentrer au camp sans toi.

— Vas-y donc, et dis à baas Hendrik que Facetannée désire le voir pour lui communiquer une chose d'importance.

— Très bien, reprit le Cafre qui se familiarisait avec sa situation. Dis-moi ce que tu veux faire savoir à baas Hendrik ; il n'est pas besoin qu'il se donne la peine de venir jusqu'ici pour l'apprendre. Qu'ai-je à dire ? »

En réponse à cette facétie, le Boschiman entama un long discours. Il invita le Cafre à dire à ses maîtres que lui, Congo, n'était qu'un sot de s'être laissé choir dans un piège, dépisté depuis longues années par les hippopotames, moins stupides que lui.

Congo sut fort bien répliquer qu'il n'accaparait pas la stupidité à lui tout seul, et que celui qui s'était laissé choir dans la seconde fosse pouvait en revendiquer une bonne dose. Sur quoi Facetannée tenta de démontrer que son propre malheur n'était dû qu'à la sottise de son camarade.

Le plaisir que le Boschiman éprouvait à foudroyer Congo de son éloquence s'éteignit bientôt ; il songea qu'il était dans ce trou noir depuis de longues heures en compagnie de reptiles répugnants ; il se demanda ce qu'il adviendrait de lui si baas Arend avait subi quelque accident loin du camp, si ses autres maîtres s'étaient égarés et ne pouvaient, de deux ou trois jours, retrouver le campement, ou encore s'ils avaient été faits prisonniers par quelque tribu sauvage de la contrée ?

Ces conjectures et dix autres aussi peu rassurantes aboutissaient à cette conclusion qu'il faudrait mourir de faim dans cette fosse, et que Congo subirait le même sort.

Ces rêveries déplaisantes furent interrompues par l'aboiement d'un chien. Facetannée leva les yeux et aperçut au bord de sa fosse un chien sauvage.

L'animal poussa un second cri, mais d'une tonalité

autre que le premier, et, par les sons qui lui répondirent, Facetannée comprit que le chien sauvage était suivi d'une escorte d'individus de son espèce.

La troupe entière fit retraite à quelque distance ; mais ils avaient faim et devinaient que les prisonniers n'étaient pas en état de leur résister. Peu à peu, ils se rapprochèrent des fosses, regardèrent au fond et y virent une proie qu'ils n'avaient qu'à aller prendre.

Des dents et des ongles, ces chiens qui étaient environ une centaine, se mirent à démolir la couverture des fosses, lançant au fond des nuages de poussière, de branchages et d'herbes qui faillirent suffoquer les prisonniers. Le temps avait pourri les perches qui soutenaient ces plâtras ; tout l'échafaudage menaçait de s'effondrer sous les trépignements de la meute.

« S'il tombe une averse de chiens, pensa Facetannée, j'espère que cet imbécile de Congo en recevra sa part. »

Comme il formait ce vœu charitable, il se réalisa. Facetannée entendit le hurlement d'un chien, précipité, sans nul doute, dans la fosse voisine.

Heureusement pour Congo, l'animal sauvage s'empala en tombant sur le pieu pointu placé au centre du piège. La face du Cafre se trouvait à peine à un pied des mâchoires béantes de l'animal qui tournait sur son pieu comme sur un pivot, tant ses convulsions étaient violentes. Congo dut se serrer contre la paroi latérale pour se mettre hors des atteintes de la bête enragée.

Facetannée distinguait les cris de ce chien des hurlements du reste de la meute ; il se figura que le Cafre soutenait une lutte terrible ; sa jalousie contre Congo n'était pas si enracinée dans son cœur qu'il se le figurait. Ses craintes pour la vie du Cafre lui prouvèrent que, sous cette rivalité constante qui les animait l'un contre l'autre, il y avait un fond de solide et sincère amitié, et il se mit à pleurer sur Congo en oubliant sa propre détresse.

Tout à coup, il lui sembla que la horde de chiens sauvages battait en retraite précipitamment. Il tendit l'oreille pour mieux entendre. La délivrance était-elle proche ?...

. . . .

Quand Hendrik, Hans et Wilhem étaient revenus au camp dans l'après-midi, ils avaient été fort étonnés de n'y trouver personne pour les recevoir. Plusieurs chacals s'étaient enfuis à leur approche, abandonnant la carcasse de l'antilope tuée par Arend, et qu'ils avaient consciencieusement nettoyée.

Le camp était donc abandonné depuis plusieurs heures. Il s'y était passé quelque chose d'anormal, et personne ne se trouvait là pour expliquer ce mystère !

« Qu'allons-nous faire ? demanda Wilhem après que tous eurent exprimé leur étonnement et leurs craintes.

— Attendre ici, répondit Hans. C'est le parti le plus sage. »

Mais, en jetant les yeux sur la plaine, ils aperçurent leurs chevaux de somme qui s'étaient écartés, sans doute lors de l'approche des chacals; Hendrik et Wilhem se mirent à leur poursuite. Il leur fallut une heure pour rassembler ces bêtes et les ramener vers le camp. Le chemin qu'ils suivaient au retour n'étant pas éloigné du gué, ils allèrent droit à la rivière, pour abreuver leurs montures. Comme ils approchaient de la berge, plusieurs chiens sauvages, réunis en groupe et aboyant à plein gosier, se dispersèrent et s'enfuirent dans la plaine.

Les cavaliers n'ajoutèrent pas d'importance à cet incident, et entrèrent dans la rivière pour y faire boire leurs chevaux. Hendrik crut entendre alors des sons étranges.

« Quels singuliers cris! dit-il à Wilhem.

— C'est un des chiens sauvages.

— Mais où est-il? »

Wilhem regarda autour de lui et finit par apercevoir une des deux fosses.

« C'est une trappe à éléphants où ce misérable chien est tombé. J'exècre ces vilaines bêtes; mais il serait cruel de laisser ce chien mourir de faim. Je vais lui envoyer une balle pour terminer d'un seul coup ses misères. »

Wilhem s'approcha de la fosse; il n'y aperçut que le chien empalé et, visant l'œil, il fit feu.

L'explosion de la longue carabine fut suivie de deux hurlements désespérés. Les deux prisonniers attestaient leur présence et protestaient contre l'envoi d'une seconde balle.

« Est-ce toi, Arend? T'aurais-je blessé, grand Dieu! s'écria Wilhem.

— Non, c'est Congo... pas blessé, mais heureux de vous revoir, baas Wilhem. »

Wilhem plongea dans la fosse la crosse de sa longue carabine qu'il tint solidement par le canon. Le Cafre s'en saisit et, grâce à la vigueur de son maître, il sortit vite de sa prison souterraine. Facetannée fut hissé tout aussitôt après. Les deux Africains, souillés de boue, se regardaient l'un l'autre piteusement; mais leur aspect était si grotesque qu'ils finirent par se donner en souriant une poignée de main.

« Où est Arend? leur demanda Wilhem qui restait fort inquiet au sujet de son frère.

— Je ne sais pas, répondit Congo. Il y a si longtemps que je suis enfermé dans cette cave! »

Congo n'en put dire davantage. Il restait ahuri, et

comme persuadé qu'il avait passé plusieurs jours dans les entrailles de la terre. Facetannée sut dire enfin qu'Arend était parti à la recherche d'un cheval égaré.

Le soleil baissait; on n'avait pas de temps à perdre en conjectures. Hendrik et Wilhem galopèrent dans la direction qu'Arend avait prise. Ils atteignaient à la limite du bois, à près d'un mille du camp. Ne sachant plus de quel côté prendre, Wilhem tira un coup de carabine. La détonation fut répercutée par l'écho, mais rien n'y répondit que les cris des vautours, le glapissement des babouins et le rugissement des lions.

« Qu'allons-nous faire, Wilhem? demanda Hendrik découragé.

— Retourner au camp pour y prendre Congo et Spoor'em et pousser plus loin nos recherches. »

Spoor'em était un grand limier espagnol, très rebelle à l'éducation régulière, mais ayant des qualités natives que Wilhem espérait utiliser dans cette enquête de nuit. Le soleil était couché, en effet, quand Wilhem et Hendrik se remirent en route, précédés de Congo, qui portait une torche, et de Spoor'em.

Ils suivirent les empreintes du cheval d'Arend dans la forêt, le long d'un sentier battu, que les fauves avaient sans doute pratiqué pour se rendre à la rivière. Après avoir marché un demi-mille, ils débouchèrent dans une clairière. De nombreux sentiers venaient y aboutir.

On retrouva là les empreintes du cheval, et le limier, qu'on avait jusqu'alors tenu en laisse, fut lancé sur cette piste.

Contre l'habitude des chiens de sa race, Spoor'em ne courut pas en avant; ses maîtres n'eurent aucune difficulté à le garder près d'eux, toujours en vue.

Le bruit d'une querelle entre les hôtes sauvages de la forêt parvint aux oreilles des chasseurs. Il n'y avait pas à s'y tromper; un lion et une troupe d'hyènes se disputaient quelque proie. Comme de juste, le lion était en possession incontestée de son butin, et les hyènes protestaient par leurs hideux ricanements.

La lune, qui venait de se lever, permit aux Boërs d'apercevoir le groupe des fauves. Une douzaine d'hyènes glapissaient autour d'un lion accroupi sur un animal de robe sombre qu'il déchirait de ses fortes dents.

« N'est-ce pas un cadavre de cheval? dit tout bas Hendrik pendant que les hyènes fuyaient à leur approche.

— J'en suis sûr, répondit Wilhem, je distingue la selle. C'est le cheval d'Arend. Qu'est devenu mon pauvre frère! »

Spoor'em qui s'avançait crânement, s'arrêta à quelques pas du lion. Là, il donna un coup de gueule menaçant, comme pour commander au félin d'abandonner son repas. Le lion se borna à grogner.

« Qu'allons-nous faire? demanda Wilhem. Le tuer ou l'obliger à déguerpir?

— Il est plus sûr de le tuer, nous ne pouvons pas laisser derrière nous un semblable ennemi, » répondit Hendrik.

Ils donnèrent leurs chevaux à garder au Cafre, et, gardant Spoor'em avec eux, ils s'avancèrent à découvert vers le lion.

Celui-ci les aperçut, interrompit son repas, et se rasa pour prendre son élan.

Les deux coups de fusil ne formèrent qu'une seule détonation, et les jeunes gens se jetèrent instinctivement de côté. Bien leur en prit; le lion fit un bond de vingt pieds et tomba lourdement entre les deux chasseurs. Il était mort.

Sans s'arrêter à contempler leur haut fait, Wilhem et Hendrik coururent au cadavre du cheval. C'était bien la monture d'Arend ; mais il n'y avait dans les environs aucun vestige du passage du cavalier. Rien ne témoignait que son sort eût été funeste.

« Tâchons de savoir, dit Hendrik, si le cheval a été tué ici-même, ou s'il y a été traîné par le lion. »

Congo examina le terrain et se déclara pour la première de ces deux hypothèses. Un examen minutieux fit reconnaître qu'une des jambes du cheval était prise dans le bridon.

Dès lors, le fait affirmé par le Cafre devenait assez explicable ; autrement, il aurait été difficile de comprendre comment un cheval avait pu se laisser atteindre en plaine.

« Tout est pour le mieux, dit Wilhem. Arend n'est pas venu ici avec son cheval. Il nous faut maintenant chercher l'endroit où il a mis pied à terre. Retournons sur nos pas et examinons la piste plus soigneusement.

— Baas Wilhem, dit Congo, si Spoor'em cherchait encore un peu par ici ? »

Cette proposition fut approuvée. Le Cafre poussa le chien devant lui et commença à décrire un grand cercle. Quand il fut arrivé à une partie de la plaine qu'on n'avait pas encore examinée, Congo s'arrêta et appela ses jeunes maîtres.

Les empreintes du cheval d'Arend, de nouveau visibles, s'écartaient de l'endroit où son cadavre avait été découvert et s'éloignaient du camp. Il devenait évident que l'animal avait une première fois dépassé le lieu où gisait son cadavre, qu'il avait alors perdu son cavalier, et qu'il revenait au camp lorsqu'il avait été assailli par le lion.

Spoor'em s'élança sur la nouvelle piste, suivi de près par Congo et les deux cavaliers.

CHAPITRE XIII

Les aventures d'Arend. — La délivrance de Macora. — L'hospitalité du chef Makalolo. — Dévouement de Smoke.

Arend, dont la disparition causait tant de recherches nocturnes, avait eu plus d'une aventure depuis qu'il avait quitté le camp à la recherche du cheval échappé.

Quand il s'était rapproché de l'animal indocile, celui-ci s'était sauvé plus loin. Pour éviter d'être repris, le cheval se jeta dans le bois et prit un sentier tracé par les fauves. Arend s'y engagea à sa suite, dans l'espoir de trouver plus loin une voie assez large pour lui permettre de dépasser l'animal et de le repousser dans la direction du camp.

Cet espoir parut sur le point d'être réalisé, lorsque le cheval quitta le sous-bois pour entrer dans une plaine que couvrait un tapis de bruyères blanches. Arend mit sa monture au galop afin de prendre l'avance ; mais le fugitif, qui gardait peut-être rancune à son bât de chargement, s'emporta jusqu'à une allure folle. Au centre de la plaine, il fit un écart presque à angle droit de sa première direction. Arend, qui s'étonnait de ce changement de front, en découvrit bientôt la cause dans la présence d'un rhinocéros noir qui traversait la plaine pour aller boire sans doute à la rivière.

Le cheval fugitif s'écarta de la voie suivie par le redoutable pachyderme, et il donna par là une leçon de prudence au jeune Boër; mais les bons exemples sont trop rarement suivis. Arend était officier dans la milice du Cap, c'est-à-dire qu'il était adroit à tous les exercices du corps. De plus, il se plaignait que la chance ne lui eût pas offert, dans la première expédition, des occasions de se distinguer; il aurait donc cru indigne de lui de fuir celle qui se présentait, et, quand le rhinocéros passa à portée, il le salua d'un coup de fusil.

Le rhinocéros, atteint par la balle, poussa un mugissement farouche et chargea le cavalier.

Arend enfonça ses éperons dans les flancs de son cheval, qui subit mal l'épreuve de cette rencontre avec le fauve; ses jambes tremblaient sous lui. Pourtant l'instinct du danger finit par assurer son allure; mais il ne pouvait qu'obéir à l'impulsion de son cavalier, qui oublia de lui imposer une manœuvre d'un succès infaillible. Il fallait s'écarter, se laisser dépasser par le rhinocéros, que sa mauvaise vue trompe facilement. Arend, au contraire, continua sa course en droite ligne, tout en rechargeant son fusil.

Tout à coup sa fuite fut arrêtée par un massif de ces buissons d'acacias auxquels leurs longues épines ont fait donner le nom d'*attends un peu*. Son cheval attendit, et si longtemps que le rhinocéros l'eut bientôt rejoint. Le cavalier n'avait ni le temps ni l'espace nécessaires pour faire volter sa monture à droite ou à gauche. Sa carabine était heureusement chargée, mais il n'était guère probable qu'il pût tuer le rhinocéros d'une seule balle; d'ailleurs les tremblements nerveux de son cheval devaient compromettre la justesse de son tir. Arend sauta donc à terre.

Cette manœuvre avait un double but : d'abord le coup d'œil du tireur allait être mieux assuré; ensuite, il n'était pas impossible que le rhinocéros s'acharnât après le cheval sans remarquer le cavalier. Mais le cheval prit des ailes dès qu'il se sentit libre, et il démasqua ainsi son maître.

Voyant venir sur lui l'énorme masse du pachyderme, Arend fit feu, puis se dirigea en courant vers un bouquet de bois assez voisin. Le rhinocéros galopait lourdement derrière lui. Arend entendait se rapprocher de plus en plus ses pas qui faisaient trembler le sol, et il lui semblait sentir sur ses épaules le souffle puissant du monstre.

L'unique chance de salut d'Arend était d'opérer un écart et de laisser passer le rhinocéros. C'est ce qu'il fit au moment même où l'animal baissait la tête pour le frapper.

Il prit ainsi une direction nouvelle, mais il lui fut impossible de conserver cette avance qu'il avait gagnée; le rhinocéros se remit en chasse avec une ardeur nouvelle, tandis que le chasseur sentait diminuer ses forces.

Arend aperçut par bonheur un énorme baobab abattu par quelque orage. L'arbre reposait d'un côté sur ses racines, de l'autre sur ses branches mutilées, et laissait entre son tronc et le sol un espace assez haut pour qu'un homme pût s'y glisser. Arend se jeta à plat ventre dans

XIII

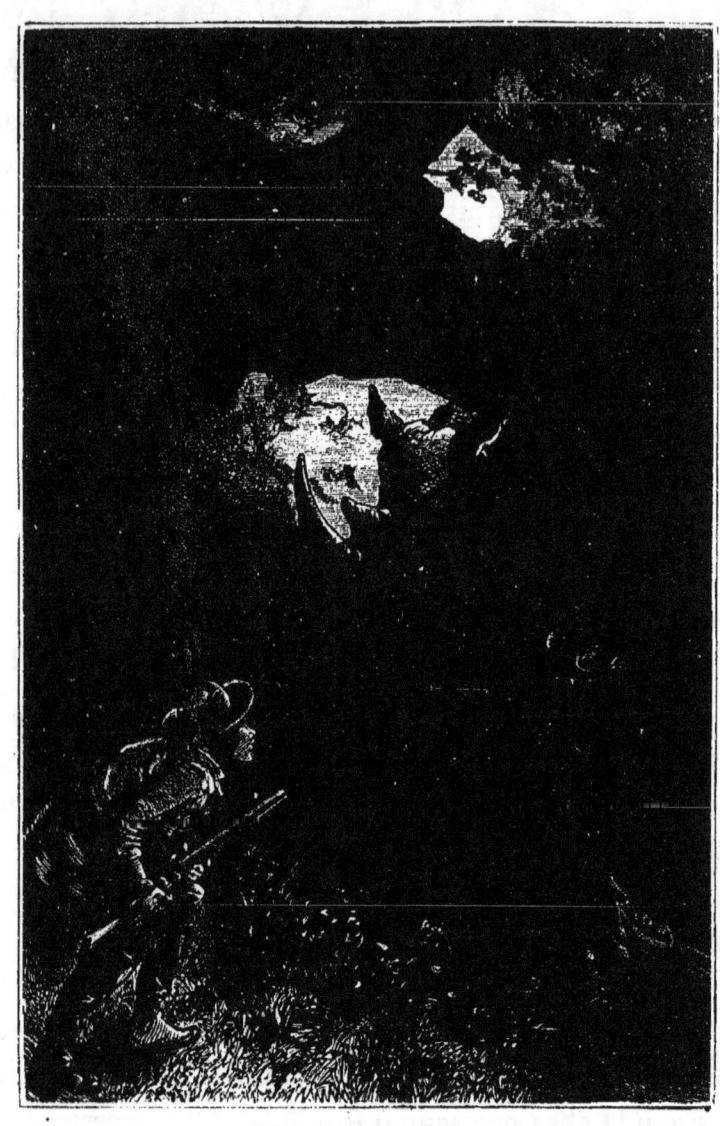

AREND ET LE RHINOCÉROS.

cet abri juste au moment où la corne du rhinocéros était sur le point de s'enfoncer entre ses deux épaules.

Le chasseur eut alors le temps de respirer, et il put même reprendre confiance. L'arbre déraciné pouvait le protéger efficacement; dans le cas où le rhinocéros l'irait chercher de l'autre côté du baobab, il n'aurait qu'à glisser en sens inverse pour se mettre encore hors d'atteinte. Cet espace, suffisant pour qu'il y pût manœuvrer, était inabordable à la masse énorme du rhinocéros. En rampant alternativement d'avant en arrière et d'arrière en avant, le chasseur devait être hors d'atteinte.

Ce fut ce qui arriva; le rhinocéros tourna autour de l'arbre, multipliant les attaques. Cet exercice dura plus d'une heure, et Arend n'eut guère le loisir de réfléchir pendant tout ce temps; il espérait que le monstre se lasserait à la fin de ces efforts inutiles. Quand il vit cependant que le différend s'éternisait, Arend voulut le terminer autrement, et il prit sa carabine qu'il avait laissée tomber pour se glisser sous l'arbre. Il se mit à la charger, et s'aperçut que la baguette manquait; il l'avait abandonnée dans la plaine au moment de la seconde approche du rhinocéros. C'était un contretemps regrettable, et Arend dut se borner à continuer sa manœuvre sous le baobab.

Le rhinocéros finit par donner des signes de lassitude; mais sa rancune restait aussi vivace; il ne songea pas à s'enfuir; il se coucha dans une position qui lui permettait de voir les deux côtés du baobab, prêt à s'élancer si l'assiégé tentait d'opérer une sortie.

Le soleil s'était couché depuis de longues heures; la lune montait dans le ciel, et rien n'était changé au blocus qu'Arend subissait. Le chasseur s'était flatté que la faim aurait tôt ou tard raison de l'entêtement de l'assiégeant ; il s'était trompé. Le rhinocéros n'avait faim et soif que de vengeance. Sa colère était aussi violente qu'au moment où il avait été frappé par les balles du chasseur dont il épiait les moindres mouvements.

Arend eut peur de s'endormir, tant il était las de corps et d'esprit. Il ne fallait pas s'abandonner à une défaillance, mais au contraire chercher le moyen de sortir d'embarras. Il se creusa la tête pour trouver ce moyen, et, pendant longtemps, son cerveau épuisé ne lui en fournit aucun. Enfin, il lui vint une idée : il était impossible de charger à balle la carabine ; mais, le rhinocéros étant si près, une forte charge de poudre qui lui serait envoyée dans les yeux, pouvait l'aveugler, le stupéfier tout au moins pendant les quelques minutes nécessaires à une évasion.

Arend versa dans sa carabine une double charge de poudre, et, pour l'y maintenir jusqu'au moment favorable, il introduisit dans le canon de l'arme un tampon d'herbes sèches. Quand le rhinocéros lui présenta un de ses petits yeux narquois, Arend fit feu, la bouche du canon à deux pieds de la tête de l'animal.

Le rhinocéros poussa un mugissement effroyable, et, se précipitant sur le baobab, il employa toute sa force pour briser ou écarter l'arbre.

« Encore une décharge, pensa Arend, et je pourrai partir, puisqu'il sera tout à fait aveugle. »

Au moment où il allait verser dans sa carabine une autre charge de poudre, il s'aperçut que la bourre d'herbes, enflammée, avait communiqué sa flamme aux feuilles sèches qui formaient sur le sol un tapis épais. De petites langues de feu couraient de tous côtés, et leur crépitement joyeux gagnait la retraite de l'assiégé. La place n'était plus tenable; encore quelques minutes, et le boabab allait être entouré de flammes; il était temps de fuir.

Arend glissa de l'autre côté de l'arbre, sauta sur ses pieds et détala. Contre son espoir, il fut poursuivi. Guidé par la finesse de son ouïe ou par l'œil qui lui restait, le rhinocéros courait d'une vitesse qui devait lui faire atteindre bientôt le chasseur. Arend ne fut pas loin de désespérer. Il sentait sa mort imminente; mais il voulait lutter jusqu'au bout de ses forces, courir jusqu'à ce que la respiration lui manquât. L'épuisement le gagnait, et il avait déjà trébuché deux ou trois fois quand il entendit l'aboiement d'un chien, puis une voix qui criait :

« Par ici, baas Wilhem, voilà quelqu'un qui nous arrive. »

Presque aussitôt, Arend vit qu'il n'avait plus rien à redouter. Spoor'em sautait autour du rhinocéros qui s'épuisait à suivre de sa lourde masse les évolutions rapides de ce nouvel adversaire. Wilhem et Hendrik, qui arrivèrent, ne laissèrent pas languir la lutte; le rhinocéros, frappé au bon endroit par le gros roër de Wilhem, se coucha sur ses genoux pour ne plus se relever.

Les trois jeunes gens se firent un accueil aussi attendri que s'ils se fussent revus après une longue absence.

« Que signifie cette dernière scène de tragédie, mon cher Arend? dit ensuite Hendrik. Cette brute t'a-t-elle poursuivi depuis que tu as quitté le camp?

— A peu près; il y a bien douze heures qu'elle m'honore de sa compagnie. Je l'en aurais volontiers dispensée plus tôt.

— Et combien de temps la chasse aurait-elle pu durer encore?

— Sans votre arrivée comme sauveurs?... Mais dix secondes tout au plus, répondit sérieusement Arend.

— Eh bien! reprit Hendrik, fort peu de chasseurs pourraient se flatter de tenir bon en face d'un rhinocéros pendant douze heures et dix secondes. Je te félicite, Arend. »

Wilhem ne pouvait pas épancher sa joie en folles paroles, tellement il était ému ; il ne redevint un peu maître de lui qu'au moment où l'on fut arrivé près du cadavre du lion. Il fallait bien faire une halte pour ramasser la selle et la bride d'Arend.

Wilhem proposa de s'arrêter à cet endroit jusqu'au matin, parce qu'en prenant par le sentier étroit qui débouchait dans la plaine, on courait le risque de rencontrer des fauves. C'était bien assez chasser pour une nuit que d'avoir tué un lion et un rhinocéros.

« J'en conviens, dit Arend, mais j'ai deux bonnes raisons pour aller tout de suite au camp, malgré le désagrément des rencontres nocturnes. D'abord, je n'ai rien mangé depuis douze heures, et j'ai bien gagné une grillade de l'antilope que j'ai tuée ce matin.

— Moi aussi, répondit Hendrik ; mais des convives indiscrets nous ont épargné les frais de cuisine. Les chacals sont venus au camp.

— Congo et Facetannée n'ont donc pas su les en chasser? »

Hendrik raconta la comique aventure des fosses jumelles où leurs deux serviteurs avaient été engloutis, et, après avoir ri de ce récit, Arend fit celui de sa chasse au rhinocéros, et il ne put s'empêcher d'ajouter en résumant les faits de la journée :

« Ce début de notre expédition n'est pas engageant.

— Et quelle est ta seconde raison pour retourner au camp ? lui demanda Hendrik.

— Je veux rassurer ce pauvre Hans qui doit être dans une inquiétude mortelle à notre sujet. Vous l'oubliez en parlant de passer la nuit ici.

— C'est vrai. Partons ! » dirent à la fois Hendrik et Wilhem.

On plaça la selle et la bride du cheval mort sur les épaules de Congo, et l'on se dirigea vers le camp. Les chasseurs eurent là bonne chance d'éviter une nouvelle rencontre des fauves, et ils arrivèrent tard dans la nuit auprès de Hans que ses inquiétudes torturaient, ainsi qu'Arend l'avait deviné.

Il fut résolu, dès le lendemain matin, qu'on transporterait le camp en aval du gué, puisqu'on n'avait rencontré en amont ni éléphants ni girafes. Le gué était à peine dépassé que Wilhem, suivi de Congo, se trouvait à près d'un mille en avant de ses compagnons. Il voulait s'emparer de tout gibier valant une charge de poudre avant que la caravane eût effarouché sur son passage les hôtes sylvestres de ces régions. La nécessité de fournir le garde-manger était urgente.

Sur sa route, Wilhem rencontra de beaux arbres, entre autres de superbes pandanus couverts de plantes parasites qui leur donnaient l'aspect de hautes tours. Sous l'un de ces arbres, il aperçut, à une distance de trois cents mètres, un buffle femelle avec son veau.

Le soleil était bas sur l'horizon ; le moment du souper approchait ; Wilhem espéra régaler les hommes et les chiens de l'expédition en se procurant un rôti de jeune buffle. Dans ce but, il gagna le dessous du vent, après avoir défendu à Congo de le suivre, et il s'avança sous le couvert de quelques buissons. Il voulait surprendre la vache, la tuer d'un seul coup, sachant que nul animal ne défend son petit avec plus d'intrépidité.

Dès qu'il fut à portée, Wilhem visa le défaut de l'épaule et fit feu. A son grand désappointement, l'animal ne tomba pas et ne prit même pas la fuite. Le buffle regarda simplement de tous côtés pour chercher la cause de ce bruit détonant.

« J'aurais aussi bien fait de viser l'arbre que le buffle, pensa Wilhem; ils sont aussi inertes l'un que l'autre; mais comment cet animal ne songe-t-il pas à mettre son petit en sûreté pour peu que je l'aie atteint ou seulement effrayé? Voici un fait nouveau pour moi dans les mœurs des buffles. Il faut voir de plus près ce qu'il signifie. »

Wilhem se dirigea vers le pandanus, et il était tout près du buffle sans que celui-ci eût bougé, lorsque l'animal chargea tout à coup le chasseur. Une seconde balle entre les deux yeux l'arrêta dans cet élan; le buffle s'affaissa sur les genoux et mourut ainsi accroupi et non pas sur le flanc, comme font tant d'autres quadrupèdes. Une autre balle coucha le veau à côté de sa mère.

Congo, survenu en ce moment, découvrit que le veau avait déjà une jambe cassée, ce qui expliquait les beuglements lamentables que le chasseur avait entendus en s'approchant. Il devint clair que la sollicitude maternelle avait retenu le buffle auprès de son petit, incapable de courir.

Pendant que Wilhem rechargeait sa carabine, il entendit un bruissement dans le réseau de plantes parasites qui couvrait le pandanus. Quelque chose s'agitait dans les branches.

« Garde à nous! » s'écria Wilhem en faisant signe à

Congo de se rejeter en arrière, et s'éloignant lui-même d'une douzaine de pas pour prendre champ et se mettre en mesure de recevoir l'attaque possible. Arrivé à cette distance, il se retourna d'autant plus vite qu'il avait entendu tomber à terre l'objet qui s'était agité dans les branches du pandanus.

Il vit debout au pied de l'arbre un indigène de haute taille, d'une quarantaine d'années, aux traits intelligents et bien dessinés. Ce n'était pas un nègre, quoique son teint fût basané, et ses cheveux ressemblaient à ceux des Européens plus qu'à la toison crépue des races d'Afrique.

Wilhem fit ces remarques en quelques secondes. L'indigène ne lui laissa pas le temps d'un plus long examen; il se précipita vers la rivière avec une rapidité que Wilhem attribua à de la frayeur. Congo devina plus vite le motif de cette fuite précipitée.

« Il veut de l'eau! il meurt de soif, dit le Cafre. Qui sait depuis combien de temps le buffle le retenait prisonnier dans l'arbre pour avoir cassé la jambe à son petit. »

En effet, l'indigène se jetait à plat ventre au bord de la rivière et se mettait à boire, un peu à la façon des chiens, mais avec une avidité qu'il n'arrivait pas à rassasier.

La détonation de la carabine avait été entendue du reste de la caravane. Arend et Hendrik poussèrent une pointe en avant, après avoir laissé la garde des chevaux de bât au naturaliste et à Facetannée. Ils arrivèrent juste au moment où l'indigène, après s'être désaltéré, revenait au pied du pandanus où étaient restés Wilhem et Congo.

Sans daigner s'inquiéter des nouveaux venus, l'Africain se dirigea vers Wilhem et se mit à lui parler dans son idiôme, en gardant la dignité sérieuse naturelle aux demi-barbares. Sa reconnaissance lui imposait sans doute le devoir de présenter ses remerciements, qu'ils fussent ou non compris.

« L'entends-tu? demanda Wilhem à Congo.

— Oui, baas Wilhem. Il dit qu'il vous doit la vie et qu'il vous offre ses services.

— C'est peut-être plus qu'il n'a envie de tenir, dit Hendrik d'un ton railleur. Si ses services valent quelque chose, après tout, j'ose croire que Wilhem ne les accaparera point à lui tout seul. »

Hans et Facetannée arrivant alors, on établit le camp pour la nuit dans le voisinage. Pendant que le Boschiman veillait aux détails de l'installation et du souper, les jeunes gens, que Congo assistait en qualité d'interprète, entraient en communication avec leur hôte.

L'Africain était un chef et se nommait Macora. Sa tribu appartenait à la nation des Makalolos; elle vivait indépendante dans un village peu éloigné du campement des chasseurs. La veille, Macora remontait la rivière dans un canot avec trois de ses hommes pour chercher la plante dont le suc sert à empoisonner les flèches. En passant sur un bas-fond, ils avaient tenté de tuer un hippopotame qui se promenait dans le lit de la rivière, mais le monstre avait fait chavirer le canot. Macora s'était sauvé à la nage, perdant un fusil qui lui avait coûté huit défenses d'éléphant. Depuis, il n'avait eu aucune nouvelle de ses compagnons qui s'étaient noyés sans doute. Près de la berge, Macora avait rencontré une troupe de buffles allant à l'abreuvoir et que son approche fit fuir. Dans la précipitation que ces animaux mettaient à prendre champ, un jeune veau fut renversé et blessé grièvement. Sa mère resta près de sa progéniture, et, apercevant Macora, elle le chargea pour le punir d'avoir causé ce malheur. Macora s'était enfui vers l'arbre le plus voisin, et il ne l'avait atteint que juste à temps pour éviter le choc du buffle. Le veau se traîna jusqu'au pandanus, et s'étendit à terre, ne pouvant faire un pas de plus. Voilà comment l'Africain avait été retenu prisonnier dans son arbre. Il termina son récit en invitant les chasseurs à le suivre le lendemain dans son kraal, où il serait heureux d'être leur hôte.

Les jeunes gens acceptèrent avec plaisir cette proposition.

« Sa narration, dit Wilhem, m'a surtout été agréable pour l'incident de l'hippopotame. Il s'en trouve donc dans ces parages. Congo, demande-lui si ces vaches marines y sont en grand nombre. »

Macora répondit qu'à une journée de marche en aval, on trouvait une lagune traversée par un cours d'eau et fréquentée par des quantités d'hippopotames. Ils y foisonnaient comme les étoiles au ciel.

« Maintenant, Congo, parle-lui des girafes. »

Macora ne pensait pas que les chasseurs eussent chance d'en rencontrer dans cette vallée du Limpopo. Celles qu'on y voyait de loin en loin devaient être considérées comme des animaux errant au hasard d'une fuite.

« Demande-lui, poursuivit Wilhem, s'il sait où nous pourrions en rencontrer par troupes. »

Macora paya cette question d'une réponse qui ne parut qu'un bavardage sur ses affaires personnelles : son pays natal, situé très loin au nord-ouest, était gouverné despotiquement par le grand roi zoulou, Mosélékatsé, qui exerçait des exactions iniques sur les chefs des environs. Macora avait perdu, dans des circonstances mystérieuses, l'estime de Sékéléton et de plusieurs autres chefs de la nation des Makalolos à laquelle il appartenait; il avait donc été obligé d'émigrer loin de sa patrie.

« Je ne lui demande pas un mot de son histoire à lui, s'écria Wilhem, que les débats des Makalolos et des Zoulous n'intéressaient point. Congo, ramène-le à la question des girafes. »

Macora prouva que sa digression n'était pas aussi oiseuse qu'elle le paraissait. Il n'avait parlé de son pays natal que pour prouver qu'il avait longtemps chassé la girafe, dont c'est le territoire préféré.

La conversation fut interrompue par Facetannée qui venait annoncer le souper. Il plaça devant ses jeunes maîtres un rôti de buffle d'une dizaine de livres. L'Africain, qui n'avait fait jusque-là aucune allusion à la faim qui le tourmentait, tâcha d'abord de se montrer réservé ; mais, quand il eut rappelé aux chasseurs qu'il n'avait rien mangé depuis près de vingt-quatre heures, il se crut excusé de sa voracité et engloutit, à lui seul, plus du quart de la montagne de viande préparée pour le souper.

Chacun s'étendit ensuite autour du feu, et la nuit s'écoula paisiblement. Le premier rayon du soleil éveilla les dormeurs ; mais un des dormeurs avait été plus matinal que l'aube et avait quitté le camp.

« Holà ! Facetannée, Congo ! dit Arend, qui s'aperçut le premier de la disparition de l'Africain, voyez s'il ne nous manque pas de chevaux ; il est possible que nous ayons été amusés d'un conte narquois, et volés par-dessus le marché, ce qui serait pire.

— Par qui donc ? demanda Wilhem.

— Par ton ami, le grand chef exilé. Plaise à Dieu qu'il ne nous ait dérobé que sa personne !

— Ton soupçon lui fait tort, s'écria Wilhem avec une chaleur inaccoutumée ; je ne m'explique pas son départ, mais je crois à son honnêteté. Il ne nous a pas bernés par ses récits. Il a toute l'apparence d'un chef.

— Bah! fit Hendrik. Tout indigène est chef, ne possédât-il que sa famille. Mais sa façon de prendre congé justifie tous les soupçons. »

Facetannée avait constaté, pendant ce temps, qu'il ne manquait ni un cheval ni un fusil; mais il avait peine à croire qu'un individu parlant la langue zoulou fût honnête; il cherchait donc dans les bagages, poussant des exclamations à chaque objet qu'il trouvait à sa place. Rien ne manquait à l'appel, et le Boschiman se déclarait mystifié.

Après le déjeuner, on se remit en route en suivant toujours la berge de la rivière. Au bout de trois heures de marche, la caravane atteignit une région où le séjour de l'homme devint manifeste. De petits palmiers avaient été abattus à coups de hache, dont les traces étaient visibles sur les souches restées en place. Plus loin, on rencontra des champs cultivés.

« Voyez! s'écria Arend qui faisait l'office d'éclaireur, voici une troupe d'indigènes se dirigeant vers nous. »

Une cinquantaine d'individus s'approchaient en effet.

« Ces gens ont peut-être de mauvaises intentions, dit Hans.

— Et pourquoi? fit Hendrik. Nous leur sommes inconnus; ils n'ont pas de motifs pour nous traiter en ennemis. Quoi qu'il en soit, nous ne pouvons les éviter. Le mieux est donc d'aller à leur rencontre. »

Les distances se rapprochaient, et les chasseurs distinguèrent, à la tête de la troupe indigène et monté sur un bœuf, un homme dans lequel ils reconnurent Macora.

« Je t'ai invité à visiter mon kraal avec tes compagnons, dit-il à Wilhem. Je t'ai quitté ce matin pour venir et préparer une réception digne de ce que je te dois. Quelques-uns de mes sujets m'ont accompagné pour te souhaiter la bienvenue. »

Le cortège se mêla à la caravane et se dirigea vers le village africain.

Cent cinquante femmes environ étaient groupées à l'entrée du kraal. Dès que le cortège fut en vue, elles entonnèrent un chœur fait de modulations douces et traînantes.

Les maisons du kraal, construites comme des palissades, étaient formées de rangées perpendiculaires de poutres entrelacées d'herbes et de roseaux ; leur toit plat était en boue durcie.

Les chasseurs furent conduits dans un grand hangar situé au centre du village, et les indigènes, empressés à les servir, menèrent leurs chevaux au pâturage.

On offrit aux hôtes du chef un repas plantureux composé d'antilope rôtie, d'étuvées de chair d'hippopotame et de buffle, de poisson cuit au four, de grains de maïs grillé, de miel sauvage, de compotes de courge et d'excellent lait. On les servit avec un empressement courtois qui s'étendit jusqu'à Congo et à Facetannée. Jamais ceux-ci n'avaient été traités avec cette distinction. Les chiens des chasseurs eux-mêmes prirent à la fête une part proportionnée à leur appétit.

Après ce festin, Macora fit savoir à ses hôtes qu'il allait leur offrir un divertissement, et, afin qu'ils prissent plus de goût au spectacle, il leur fit le récit des circonstances qui lui permettaient de les régaler de cette cérémonie.

Après la destruction du canot par l'hippopotame, les trois rameurs de Macoro avaient réussi à se sauver et à regagner le village. La tribu entière s'était mise à la recherche du chef, et, ne l'ayant pas trouvé, s'était figuré que Macora s'était noyé. Tout aussitôt un des membres influents de la tribu, nommé Sindo, s'était proclamé chef de sa propre autorité. Lorsque Macora était revenu au matin, l'usurpateur dormait encore ; sa case avait été cernée ; on l'avait garrotté, et Macora allait donner à ses amis blancs le spectacle de la mort de Sindo.

En dépit de leurs répugnances, les chasseurs durent suivre Macoro hors du village, et se diriger vers l'arbre auquel on avait attaché Sindo. Toute la population du kraal se pressait dans les environs. Le prisonnier était un homme de bonne mine, dans la force de l'âge.

« Ne pourrait-on pas le sauver ? demanda Hans à Wilhem. Ce serait le cas d'essayer ton influence sur le chef.

— C'est ce que je pensais, répondit Wilhem. Nous ne pouvons pas assister sans protester à ce trait de justice expéditive, et c'est le cas d'essayer le pouvoir de la persuasion sur ces intelligences incultes. »

L'usurpateur devait être fusillé avec son propre fusil. Le bourreau prenait déjà son poste, car on n'attendait que la présence des blancs pour procéder à l'exécution, lorsque Wilhem intercéda pour le prisonnier. Il fit observer à Macora qu'on l'avait cru mort, qu'il avait bien fallu que quelqu'un lui succédât. Sindo n'aurait mérité un châtiment qu'au cas où il aurait prétendu s'emparer du pouvoir au détriment de son chef légitime ; mais ce n'était pas ainsi que les choses s'étaient passées. On ne pouvait blâmer Sindo d'avoir aspiré à continuer le sage gouvernement de son prédécesseur. Wilhem s'appesantit sur ces raisonnements afin d'en bien pénétrer l'esprit de Macora, et, comme péroraison de son discours, il offrit au chef, en échange de la vie de Sindo, un bon fusil pour remplacer celui qui avait coulé à fond dans le Limpopo.

Macora resta quelque temps silencieux ; puis il répondit qu'il n'aurait jamais de sécurité tant que l'usurpateur résiderait dans le kraal.

« Exilez-le », lui dit Wilhem.

Macora hésita encore ; il finit par céder, en ajoutant que c'était seulement par reconnaissance envers le grand chasseur blanc, et non pour gagner le fusil qui lui était promis.

Tous les sujets de Macora, y compris le condamné, se montrèrent fort surpris de cette indulgence sans exemple dans les mœurs africaines. Sindo partit à l'instant, suivi de sa famille et de ses bestiaux, à la recherche d'une tribu qui voulût bien le recevoir.

Dans la soirée, Macora donna à ses hôtes un divertissement de danses et de chant, qu'accompagnaient un tambour et un violon africain à une seule corde. Il fut décidé avant de se séparer que les chasseurs seraient conduits le lendemain à la lagune que fréquentaient les hippopotames.

Dès l'aube suivante, on partit en chasse. Macora et quatre de ses hommes servaient de guides. Cinquante autres indigènes suivaient en qualité de rabatteurs. Les jeunes Boërs ne laissèrent rien de leur bagage au kraal ; ils avaient l'intention de pousser plus loin sans y revenir, malgré les instances courtoises de Macora.

La caravane traversa, sur une étendue d'un mille, les champs de maïs de la tribu, et les Boërs s'étonnèrent de tels indices de civilisation si loin de la colonie du Cap.

A cinq milles du village, ils atteignirent une prairie couverte d'une herbe touffue, et les indigènes s'occupèrent, sur les ordres de Macora, à construire un kraal, c'est-à-dire un enclos palissadé, destiné à protéger le campement. On voyait des antilopes au loin, dans la plaine; Arend et Hendrik se dirigèrent de ce côté, afin de chercher les éléments du dîner pour toute la troupe.

Wilhem préféra gagner le bois voisin où on lui faisait espérer la rencontre d'un plus gros gibier, et il y fut suivi par Macora et quatre indigènes. La petite troupe aborda le couvert par un sentier marécageux; à peine était-on sous bois que Wilhem aperçut une nouvelle espèce d'antilopes qui broutaient à trois cents mètres sans s'inquiéter de l'apparition d'êtres humains. Wilhem en augura qu'elles n'avaient jamais été chassées au fusil, et, jugeant ces innocentes créatures indignes d'un coup de son roër, il passa outre sans les troubler.

Bientôt on aperçut des empreintes d'hippopotame qui partaient de la rivière et se dirigeaient vers les clairières de la forêt. Contrairement aux habitudes de leur espèce, ces animaux venaient donc paître dans la journée; cette dérogation aux mœurs défiantes de leurs congénères prouvait qu'ils n'avaient jamais été inquiétés jusqu'alors.

Wilhem résolut de commencer la chasse à l'instant; mais il n'y avait pas un seul hippopotame visible aux environs. Les chasseurs ne découvrirent que deux buffles couchés à l'ombre d'un bosquet. Wilhem voulut les honorer de son coup de fusil; peut-être aussi n'était-il pas fâché de démontrer son habileté à son nouvel ami et à ses hommes. Il laissa à ces derniers son cheval et ses trois chiens et partit seul pour aller chasser les deux buffles.

Wilhem prit le dessous du vent et tâcha de se placer entre la forêt et son gibier, pour empêcher les buffles d'aller se cacher dans le taillis. Lorsqu'il se crut à un bon poste, il appela ses chiens dont l'approche devait faire lever les buffles qu'il espérait tirer au passage. Il donnait à peine ce signal, lorsqu'il entendit la détonation du fusil de Macora et de grands cris poussés par les indigènes qu'il aperçut courant de côté et d'autre d'un air effaré, et laissant fuir son propre cheval. Le bœuf sur lequel le chef était monté s'éloignait aussi, en proie à une panique extraordinaire; quant aux trois chiens, ils accouraient vers leur maître, poursuivis par le fauve qui causait cet émoi général.

Les buffles détalaient vers la forêt, ils passèrent à cinquante pas de Wilhem ; mais le jeune chasseur n'y prit pas garde ; il avait devant lui un gibier plus rare et plus glorieux à vaincre.

C'était un léopard femelle qui poursuivait les chiens ; le fauve n'avait pu encore les atteindre, son allure par bonds successifs lui faisant perdre du temps entre les élans qu'il devait fournir. En apercevant le chasseur, le léopard s'arrêta court, se rasa sur le sol et s'avança en rampant. Sa tête dressée cachait presque son corps, et ses yeux clairs dardaient leur féroce menace au visage du jeune chasseur.

Quand le léopard fut à une dizaine de pas, Wilhem visa son museau et fit feu. Le coup porta. Le léopard tourna deux ou trois fois sur lui-même d'une allure égarée ; il avait la mâchoire brisée et concentrait son énergie à surmonter la douleur. Tout à coup il songea à la vengeance et s'élança sur Wilhem, qui s'était éloigné d'une cinquantaine de pas pour recharger son arme.

Wilhem venait à peine de glisser la balle dans le canon lorsque le félin arriva sur lui ; il n'avait plus le temps de retirer la baguette et de placer la capsule. Il ne put que saisir sa carabine pour se servir de la crosse comme d'une massue. Mais un de ses fidèles chiens vint à son secours dans ce moment critique. Un grand bouledogue, nommé Smoke, ne s'était pas enfui comme les autres ; il saisit le léopard par une de ses pattes de derrière au moment où le fauve se ramassait pour un dernier élan. Wilhem ne perdit pas une seconde ; il arma son roër et l'amorça ; malgré la rapidité de ces deux mouvements, au moment où il épaula son arme, le pauvre Smoke gisait agonisant sur l'herbe et le léopard s'élançait, les griffes en avant.

Quand la fumée du coup se fut dissipée, le léopard était étendu sur l'herbe non loin du chien blessé, et il s'agitait dans les dernières convulsions de la mort.

Macora et les indigènes rejoignirent l'heureux chasseur. Le chef était confus d'avoir abandonné son ami blanc dans un si pressant danger ; il essaya de lui faire comprendre l'impossibilité où il avait été d'accourir, en lui montrant son bœuf échappé à plus d'un demi-mille.

L'attitude des indigènes témoignait de leur admiration pour la prouesse du chasseur blanc ; ils se mirent à dépouiller le léopard avec dextérité.

Pendant ce temps, Wilhem alla caresser le pauvre Smoke qui râlait encore, et constater s'il y avait moyen de le sauver. Le chien avait les reins brisés et d'autres blessures non moins graves ; il avait sauvé la vie de son maître, mais en sacrifiant la sienne. Wilhem fut ému des regards que lui adressait la bête agonisante, et des souffrances inouïes qui faisaient tressaillir son corps ensanglanté.

En se redressant, le jeune Boër remarqua que Macora avait rechargé son fusil ; il lui montra du doigt la tête du chien, puis son arme, et s'éloigna après avoir reçu du chef un signe d'assentiment.

Wilhem allait en quête de son cheval, mais il ne pensait qu'au pauvre Smoke, et il avait les yeux pleins de grosses larmes.

CHAPITRE XIV

Chasse à l'hippopotame. — Un festin indigène. — La reconnaissance de Macora. — Lutte de vitesse. — Bloqués par un éléphant.

A leur retour au camp, Wilhem et Macora virent qu'Hendrik et Arend avaient fait bonne chasse, et que les indigènes avaient mis le temps à profit. La chair de deux antilopes grillait au foyer, tandis que des morceaux de réserve pour le lendemain étaient appendus à un arbre. D'autre part la construction du kraal avançait rapidement. Macora ne voulut accepter pour ses gens qu'un peu de café, une bouteille d'eau-de-vie et quelques paquets de tabac. Il prit congé de ses amis blancs après les avoir vus bien établis dans leur camp, et il leur laissa trois de ses sujets auxquels il ordonna d'obéir aux Boërs comme à lui-même.

Cette augmentation du personnel de service déplut à Facetannée qui était obligé de recourir à Congo pour communiquer avec ces hommes. Le Cafre avait des gens au-dessous de lui, qui recevaient ses instructions. C'était une supériorité blessante pour le Boschiman.

« Hendrik, dit Arend le lendemain matin, ne penses-tu pas faire quelque chose aujourd'hui ? Wilhem a eu la chance d'ouvrir glorieusement la chasse ; il faudrait voir si le hasard veut nous favoriser à notre tour. »

Ce fut dans ces bonnes dispositions que les jeunes Boërs se dirigèrent vers la lagune qu'on leur avait désignée comme le séjour favori des hippopotames. Dès qu'ils en atteignirent les rives, leurs oreilles furent frappées d'un bruit étrange provenant de deux masses noires apparaissant à fleur d'eau. C'étaient les têtes de deux hippopotames. Les amphibies nageaient vers le bord en poussant des cris qui ne rappelaient aux chasseurs aucune clameur à eux connue.

Tirer sur eux eût été gaspiller des munitions en pure perte, les yeux et le museau se montrant seuls hors de l'eau. D'ailleurs les hippopotames renoncèrent d'eux-mêmes à toucher terre, et ils furent bientôt hors de portée.

Un peu plus loin, les Boërs aperçurent trois de ces animaux qui broutaient dans la plaine.

« Plaçons-nous entre eux et la rivière pour leur couper la seule retraite qu'ils puissent avoir, » dit Wilhem.

L'instinct de ces colosses ne les porte pas à fuir l'ennemi ; ils vont à l'eau, sans se détourner pour aucun obstacle. A la première alarme, les trois hippopotames coururent donc en droite ligne à la lagune, d'un pas plus rapide qu'on ne l'eût attendu de leur structure massive.

Les chasseurs furent obligés de s'écarter de leur passage pour ne pas s'exposer à être foulés aux pieds. Hans et Wilhem, qui étaient voisins, firent feu sur un hippopotame dès que celui-ci leur présenta le flanc; Hendrik et Arend en visaient un autre en même temps.

Les énormes amphibies continuèrent à trotter vers la rivière; l'animal touché par Hans et Wilhem trébucha sur la berge et tomba sur le flanc. Après quelques efforts inutiles pour se relever, il s'affaissa, et sa masse fut agitée de tremblements convulsifs que raidit enfin l'immobilité de la mort. Ses deux compagnons plongèrent dans l'eau, laissant Arend et Hendrik fort vexés de leur maladresse.

L'hippopotame tué était un mâle adulte, porteur de dents et de défenses magnifiques. Il avait seize pieds de long et quinze de circonférence.

Encouragés par ce premier succès, les chasseurs poussèrent plus loin dans la plaine, et il rencontrèrent un petit étang dans lequel barbotaient sept hippopotames. Quelques autres paissaient sur un terrain marécageux du voisinage. Ceux qui se baignaient étaient à la merci des chasseurs, l'eau n'étant pas assez profonde pour les protéger. Il n'y avait qu'à viser. Pendant plus d'une demi-heure, les jeunes gens ne firent que charger et décharger leurs carabines. Puis ils laissèrent là leur gibier mort et revinrent au kraal. En route, le naturaliste, questionné par ses compagnons, leur communiqua quelques notions historiques et zoologiques sur l'hippopotame.

« Il était connu dès les temps antiques, dit-il. Hérodote, Aristote et Pline ont donné de lui des descriptions plus ou moins justes. Le *cheval de rivière*, la *vache marine* figuraient dans les cirques de Rome et de Constantinople. Ensuite, le souvenir s'en perdit en Europe pour quelques siècles. Les débordements des barbares avaient rompu les fils de bien d'autres traditions! La science moderne a conservé à cet amphibie le nom très peu justifié que lui avaient donné les naturalistes grecs; vous avez vu qu'il n'y a pas d'animal ressemblant moins à un cheval.

— Tu as des systèmes, mon cher Hans, dit Hendrik, sur l'utilité de chaque espèce d'êtres. Sais-tu quelle est celle des hippopotames? Je ne suppose pas qu'ils aient été créés dans le simple but de fournir à l'homme un ivoire plus pur que celui de l'éléphant.

— On suppose, répondit le naturaliste, que l'hippopotame est l'agent de drainage des rivières africaines. Il déracine et détruit les grands végétaux aquatiques; il maintient ainsi le courant des fleuves en le débarrassant de tout ce qui pourrait l'obstruer, et ce service-là n'est pas sans mérite. »

Les chasseurs arrivèrent au camp où ils trouvèrent Macora venu pour leur faire une visite de bon voisin; il leur amenait en présent une vache laitière, s'étant aperçu que ses amis blancs avaient du goût pour le laitage.

Hendrik s'était avisé de l'ombrage que portait à Face-tannée le grade d'interprète obtenu par Congo, et il trouva d'une bonne politique d'accorder en compensation une mission de confiance au Boschiman.

« C'est toi seul, lui dit-il, qui seras chargé des soins à donner à cette bonne laitière, plus précieuse qu'aucun de nos chevaux. Nous ne nous soucions pas d'en donner la garde à Congo, il est sujet à des étourderies fâcheuses. C'est en toi seul que nous avons confiance pour la sûreté de ce beau présent qu'on nous fait. »

Le Boschiman, relevé dans sa propre estime, ne bouda plus le Cafre et prit un air d'importance en rapport avec la faveur dont ses jeunes maîtres venaient de l'honorer.

Macora s'abandonna à de bruyants transports de joie quand il apprit que ses amis avaient tué huit hippopotames dans la matinée. Il expédia tout de suite à son village deux émissaires pour annoncer aux indigènes qu'ils pouvaient venir chercher autant de viande que chacun en pourrait souhaiter. Vers deux heures de l'après-midi, trois cents personnes de la tribu, hommes, femmes et enfants, arrivèrent au kraal, et demandèrent à être conduits près des hippopotames mis à leur disposition.

Wilhem craignit que cette foule bruyante ne chassât bien loin le gibier; toutefois, il dut renoncer à faire comprendre et respecter cet intérêt supérieur. Il se résigna même à guider la tribu. Il fut bientôt en selle, ainsi qu'Hendrik; tous deux se firent suivre de Congo et projetèrent une chasse de nuit sur la lagune. Hans, Arend et Facetannée devaient garder le kraal pendant ce temps.

On arriva auprès du premier hippopotame; une nuée de vautours et une troupe de chacals s'enfuirent à l'approche de cette grosse troupe. On laissa là quelques indigènes pour tenir en respect les bêtes carnassières.

Quand on eut atteint l'étang où gisaient morts les sept amphibies, Macora ordonna de haler les corps hors de l'eau; il avait fait apporter à cet effet de fortes courroies en cuir de rhinocéros. Grâce au peu de profondeur de l'eau et aux efforts combinés de cent cinquante indigènes vigoureux, ce travail difficile fut promptement accompli. On s'occupa de dépouiller et de dépecer ces énormes masses de viande, et les femmes allumèrent des feux pour le festin. Les indigènes eurent à travailler ainsi une partie de la nuit. La réserve de chair d'hippopotame qui ne pouvait être consommée immédiatement fut divisée en longues bandes qu'on devait boucaner (faire sécher au soleil). Quant aux dents, elles appartenaient sans conteste aux chasseurs.

Wilhem et Hendrik s'écartèrent un peu de la lagune pour chasser pendant la nuit. Ils n'eurent pas beaucoup de chemin à faire pour rencontrer des chacals et des hyènes attirés par l'odeur de la viande et qui se plaignaient dans leur langage de n'être pas admis au festin. Quelques coups de feu éloignèrent ces indiscrets.

Mais les chasseurs ne prétendaient pas user sur eux leurs munitions. Ils se dirigèrent vers l'endroit où ils avaient pour la première fois aperçu des hippopotames tout au matin. La nuit étant le temps que ces amphibies choisissent de préférence pour paître, les jeunes gens espéraient un nouveau succès.

A un demi-mille du lieu où la tribu de Macora festoyait, s'étendait une plaine qu'éclairaient les rayons de la lune. Dix ou quinze masses noires y vaguaient pesamment. Les chasseurs reconnurent des hippopotames, et ils s'en approchèrent sans les effrayer.

« Celui-ci me paraît le plus gros de tous, dit Wilhem en désignant un mâle énorme qui broutait à cent pas environ. Je le prends pour moi ; fais ton choix parmi les autres et tirons en même temps. »

Le monstre tomba sur le flanc et expira. Hendrik eut le dépit de voir l'amphibie sur lequel il avait tiré courir avec les autres vers la lagune ; mais en route, il vacilla sur ses jambes. Les cavaliers rejoignirent l'animal qui cherchait à s'affermir sur les jarrets ; une seconde balle l'acheva.

« Allons vers ce bouquet d'arbres, dit Hendrik à Wilhem, et restons-y cachés quelque temps pour voir si notre gibier finira par revenir au pâturage. »

La chance favorisait les chasseurs. Ils entendirent bientôt le souffle bruyant des amphibies venant respirer à la surface de l'eau ; puis ils les virent sortir l'un après l'autre de leur retraite liquide et se diriger vers leur affût.

La poudre parla si bien cette nuit-là que les jeunes Boërs purent se vanter le lendemain d'avoir tué quatorze hippopotames en vingt-quatre heures, ce qui est certes un merveilleux exploit cynégétique. Macora dit à ses amis blancs que c'était plus que sa tribu n'en avait abattu dans le cours des deux années précédentes.

Après quatre ou cinq semaines employées à chasser l'hippopotame, Willhem crut qu'il était temps de songer au but sérieux de l'expédition. On avait recueilli plus de sept cents livres de bel ivoire; on était blasé sur le plaisir de cette chasse qui tendait à se transformer en opération commerciale.

La proposition de Willhem fut accueillie de ses compagnons avec grand plaisir; mais Macora se montra fort troublé de cette annonce de départ. Après être resté quelque temps comme absorbé dans ses pensées, il dit aux chasseurs:

« Je ne puis vous laisser partir ainsi. Vous allez courir des dangers sans nombre dans mon pays natal. Au lieu de ramener des girafes vivantes, peut-être laisserez-vous vos os dans ces régions sauvages. Vous ne partirez pas seuls. Je vous accompagnerai avec mes plus braves guerriers. Il est possible que le tyran Mosélékatsé nous massacre tous, mais il ne sera pas dit que Macora s'est montré ingrat envers ses bienfaiteurs, et qu'il a laissé ses amis s'engager dans un péril sans le partager. »

Tel fut le discours du chef. Les jeunes Boërs admirèrent sa grandeur d'âme; à partir de ce jour, Hendrik, qui raillait parfois leur ami barbare, tint en grande estime Macora et convint que peu d'hommes civilisés montreraient un semblable dévouement pour des amis.

Les jeunes Boërs s'occupèrent à préparer leur expédition ; ils placèrent leur ivoire en lieu sûr pour le reprendre au retour ; quant aux guerriers indigènes, ils empoisonnèrent leurs flèches, mirent en état leurs arcs et leurs boucliers, sans oublier d'aiguiser leurs zagaies.

Macora se présenta au moment du départ, escorté de cinquante-trois hommes bien découplés, et l'on se mit en marche vers le nord. On emmenait une petite troupe de bœufs chargés de chair d'hippopotame séchée, de maïs concassé et quelques vaches laitières. Un des chevaux de somme fut offert à Macora, qui devint l'inséparable de Wilhem, celui des jeunes Boërs qu'il préférait.

On avançait lentement, à cause de la lourde allure des bœufs ; le gibier foisonnait sur la route, mais on ne le tirait que pour alimenter la caravane de viande fraîche.

La sixième nuit après le départ, un indigène se leva pour ranimer le feu. Il avait à peine baissé sa main vers le faisceau de branches coupées mises à terre qu'il jeta un cri d'angoisse et bondit en arrière. Plusieurs de ses compagnons se dressèrent, réveillés en sursaut, et les jeunes Boërs eurent peine d'abord à comprendre la scène de confusion qui suivit. Ils apprirent enfin que cet homme venait d'être mordu par un serpent. Le reptile gisait à terre, la tête écrasée, le corps agité encore, tordu par les convulsions de la mort. On le traîna près du feu. Il était de couleur noire et mesurait huit pieds de longueur.

Après cet examen, les indigènes reconnurent quel était le reptile qu'ils avaient massacré : « Pickahola! » dirent-ils à plusieurs fois en jetant un regard de pitié au pauvre blessé. Celui-ci portait deux écorchures au dos de la main droite. Sa peau prit bientôt une teinte plus foncée ; ses yeux devinrent vitreux. Dix minutes après avoir été mordu, il était paralysé et aurait roulé dans le feu si ses camarades ne l'eussent retenu. Il était mort avant que le corps du serpent eût fini de se tordre dans l'herbe, avec sa tête écrasée.

Le Makalolo fut enterré trois heures après sa mort, au lever du soleil; il était déjà en décomposition, tant le venin du pickahola est subtil.

Le soir du onzième jour, la caravane atteignit une petite rivière que Macora nomma la Luize. Il apprit aux chasseurs que son village natal était à une journée de marche en aval de l'endroit où ils se trouvaient.

Le plan proposé par Macora pour capturer de jeunes girafes consistait à construire un *hopo* ou piège palissadé, dans lequel on pourrait forcer un troupeau de girafes, tuer les vieilles et s'emparer des jeunes. Les chasseurs s'en rapportèrent à leur ami pour choisir l'emplacement du hopo.

Macora conduisit l'expédition cinq milles plus bas, dans une vallée étroite, sorte de tranchée allant d'une vaste forêt au bord de la rivière. Le nombre et la variété des empreintes marquées sur le sol prouvaient que des animaux d'espèces diverses le fréquentaient. L'essence la plus commune dans la forêt était le mimosa, dont les feuilles sont la nourriture favorite des girafes; il s'y trouvait aussi d'autres arbres propres à fournir les matériaux de l'enclos projeté.

Les jeunes chasseurs n'eurent une juste idée des difficultés de leur entreprise que lorsque Macora leur conseilla le lendemain de ne pas inquiéter les girafes qu'ils rencontreraient avant l'achèvement du hopo, et il venait de leur apprendre que l'établissement de la palissade exigerait quinze jours de travail.

Le lendemain matin, les indigènes s'employèrent à creuser des fossés et à abattre des arbres pour la construction du hopo. Macora ne permit pas à ses amis blancs de faire besogne de manœuvres, et ceux-ci partirent en excursion le long de la rivière. Hans resta au camp en se chargeant d'abattre le gibier nécessaire à la subsistance des ouvriers; il garda Façetannée avec lui.

L'absence des excursionnistes devait durer deux jours. Pour n'être pas encombrés de bagages, ils emmenèrent seulement, outre leurs montures, un cheval de bât que Congo conduisait. Ils parcoururent le premier jour un paysage délicieux; des bosquets de mimosas dressaient leurs panaches élégants au-dessus d'une prairie jonchée de fleurs où paissaient toutes les variétés de l'antilope. Des nuées d'oiseaux multicolores voletaient dans les branches. C'était un véritable paradis de chasseurs. Les jeunes Boërs aperçurent ce jour-là pour la première fois des girafes. Elles descendaient au nombre de sept la colline qui bornait au loin la prairie.

« Ne bougeons pas, dit Wilhem; il faut voir jusqu'où elles s'approcheront de nous, et quand elles commenceront à nous craindre. »

Les majestueux animaux, semblables à des tours vivantes, s'avançaient à travers la plaine ensoleillée en projetant devant eux de grandes ombres. Leurs têtes dépassaient les arbres les plus hauts, dans la perspective. A deux cents mètres des chasseurs, elles les aperçurent, firent volte-face et se prirent à courir.

« Nous les atteindrons, s'écria Wilhem. Malgré les recommandations de Macora, je veux forcer une girafe. »

Après avoir fourni quatre milles d'une course rapide, les cavaliers n'avaient ni gagné ni perdu de terrain sur les girafes; mais l'allure de celles-ci se ralentissait. Un grand mâle, plus fatigué que les autres, resta en arrière, et les chasseurs le tirèrent. Fut-il touché ou non? En tout cas, cette décharge, ce bruit, furent un stimulant pour lui, et il prit une allure plus vive. Les chasseurs pressèrent leurs montures, dont ils obtinrent un dernier effort, et ils lancèrent à la girafe une seconde volée de balles.

L'animal s'arrêta et vacilla comme un arbre prêt à tomber; sa tête s'agita convulsivement, puis il s'abattit à terre tout d'un bloc, et les chasseurs vinrent admirer de plus près l'innocente victime de leurs convoitises.

Il n'existe peut-être pas au monde un quadrupède présentant un plus beau pelage et des formes plus élancées que le *Cameleo pardus*, désigné plus généralement par le nom de girafe. Il n'en existe qu'une seule espèce, qui a été connue autrefois des Romains et a joué un rôle dans les fêtes que se donnait le peuple-roi. Ce ne fut plus que vers la fin du quinzième siècle qu'on entendit parler de nouveau de la girafe. Laurent de Médicis en fit venir une à Florence. De nos temps, il n'y a pas de jardin zoologique où la girafe n'excite, non la curiosité, on la connaît fort bien, mais l'intérêt des visiteurs.

Ce quadrupède se nourrit des feuilles et des fleurs du mimosa; sa langue est longue et flexible; elle s'en sert, comme l'éléphant de sa trompe, pour atteindre les branches qui ne sont pas à la portée de ses lèvres.

La peau de la girafe est si épaisse (d'un pouce et demi, dit-on), qu'il faut souvent vingt ou trente balles pour tuer cet animal. Il reçoit toutes ces blessures en silence; il est muet.

La girafe ne se défend qu'à l'aide de ses pieds de derrière dont elle se sert pour ruer mieux que le cheval lui-même. La proéminence de ses yeux lui permettant de voir par derrière, elle frappe ses ennemis à coup sûr; elle peut, de ses pieds, causer des blessures mortelles; mais cette force n'empêche pas la girafe d'être l'animal le plus inoffensif, le plus timide, quand on ne l'attaque pas.

Les chasseurs durent abandonner à regret le corps de la girafe qu'ils avaient tuée, et ils se mirent en quête de la rivière. Ils rencontrèrent bientôt avec plaisir la Luize ou tout autre cours d'eau de sa largeur, et ils en longèrent les rives, en cherchant un endroit favorable pour désaltérer et baigner leurs montures. Pendant un demi-mille, la rivière fut inaccessible, tant la berge était escarpée; enfin, ils découvrirent un petit étang au bord duquel ils firent halte. Les chevaux avaient soif et faim; les chasseurs les laissèrent paître l'herbe de la prairie qui entourait l'étang.

« J'espère, dit Hendrik, que Congo aura eu la bonne inspiration de nous suivre.

— Il peut être ici dans deux heures, répondit Wilhem.

— Mais saura-t-il nous trouver?

— Pourquoi pas? Il sait que nous devons suivre la rivière en aval; d'ailleurs, il a Spoor'em avec lui. Si nous remontions la rivière, nous le rencontrerions à coup sûr.

— Alors il est plus simple de l'attendre ici, puisque notre chemin est en aval, » dit Arend.

Pendant que les chasseurs causaient ainsi, ils entendirent un son grave accompagné, à ce qu'ils crurent, d'une vibration du sol. Les arbres d'un bosquet voisin s'agitaient; quelques-uns tombaient brisés; on aurait dit que la futaie était ravagée par l'ouragan. Les chevaux prirent l'alarme et galopèrent çà et là en hennissant.

On vit émerger du bosquet une troupe d'éléphants qui

se mirent à pousser des cris ressemblant aux sons cuivrés de la trompette. Les chevaux s'enfuirent, et les chasseurs s'élancèrent à leur poursuite, sachant que leur existence dépendait de leurs montures. Mais ils furent obligés de renoncer à rejoindre leurs chevaux, parce que l'éléphant qui était en tête de la troupe s'avançait sur eux.

Un feu de peloton bien dirigé pouvait arrêter l'élan du pachyderme courant sur leurs talons et mettre en fuite les autres éléphants qui suivaient les chevaux. Les trois jeunes gens eurent simultanément cette inspiration, et ils firent feu presque en même temps; mais cette décharge n'eut d'autre effet que d'exaspérer l'éléphant.

Les chasseurs coururent vers la rivière; il ne pouvait être question de recharger leurs armes. Nulle autre retraite que le cours d'eau ne leur était possible, les autres éléphants accourant aux appels de celui qui les poursuivait. Ils allaient plonger dans l'eau quand Arend s'écria : « Suivez-moi! » et il s'élança sur le tronc d'un cotonnier tombé en travers du courant.

L'éléphant affolé de rage était si près que Wilhem, qui passa le dernier, eut sa jambe frôlée par la trompe.

Les racines du cotonnier adhéraient encore au contrebas de la berge; ses branches reposaient sur quelques rochers qui surmontaient la surface de l'eau, ce qui avait empêché l'arbre d'être emporté par le courant rapide de la rivière.

Les chasseurs abordèrent sur cet îlot pierreux qui avait dix pieds de diamètre environ; et, bien que leur situation ne fût pas agréable, ils ressentirent le bonheur qu'on éprouve après avoir esquivé un danger pressant.

L'éléphant était sur la berge; il s'acharnait aux racines du cotonnier et faisait des efforts impuissants pour at-

CHASSE A L'HIPPOPOTAME. 239

teindre ses ennemis. Les chasseurs rechargèrent leurs armes, ce qui le décida à la retraite.

« Il est parti, dit Wilhem, mais je ne croirais pas prudent de le suivre de trop près. Je ne serais pas fâché de me reposer un peu.

— Nous n'attendrons, répondit Hendrik, que le temps nécessaire pour que cette troupe d'éléphants s'éloigne. Il est singulier qu'ils n'aient pas eu peur de nous. »

Les réfugiés ne pouvaient voir ce qui se passait dans la plaine, dont le niveau était beaucoup plus élevé que leur îlot. Arend proposa de remonter sur le tronc du cotonnier et d'envoyer à l'éléphant une balle de congé.

« C'est beaucoup trop tôt, dit Wilhem, ne nous montrons pas encore. En nous voyant, l'éléphant s'imaginerait, s'il nous guette, que nous sommes pressés de déguerpir, et il s'obstinerait alors à nous bloquer. Il faut agir comme si nous avions un homme pour adversaire. »

Au bout d'une demi-heure, Wilhem se hissa le long de l'arbre jusqu'au point où la berge fut visible pour lui. Il retourna aussitôt près de ses compagnons.

« L'animal est toujours là, leur dit-il; il veut sa vengeance, et j'ai peur qu'il l'obtienne. Nous aurons le temps de mourir de faim avant qu'il songe à quitter la place.

— Où est-il donc? demanda Hendrik, les autres sont-ils encore près de lui?

— Non, ils ont disparu. Quant à lui, il est près de l'étang, occupé à s'arroser avec sa trompe; pour être blessé, il n'en est pas moins vif et alerte, et nous serons obligés de le tuer pour reconquérir notre liberté.

— Eh bien! essayons tout de suite, » dirent ses compagnons.

Ils chargèrent leurs armes et montèrent tous sur la

berge. Wilhem se montra le premier, croyant voir accourir l'éléphant à portée de son arme; mais celui-ci obéit à un raisonnement digne de l'intelligence humaine; il resta près de l'étang pour obliger les chasseurs à s'éloigner de leur refuge.

Wilhem parcourut le tiers des trois cents mètres qui séparaient la rive de l'étang. L'éléphant le regardait faire avec insouciance. Le chasseur le visa à la tête. Aussitôt le pachyderme poussa un grand cri et prit sa course pour charger son ennemi. Wilhem se hâta de regagner le cotonnier. Quand il l'atteignit, l'éléphant n'était plus qu'à cinq pas de lui.

Au même moment, Arend et Hendrik, qui avaient les premiers regagné l'îlot, firent feu. L'éléphant se contenta de secouer les oreilles et retourna vers l'étang d'un pas tranquille. Là, il reçut sept autres balles sans même détourner la tête.

Il ne restait plus que deux heures de jour, et de lourds nuages noirs s'amassaient au sud-ouest. Selon toute probabilité, les chasseurs auraient à passer la nuit entière sur leur îlot en y subissant les intempéries d'un orage des tropiques.

La pluie ne tarda pas à tomber, non par gouttes, mais en nappes liquides. Une obscurité profonde s'étendit sur la rivière, et les chasseurs employèrent toute leur ingéniosité à garantir sous ce déluge leurs munitions et le bassinet de leurs carabines.

« Je suis vraiment mal à mon aise, dit Hendrik en tâchant de plaisanter. Le sort de Facetannée et de Congo dans leurs fosses de boue me semble heureux à côté du mien. Si nous délogions?

— Si l'éléphant nous guette encore, répondit Arend,

XIV

WILHEM SE MONTRA LE PREMIER.

nous ne pourrions pas nous garer de lui à cinq pas, tellement il fait noir. Et où trouverions-nous nos chevaux? De quel côté saurions-nous aller? Le mieux est de prendre patience ici jusqu'à demain matin. »

La nuit parut bien longue aux chasseurs, et le jour qu'ils avaient tant appelé de leurs vœux leur apporta un nouveau danger. Le pont qui les avait conduits au rocher se rompit et fut entraîné par le courant qu'avait grossi la pluie d'orage.

Leur îlot de pierre était devenu si étroit qu'à peine pouvaient-ils s'y tenir debout. Ils agitèrent plusieurs projets de sauvetage. Tous trois habiles nageurs, ils pouvaient descendre la rivière pour chercher un point abordable; mais il fallait abandonner les carabines, et le courant était d'une violence extrême. Ils risquaient d'être brisés sur les rochers des rapides.

« De plus, dit Hendrik, j'ai aperçu hier dans la rivière une couple d'énormes crocodiles.

— Abandonné le projet! dit Arend; je n'ai pas envie de donner à déjeuner à ces insatiables affamés.

— Et moi, dit Wilhem, je ne consentirai jamais à laisser ici mon roër. N'y pensons plus. »

Le soleil montait dans le ciel; son ardeur et les angoisses de la faim torturaient également Arend et Hendrik. Wilhem conservait seul un peu de calme.

« Je voudrais bien savoir, dit-il, si l'éléphant nous guette encore. Je suis fâché de ne pouvoir lui faire une petite visite pour le féliciter de sa persévérance. »

Wilhem tentait de plaisanter pour relever le moral de ses compagnons; mais cette saillie ne leur arracha pas même un sourire.

CHAPITRE XV

Lutte de générosité. — Entraîné vers la cataracte. — Une erreur
funeste. — Prisonniers! — La dette de l'exilé.

Les chasseurs passèrent toute la journée sur l'îlot de pierre. La crue ayant atteint son maximum, ils n'avaient pas à craindre d'être emportés par le flot; mais les angoisses de la faim les torturaient, et plus encore leur isolement loin de tout secours humain.

« Nous ne pouvons passer une seconde nuit ici, dit Hendrik. Nous nous affaiblirions d'esprit et de corps et deviendrions incapables de nous sauver. Il faut que l'un de nous se mette à l'eau et cherche en avant un point de la berge où l'on puisse aborder; s'il réussit à gagner la terre il reviendra ici et lancera aux autres un cordage fait de ces plantes grimpantes qui pendent aux arbres des environs. Alors, il lui sera facile de hâler jusqu'à la rive ceux qui seront restés sur l'îlot.

— Voilà une bonne idée, dit Wilhem. Je nage mieux que vous deux, c'est moi qui dois l'exécuter.

— Non, c'est moi, s'écria Arend. Vous ne m'êtes supérieurs qu'à la chasse, je réclame mon droit à me distinguer une pauvre fois. »

Il s'éleva une lutte de générosité entre les réfugiés : chacun d'eux voulait épargner aux autres les dangers de cette entreprise. Cette discussion s'éternisant sans aboutir à un résultat, on en fut réduit à s'en rapporter au sort qui désigna Hendrik.

« C'est trop juste, dit celui-ci, puisque je suis l'auteur de la proposition. Le hasard est intelligent cette fois. Malheureusement une fois n'est pas coutume. »

Il ôta les vêtements qui l'eussent gêné et se lança dans le courant, après avoir dit un tendre adieu à ses compagnons qui le perdirent bientôt de vue.

Deux heures s'écoulèrent pendant lesquelles Wilhem et Arend ne quittèrent pas des yeux la rive sur laquelle ils espéraient à tout moment voir apparaître Hendrik ; ce n'était pas tant l'impatience d'être délivrés qui les tourmentait que l'appréhension d'un malheur survenu à leur ami.

« La nuit approche, dit Arend ; à la chute du jour, je pars à la recherche d'Hendrik. Il doit être bientôt de retour... ou jamais.

— Et je t'accompagnerai, » dit Wilhem.

Une heure plus tard, ils se préparaient à se jeter dans la rivière quand les sons d'une voix connue leur parvinrent de la rive. Congo apparut, à cheval, sur la berge en face de leur îlot.

« Baas Wilhem, disait-il, attendez-moi ; je reviens tout à l'heure. »

Il partit au galop ; le ronflement rauque d'un éléphant expliqua cette fuite précipitée.

« Combien de temps allons-nous encore attendre ? s'écria Arend.

— Jusqu'à demain sans doute. Congo se rend au camp ; il ne peut être de retour avant le matin. Que sait-il d'Hendrik ? Il n'a pas pu nous le communiquer ; mais il nous a dit d'attendre. Il ne nous reste donc plus qu'à prendre patience ici. Que pouvait-il faire pour nous à lui tout seul, puisque l'éléphant est toujours là ?... Il est allé chercher du secours ; attendons-le... mais notre pauvre Hendrik ! »

La nuit se passa, fiévreuse et abondante en mauvais rêves ; une autre aurore vint éclairer de nouveau l'horreur d'une même situation. Wilhem et Arend n'osaient plus se parler, de peur d'exaspérer leur mutuel désespoir. A peine murmuraient-ils de temps en temps : « Ce pauvre Hendrik ! »

Comme pour confirmer les réfugiés dans leurs terreurs au sujet de leur compagnon, trois crocodiles se mirent à nager autour de l'îlot. Ils étaient à fleur d'eau et ouvraient leurs mâchoires tranchantes devant la proie vivante qu'ils convoitaient. Wilhem saisit sa carabine, en retira la poudre mouillée, rechargea l'arme, visa l'œil du plus gros crocodile et fit feu. Le monstre plongea, revint à la surface et se mit à tourner sur lui-même dans les convulsions d'une affreuse agonie. Les deux autres crocodiles prirent peur et s'enfuirent en aval. Arend et Wilhem répétèrent alors pour la centième fois : « Et notre pauvre Hendrik ! »

. . . .

Hendrik avait commencé favorablement son voyage aquatique. La rapidité du courant le portait pour ainsi dire et lui épargnait les efforts ; mais bientôt la vélocité de sa course lui fit craindre un péril qu'il n'avait pas prévu. La nappe d'eau glissait sur un plan incliné et il croyait entendre les grondements d'une cataracte. Cette conjecture devint bientôt une certitude terrible pour lui ; il était porté, roulé comme un fétu, vers la cime d'une chute d'eau.

Il fallait gagner la rive avant d'être entraîné jusque-là. Les bords de la berge étaient justement abaissés, accessibles. Encore une dizaine de brasses vers la droite, le nageur se trouvait à portée de saisir les buissons qui trempaient leurs feuillages bas dans la rivière. Mais les efforts d'Hendrik furent impuissants. Le courant qui l'enveloppait le précipita vers l'abîme.

Sur la berge du précipice, un rocher dressait sa pointe à trois pieds de la surface de l'eau ; c'était vers ce côté qu'Hendrik était roulé comme une épave ; il saisit ce rocher dans ses bras et s'y cramponna de toute l'énergie du désespoir. Son corps pivota autour de la pointe qu'il avait embrassée ; mais il finit par se hisser sur le rocher, un pied sur la pointe, l'autre sur le rebord de la petite pyramide.

Tenter de gagner la rive, c'eût été risquer une mort immédiate. Hendrik aurait pu cependant atteindre la berge d'un seul bond ; mais il n'avait pas d'espace pour prendre son élan, et, s'il le manquait, il était englouti. Il fallait donc attendre là, dans cette terrible situation où le jeune homme n'avait pour le réconforter que l'idée du Dieu bon dont le souvenir est une aide aux malheureux !

. . . .

Wilhem et Arend attendaient aussi sur leur îlot de pierre. Enfin, vers midi, ils aperçurent sur la berge Hans, Congo et Macora qu'accompagnaient vingt indigènes munis de fortes cordes.

« Où est Hendrik ? demanda Hans d'une voix étranglée

par l'émotion pendant que les deux réfugiés lui adressaient la même question : « Où est Hendrik ? »

Les indigènes manœuvraient pour le sauvetage et amenaient un tronc d'arbre mort qui gisait sur la berge. Ils le poussèrent dans le courant de manière à le faire dériver sur l'îlot. De fortes amarres devaient l'empêcher de descendre plus loin. Bientôt les réfugiés furent dans les bras de Hans.

Le premier objet qui attira leurs regards dans la plaine, ce fut le cadavre de l'éléphant sur lequel ils avaient tiré tant de fois ; l'animal rancunier avait expiré à son poste d'observation.

Bien qu'épuisés d'inanition, les réfugiés ne voulurent prendre ni aliments ni repos qu'ils n'eussent trouvé leur compagnon. Il y avait à ce moment-là vingt-quatre heures qu'Hendrik les avait quittés, mais ils ne voulaient pas désespérer de le revoir.

On se mit en route, non sans des murmures de la part des indigènes qui ne croyaient pas possible que le nageur fût encore vivant. Ils connaissaient la cataracte ; ils étaient convaincus qu'Hendrik y avait été englouti ; Macora, qui partageait l'opinion de ses hommes, réprima tous les murmures ; il était digne de comprendre que l'amitié des Boërs ne voulût pas accepter la possibilité de cette catastrophe.

A l'approche de la cataracte, Wilhem déchargea sa carabine. Le bruit de la détonation se prolongea, répété par l'écho ; une voix humaine y répondit, faible mais distincte. Des cris de joie, auxquels s'associèrent les indigènes, fêtèrent le sauvetage miraculeux d'Hendrik.

Quand les chasseurs affamés se furent refaits, grâce aux vivres apportés par les gens de Macora, on revint à l'endroit où était tombé l'éléphant, et l'on y campa pour la nuit. Mais, avant de prendre un repos si chèrement acheté, les Boërs voulurent savoir par le détail les aventures de Congo.

« Après que vous fûtes partis pour chasser les girafes, dit-il, je vous ai attendus deux ou trois heures ; puis j'ai suivi votre piste pour vous retrouver ; mais je n'allais pas vite, à cause du cheval de somme que je menais par le bridon. La nuit m'a pris près de la girafe morte. La pluie s'est mise à tomber ; elle a brouillé les empreintes de votre passage. Spoor'em lui-même avait peine à les trouver. Il m'en a fait suivre une au bout de laquelle j'ai rencontré le cheval de baas Wilhem qui errait à l'aventure. J'ai eu bien peur en le trouvant sans selle et sans bride ; j'ai voulu explorer les berges de la rivière, et c'est alors que j'ai aperçu baas Wilhem et baas Arend sur leur rocher ; mais l'éléphant blessé m'a donné la chasse. J'ai compris qu'il fallait aller chercher tout notre monde. Voilà comment le temps s'est passé pour moi. »

On retourna, le lendemain matin, au lieu où se construisait le hopo, ou piège à girafes. Facetannée reçut ses jeunes maîtres avec des transports de joie ; mais il n'oublia pas de dire qu'ils avaient eu moins de vicissitudes qu'il n'en avait craint pour eux en les voyant prendre le Cafre pour guide.

Après quelques jours de repos, Wilhem voulut recommencer une partie de chasse. Il fallait encore quinze jours de travail pour construire le hopo, et il ne se résignait pas à rester tout ce temps dans l'inaction. Il partit, avec Hendrik et Congo, pour visiter les bords d'une rivière que Macora disait distante de trente milles environ.

Les chasseurs arrivèrent dans l'après-midi du second

jour près d'un petit ruisseau qui sortait d'un étang. Ils le prirent pour un affluent de la rivière dont Macora leur avait parlé, et se proposèrent de le suivre pour atteindre leur destination. Comme le canton paraissait giboyeux, ils voulurent pourtant passer la nuit à l'affût sur les rives du petit étang. Les chevaux furent entravés et lâchés dans la prairie.

Congo creusa pour ses jeunes maîtres, à vingt pas de la rive, deux trous assez profonds pour que ces postes d'affût pussent les dissimuler complètement; puis il revint se mettre sous la protection d'un grand feu.

Les animaux qui se présentèrent les premiers à l'abreuvoir furent des antilopes de la plus petite espèce. Les chasseurs laissèrent boire en paix ces innocentes créatures. Tout à coup, le troupeau tressaillit et prit la fuite. Un léopard avait bondi sur une des antilopes. Tandis que les autres détalaient, il jeta sa proie sur ses épaules afin de l'emporter plus loin.

Wilhem ne lui en laissa pas le temps. Il tira sur le léopard qui s'affaissa, foudroyé. Le coup, dirigé presque au juger, avait été d'une précision parfaite.

L'étang fut visité ensuite par des hyènes et des chacals; ce gibier ne valait pas une charge de plomb. Il fit retentir longtemps le voisinage de ses glapissements désagréables.

« Je ne m'amuse pas du tout, et le sommeil me gagne, » dit Hendrik de son poste.

Une heure plus tard, les deux amis, fatigués de leur inaction, songeaient à rejoindre Congo, lorsque des pas plus pesants que ceux des chacals s'approchèrent de l'étang.

« Ce sont deux couaggas, dit Wilhem. Ce gibier ne vaut

XV

IL TIRA SUR LE LÉOPARD.

pas grand'chose, mais tirons-le quand il passera à portée. L'exercice nous tiendra éveillés. »

Le couagga est une variété du genre cheval qui habite les plateaux de la Cafrerie. Son nom lui vient de son cri *couagg!* qui a quelque analogie avec l'aboi du chien.

Les prétendus couaggas approchèrent ; les deux chasseurs firent feu. Les deux animaux tombèrent en poussant un gémissement qui ne ressemblait pas à celui du couagga. Les jeunes gens sautèrent hors de leurs trous et coururent vers leur gibier.

« Des chevaux ! s'écria Wilhem. Par bonheur, ce ne sont pas les nôtres.

— Mais ces chevaux appartiennent à quelqu'un, dit Hendrik ; voici sur leur dos l'empreinte de la selle. Est-ce qu'il y aurait d'autres chasseurs dans le voisinage ? Voilà un fait à ne pas noter à notre honneur dans nos annales cynégétiques. Allons dormir, Wilhem, nous ne sommes bons qu'à cela cette nuit. »

Le lendemain matin, les chasseurs suivirent le ruisseau et atteignirent bientôt la rivière ; ils mirent leurs chevaux au pâturage et s'étendirent à l'ombre d'un mimosa pour faire la sieste.

Leur repos fut troublé par les aboiements de Spoor'em et les cris de Congo. Se voyant entourés d'un cercle de quarante indigènes armés de lances et de flèches, dont les gestes les menaçaient, ils saisirent leurs carabines pour se défendre jusqu'à la dernière extrémité. Congo les conjurait de n'en rien faire : « Poison, disait-il, flèches et lances, tout poison ! »

Wilhem et Hendrik, malgré leur bravoure, sentirent qu'il y avait folie à vouloir tenir tête à tant d'adversaires

portant des armes plus terribles que leurs carabines, et ils se laissèrent saisir sans résistance.

Congo demanda d'un air hautain aux indigènes pourquoi ils s'emparaient de ses maîtres. Le chef de la troupe répondit au Cafre par un long discours qui rendit celui-ci fort soucieux ; il expliqua aux Boërs qu'ils étaient accusés d'avoir tué deux chevaux appartenant à ce chef noir qui les faisait prisonniers pour compenser cette perte.

Les chasseurs offrirent, toujours par l'intermédiaire de Congo, une ample compensation du dommage causé par eux.

Le chef affirma qu'il n'en demandait pas davantage, et il invita les blancs à le suivre dans son village où l'on débattrait les clauses de cette compensation. En dépit de cette assurance cordiale, les Boërs s'aperçurent en route que l'escorte les serrait de près, et qu'en réalité ils étaient prisonniers.

A un mille en amont, le cortège arriva vers le kraal des indigènes qui se composait d'une agglomération de huttes. Il en sortit une foule de femmes et d'enfants qui regardèrent les blancs avec curiosité.

Le chef entama la négociation ; il invita Congo à dire à ses maîtres que les chevaux tués par eux avaient une valeur très grande ; ils lui avaient été donnés par un estimable ami, un marchand d'esclaves portugais, et il les croyait impossibles à remplacer. Cette prétention était dérisoire ; les chevaux avaient dû être abandonnés par leur premier propriétaire comme bêtes fourbues et tarées.

« Dis à tes maîtres, conclut le plaignant érigé en juge, que je me contenterai en dédommagement de leurs chevaux, et de leurs carabines avec leurs munitions, bien entendu.

— Mon cheval et mon roër ! s'écria Wilhem. Jamais !

quand j'aurais à payer tous les chevaux de l'Afrique. »

Désespérant d'obtenir de meilleures conditions de cet indigène sans foi, les chasseurs coururent à leurs chevaux dans l'intention de s'échapper. Les indigènes s'interposèrent; ce fut bientôt une mêlée au cours de laquelle Wilhem exerça la vigueur de ses poings. Le chef lui-même tomba le nez contre terre et n'en devint que plus furieux. Wilhem tenait encore tête à un groupe de naturels, lorsqu'un de ceux-ci s'avançant par derrière, coiffa le blanc d'un grand panier conique servant à la pêche du poisson, et qui fit office d'éteignoir. D'autres indigènes saisirent alors le lutteur aveuglé et le garrottèrent avec des courroies en peau de zèbre. On le porta près d'Hendrik qu'un coup reçu d'un indigène dès le début de la lutte avait permis de ficeler plus tôt; Congo fut placé entre ses deux maîtres, mains et pieds liés.

Hendrik se laissa aller à un véritable accès de rage en sortant de son court évanouissement; Wilhem, d'une nature plus phlegmatique et peut-être soulagé d'avoir pu exhaler sa colère contre les gens qui voulaient lui voler son roër, prit son parti avec plus de calme.

Les prisonniers assistèrent au partage de leurs dépouilles dont la plus grande partie fut accaparée par le chef, et ils ne purent s'empêcher de pousser quelques exclamations de vengeance.

« C'est inutile, baas Wilhem, dit Congo; si nous n'avions pas fait de résistance, je serais peut-être parvenu à rejoindre Macora; je m'étais mis en confiance auprès du chef en lui disant que je ne vous aimais pas. J'aurais eu ainsi le moyen de vous délivrer sans qu'il me soupçonnât. Maintenant tout est perdu. Nous serons mis à mort pour avoir résisté.

— Tu crois donc qu'ils veulent nous assassiner ? s'écria Wilhem.

— Oui certainement, baas. Ces gens-ci sont des Cafres Zoulous qui craignent peu les blancs. Ils ne vous pardonneront pas d'avoir jeté leur chef à terre. Ce fait seul nous condamne à mort. On ne nous sacrifie pas tout de suite, parce qu'aucun blanc n'est exécuté près du kraal. On aurait peur d'une indiscrétion des femmes, lorsque d'autres blancs viendraient dans le pays. On nous conduira cette nuit à deux ou trois milles du village pour nous exécuter, et, en revenant, on annoncera qu'on nous a mis sur la route de notre pays. En ce moment, le chef a autre chose de plus pressé à faire que de se débarrasser de nous; il s'amuse à regarder tout ce qu'il vous a pris. »

Quand le soir arriva, les prisonniers s'aperçurent que la surveillance dont on les entourait se relâchait un peu; mais ils ne parvinrent ni à briser, ni même à desserrer leurs liens. L'habileté des Zoulous à garrotter s'était trop perfectionnée aux dépens de leurs propres compatriotes, livrés par eux aux négriers.

Un noir s'approcha de Wilhem et le regarda avec attention. Le jeune Boër tressaillit en reconnaissant ce Sindo qu'il avait sauvé de la mort ; il essaya de lui montrer qu'il se souvenait de lui, afin de stimuler la reconnaissance du Makololo.

Une expression de mépris hautain se peignit sur la physionomie de Sindo qui s'éloigna lentement.

« Comment, s'écria Hendrik indigné, il feint de ne pas reconnaître Wilhem qui l'a sauvé !

— Ne comptez pas sur lui, dit Congo. Il est nouvellement accepté dans ce village, et il a trop de finesse pour se mêler de nos affaires. »

Après tout, Wilhem excusa Sindo de son ingratitude. Il avait vu récemment la mort de près pour une imprudence ambitieuse ; cet Africain n'était pas tenu d'exposer de nouveau sa vie par gratitude de cœur. C'était cependant une lâcheté de sa part de n'avoir pas même donné un signe de pitié à ses bienfaiteurs malheureux.

La nuit se passa, et le jour suivant trouva les captifs toujours enchaînés. Personne ne s'occupa d'eux, sauf les femmes qui venaient leur apporter à manger et les enfants qui venaient les regarder avec curiosité. Le chef passa toute la journée à tirer à la cible avec les carabines volées, à se pavaner dans les objets de toilette dont il avait dépouillé ses prisonniers ; il était entouré de tous les hommes de la tribu.

« Qu'attendent-ils donc ? s'écria Hendrik exaspéré de ces délais. S'ils doivent nous tuer, ils devraient avoir la charité de ne pas prolonger notre agonie.

— Bah ! dit Wilhem plus calme, l'incertitude est encore de l'espoir. Mais j'ai remarqué que Sindo n'a pas osé passer devant nous aujourd'hui. Il lui reste un peu de pudeur morale, après tout. »

La nuit revint, et le kraal prit un air d'animation. Des hommes portant des torches couraient de côté et d'autre. On sellait des chevaux.

« Voici les préparatifs, » dit Congo à ses jeunes maîtres, pour lesquels sortir de leur immobilité était un soulagement, en dépit de la funeste perspective qu'ils envisageaient.

Le chef parut, monté sur le cheval de Wilhem, et suivi d'une douzaine de nègres qui entraînèrent les prisonniers dans la direction du petit étang. Le cortège traversa le village entre une double haie de vieillards, de femmes et d'enfants ; tous regardaient les captifs avec cette triste curiosité que l'homme accorde à tous les condamnés à mort.

Le chef portait le roër de Wilhem, et le regardait avec complaisance, comme s'il attendait de cet outil une bonne et prochaine besogne.

« Congo, dit Hendrik, demande-leur où ils nous mènent. »

Un des indigènes, interrogé par le Cafre, se borna à grogner tout bas.

« Congo, dit Wilhem, informe-toi de Sindo. Il peut ou il ne peut pas nous être utile. En tout cas, nous devons l'essayer. »

Le chef entendit la question que le Cafre posait à l'un de ses hommes ; il fit halte, consulta ses gens, et reprit le chemin du village après avoir commandé qu'on l'attendît là où l'on se trouvait. Il revint au bout d'une heure, les traits bouleversés par la colère.

« Il parle de Sindo à ses gens, dit Congo qui venait d'écouter. Il jure de massacrer dès demain cette vermine. »

On se remit en marche, le chef en tête, et l'on ne s'arrêta qu'à l'endroit où les chasseurs avaient été faits prisonniers. Là, le chef de la tribu fit à sa troupe un discours, dont le résumé fut que les étrangers blancs allaient être punis de leurs crimes sur le lieu même de leurs forfaits, et que cette sentence avait été portée par les plus vieux et les plus sages de la nation. Il s'étendit sur son offense personnelle, et prouva enfin qu'il n'est pas besoin d'être civilisé pour savoir plaider une mauvaise cause.

Après avoir entendu la traduction de ce discours, les jeunes Boërs firent savoir au chef qu'ils lui offraient, en échange de leur liberté, la libre possession des armes et des chevaux qu'il s'était adjugés ; ils s'engagèrent de plus à ne jamais revenir dans le pays. Le chef répliqua qu'il ne pouvait se fier aux promesses des blancs, et que, pour éviter toute éventualité de vengeance, il avait résolu leur mort.

A partir de ce moment, on n'écouta plus les protestations des captifs. Leurs gardiens se mirent à crier à tue-tête dès que le Cafre ouvrait la bouche, et les gens d'élite du chef se préparèrent à exécuter la sentence de mort.

Les prisonniers ne tardèrent pas à connaître comment ils allaient finir. Le chef allait essayer sur eux, comme sur une cible, son adresse à manier le roër de Wilhem. Il n'avait épargné jusque-là ses captifs que pour apprendre à se servir de cette arme.

Hendrik eut un moment de violent désespoir en voyant approcher le moment fatal; ce n'était pas la crainte de la souffrance, mais l'anéantissement de sa belle vie de jeune homme qui le révoltait contre une telle destinée. Mourir loin de sa famille, en pleine santé, dire un adieu éternel à Wilhelmine, c'était impossible ! Il se tordit dans ses liens en s'écriant.

« Wilhem, est-ce un mauvais rêve ? faut-il vraiment mourir? Je ne le veux pas ! Non, je ne le puis pas ! »

Wilhem lui dit quelques bonnes paroles; mais lui-même était navré. Il pensait à sa bonne mère que rien ne consolerait.

Congo adressa ainsi ses adieux à Wilhem, celui de ses maîtres qu'il préférait : « Baas Wilhem, j'aime autant ne pas revenir à Graal-Reinet puisque vous n'y retournerez pas. Je ne verrai pas pleurer vos parents sur vous, et je bénis en mourant le Dieu qu'ils m'ont appris à connaître. »

Le chef épaulait déjà son arme pour viser un des condamnés, lorsqu'une grosse bande de nègres parut tout à coup. Les Zoulous ne surent pas d'abord si c'étaient là des amis ou des ennemis. Leur incertitude cessa, dès qu'ils entendirent un cri de guerre inconnu. Les nouveaux venus étaient tous de robustes guerriers armés de lances, de flèches et de fusils, qui cernèrent la petite troupe des Zoulous et les firent prisonniers en un clin d'œil.

C'était Macora qui commandait cette bande; Hans et Arend défirent les liens qui retenaient les captifs, et les Makalolos voulurent s'en servir pour attacher le chef des Zoulous.

« Que voulez-vous donc faire? demanda Wilhem à Macora qui donnait des ordres à ses gens.

— Les tuer tous, mettre leur kraal à feu et à sang pour punir leur cruauté envers vous, » répondit Macora.

Wilhem et Hendrik intercédèrent en faveur de leurs bourreaux, qu'on renvoya libres après leur avoir repris tout ce qu'ils avaient volé à leurs captifs. Pendant cette opération, Wilhem et Hendrik questionnaient Hans et Arend sur leur intervention au moment critique; ils la trouvaient quasi-miraculeuse.

« Il n'y a pas là de miracle, répondit Hans. Nous avons appris ce matin que vous étiez en danger de mort; nous sommes partis aussitôt, et avons marché au pas de course toute la journée.

— Mais qui donc a pu vous avertir?

— Sindo, l'exilé; il a payé là sa dette à Wilhem. »

Les captifs, délivrés, réclamèrent Sindo pour le remercier et l'embrasser. Mais il était resté au hopo; sa longue course l'avait épuisé.

Macora sut reconnaître la belle conduite de Sindo. Il l'autorisa à venir reprendre son rang dans la tribu, trait inouï chez ces peuples primitifs, mais digne du caractère élevé du chef.

CHAPITRE XVI

Le massacre du hopo. — Zoulous contre Makalolos. — En état de siège. — La mission de Sindo.

Rendu prudent par ses aventures, Wilhem ne parla plus de parties de chasse; il se contenta de s'occuper de la construction du hopo. Ce piège se composait de deux hautes palissades d'un mille et demi de longueur, convergeant l'une vers l'autre de façon à figurer un V. L'ouverture de ces deux branches était assez large pour livrer passage aux plus grands quadrupèdes. Au sommet de l'angle qu'auraient formé les palissades, si elles s'étaient soudées l'une à l'autre, on creusa une fosse de quarante pieds de longueur sur quinze pieds de largeur, et huit de profondeur; elle fut entourée de troncs d'arbres pour en couvrir les bords, et dissimulée sous un entrelacs de roseaux et d'herbes.

On conçoit qu'un animal poussé dans l'enceinte devait suivre cette galerie dans toute sa longueur, et finir par tomber dans la fosse. Les palissades avaient une solidité et une hauteur qui défendaient de les franchir et de les renverser.

Quand le hopo fut terminé, on se résolut à faire une battue dans le bois de mimosas voisin. Les gens de Macora devaient chasser vers le piège tous les hôtes à quatre pattes qu'ils feraient lever.

Les rabatteurs, accompagnés de chiens, entrèrent sous la futaie par la lisière septentrionale. Les jeunes Boërs, à cheval, et quelques Makalolos, juchés sur des bœufs, gardèrent les lisières latérales, afin d'empêcher le gibier de s'éparpiller aux quatre coins de l'horizon.

Bientôt s'éleva sous bois un concert de clameurs de toutes sortes : trompettes des éléphants, rugissements des lions, cris des babouins, rires féroces des hyènes.

Macora avait recommandé à ses amis de rester un peu en arrière de la ligne des rabatteurs. Bien leur en prit. Wilhem et Hendrik virent sortir une troupe d'éléphants à quelques mètres de leur poste. Ils laissèrent passer ces pachydermes sans les inquiéter. Quelques zèbres s'échappèrent de même. Un grand troupeau de buffles profita de cette trouée, et les chasseurs s'écartèrent de cette trombe, qui les aurait écrasés sans l'agilité de leurs montures.

Enfin, sept girafes sortirent du fourré, et les chasseurs se précipitèrent en avant pour leur couper la retraite et les pousser vers le hopo.

Rabatteurs et sentinelles, convergeant vers le même point, se rencontrèrent peu de temps après. Devant eux, entre les deux branches de palissades, s'agitait une masse vivante, des fauves d'espèces diverses parmi lesquels on aperçut à regret un rhinocéros et deux éléphants. Au-dessus, se dressaient les têtes des girafes qui faisaient des efforts pour entrer les premières dans le hopo.

Cette masse devenait plus compacte à mesure que les deux branches de palissades se rapprochaient. A un quart de mille de la fosse, les éléphants, qui raisonnaient la situation, pratiquèrent une brèche dans la palissade et s'enfuirent. Les chasseurs furent ravis de voir plusieurs zèbres prendre la même voie. Les girafes étaient trop en avant pour s'échapper ainsi.

Avant d'atteindre la fosse, plusieurs antilopes avaient été foulées aux pieds par les gros animaux. La fosse engloutit toutes ces victimes rugissantes, beuglantes, bêlantes, glapissantes. Elles s'y empilaient les unes sur les autres, formant ainsi un plancher vivant sur lequel la queue du troupeau put passer afin de s'échapper. Ce massacre remplit d'horreur les jeunes Boërs qui n'avaient pas prévu une telle poussée de fauves dans le hopo; ce mode primitif de chasse particulier à des régions barbares était de bien des degrés au-dessous de leurs habitudes d'attaque par lesquelles, s'ils tuaient des proies, ce n'était du moins qu'en exposant leur propre vie, ou au prix de fatigues extrêmes. Ils furent donc attristés de cette nécessité, due aux procédés de leur ami le Zoulou.

Tous les bras furent mis en réquisition pour déblayer la fosse et empêcher les girafes d'être étouffées ou tuées, en admettant qu'elles vécussent encore. On hala sur le bord, au moyen de courroies munies de nœuds coulants, les antilopes et le petit gibier; et l'on retira ensuite une jeune girafe que Wilhem examina avec un intérêt passionné. Elle était chaude encore, mais complètement inanimée. Son épine dorsale s'était rompue dans sa chute. Sept autres girafes, successivement halées à bord, étaient mortes de la rupture du cou. Ce cou, délicatement charpenté, n'avait pu résister au piétinement d'un si grand nombre de lourds animaux.

Wilhem n'avait donc pas encore atteint son but. Macora affirma qu'une seconde battue serait plus heureuse, et il promit de la faire dans peu de jours.

Les Makalolos ne se plaignaient pas d'être réquisitionnés à cet effet. Le bénéfice de la battue était pour eux. Le lendemain de cette grande chasse, des courroies attachées en travers de perches perpendiculaires supportaient des chapelets de viande séchant au soleil; tous les buissons du voisinage s'enguirlandaient de festons semblables. Les déchets, transportés loin du kraal, furent un banquet pour les vautours et les hyènes qui se les disputèrent.

Quatre jours après l'essai du hopo, on vit de nouvelles empreintes de girafes sur la berge de la rivière. Une nouvelle troupe de ces animaux s'était établie dans la forêt de mimosas, et Macora croyait, d'après les marques laissées, qu'elle comprenait de jeunes individus.

On décida, pour le lendemain matin, un second essai du hopo, mais on résolut de diriger la battue de façon à éloigner de la direction du hopo les hardes d'innocentes victimes qui s'y étaient englouties la première fois et de n'y pousser que les troupes de girafes. Pour célébrer cette résolution, les chasseurs voulurent faire honneur à Macora de leur dernière bouteille de Schiedam. Comme ils causaient de leurs projets, Sindo se présenta au camp. Il revenait du kraal Zoulou; il était allé y chercher en grand mystère sa femme et ses enfants, qu'il avait réussi à ramener, et il apportait de grandes nouvelles.

Le chef Zoulou, avide de vengeance, s'était abouché avec Mosélékatsé, le tyran de cette partie de l'Afrique, et lui avait raconté à sa manière l'intervention du Makalolo Macora dans son affaire avec les voyageurs blancs. Mosélékatsé avait aussitôt mis en campagne une grande troupe de guerriers chargée d'exterminer la tribu de Macora. L'on pouvait donc s'attendre à voir arriver cette petite armée dans deux ou trois heures.

Macora expédia des vedettes en avant pour surveiller les approches de l'ennemi; elles revinrent vers l'aube et annoncèrent que les Zoulous étaient campés à moins de cinq milles, c'est-à-dire à une heure de marche. Hendrik et Arend sautèrent à cheval aussitôt et partirent en éclaireurs. Pendant leur absence, on plia bagage pour se préparer, soit à fuir, soit à combattre.

Les éclaireurs revinrent au bout d'une heure et annoncèrent l'approche de trois cents hommes bien armés.

« Ils nous ont salués d'une grêle de javelines, dit Hendrik.

— Alors, répondit Hans, nous n'avons rien de mieux à faire que de déguerpir. Nous sommes trop peu nombreux pour livrer bataille.

— Qu'en dit Macora? » demanda Wilhem.

Le chef répondit que lui et ses hommes n'agiraient que selon les vues de ses amis blancs.

« Partons en ce cas, dit William. Je ne veux pas exposer la vie de ces braves Makalolos pour sauver la mienne. »

La retraite s'exécuta en bon ordre, et en temps opportun. Les Zoulous s'avançaient dans la plaine, en bon ordre de bataille.

Macora croyait que les ennemis n'inquiéteraient pas longtemps leur retraite. Il comprit mieux leurs intentions quand il les vit s'acharner à la poursuite d'une petite troupe, et il confia à ses amis blancs qu'il avait hâte d'arriver à son kraal pour le mettre en état de résister à cette invasion.

Les jeunes Boërs avaient pu apprécier le caractère élevé de Macora; des rapports journaliers avec ses sujets leur avaient prouvé que les Makalolos sont supérieurs, comme portée d'intelligence et douceur de mœurs, à la plupart des tribus africaines. Ils furent donc surpris de voir tous ces hommes ne songer qu'à s'enfuir à l'approche de l'ennemi. Macora s'aperçut de cette impression, et il justifia ses sujets en donnant à ses amis des renseignements sur les Matabélés, qui s'avançaient pour les attaquer jusque dans leur propre pays.

Ces Matabélés, sujets du roi Mosélékatsé, sont le peuple le plus guerrier de l'Afrique australe. Leur roi pouvait, à cette époque, rassembler une armée de cinq mille hommes, et les officiers avaient l'ordre de n'accorder aucun quartier à l'ennemi. Les forces que pouvait lever Macora étaient hors de proportion avec cette armée. En cas de conflit, il perdrait sûrement sur le champ de bataille la moitié au moins de ses hommes, et le reste de la tribu serait réduit en esclavage ou vendu aux négriers. Les Makalolos n'avaient donc qu'un moyen d'échapper aux Matabélés, fuir en emportant du kraal tous leurs objets de valeur. C'était par sa prudence que Macora avait maintenu jusque-là l'indépendance de sa tribu, et, quand les Boërs eurent appris ces faits, ils approuvèrent leur ami.

On fit donc grande hâte en route, et l'on parvint au kraal sans encombre. Chacun déménagea en un tour de main; les bestiaux furent réunis et poussés en avant de l'ordre de retraite. Les femmes et les enfants furent envoyés pour diriger les troupeaux; les guerriers restèrent à l'arrière-garde, afin de pouvoir faire face à l'ennemi, s'il en était besoin.

Le passage du Limpopo fut long à opérer. Le gué n'était pas commode à suivre; beaucoup de têtes de bétail firent des difficultés pour se mettre à l'eau. Avant que le passage ne fût tout à fait effectué, les Matabélés étaient en vue.

Leur avant-garde se composait de deux cents hommes à peine; mais ces guerriers avaient une telle confiance dans leur supériorité qu'ils n'hésitèrent pas à attaquer les Makalolos. A l'abri de leurs boucliers, ils brandirent leurs zagaies et s'élancèrent en avant en poussant leur cri de guerre.

Les Makalolos firent bonne contenance; ils coururent à l'ennemi et le combattirent corps à corps, avec une intrépidité que les chasseurs blancs tinrent à honneur de seconder. Ils tirèrent sur les Matabélés, et chacune de leurs balles jeta un ennemi à terre; puis, abrités derrière leurs chevaux, ils rechargèrent leurs armes et recommencèrent un feu meurtrier. Si les assaillants avaient pu approcher ceux qui les foudroyaient ainsi, leurs javelines empoisonnées auraient eu bientôt raison des jeunes Boërs; mais les Makalolos formaient un rempart impénétrable auprès des blancs, amis de leur chef; grâce à la manœuvre des boucliers, ceux-ci pouvaient fournir des feux de peloton assez rapprochés; Maçora, Sindo et un autre Makololo, qui possédaient chacun un fusil, les aidaient à faire le vide dans les rangs ennemis.

Les Matabélés virent tomber leurs meilleurs guerriers; une panique les prit, et ils se retirèrent en abandonnant sur le terrain une trentaine de morts. Maçora n'avait perdu que six hommes. Il était si heureux de son succès qu'il fut tenté de poursuivre l'ennemi; mais il réfléchit que plusieurs milliers de guerriers pouvaient être réunis contre lui, et, à regret, il ordonna de terminer le passage de la rivière. Au coucher du soleil, toute la tribu était réunie au delà du Limpopo.

Désormais, Macora n'avait plus ni patrie, ni toit pour s'abriter. Son dévouement à ses amis blancs avait causé sa ruine et celle de sa tribu. Son peuple était trop peu nombreux pour inspirer la crainte ou le respect aux tribus qu'il rencontrerait sur sa route; elles se tourneraient contre lui dès qu'elles le sauraient poursuivi par le grand roi Mosélékatsé.

On avait transporté au camp les corps des six Makalolos tués dans le combat. Ils furent pieusement enterrés pendant la nuit, tandis que les cadavres des Matabélés servirent de pâture aux carnassiers. Ce peuple féroce n'a nul respect des morts, et c'est chez lui un usage constant de les abandonner à la dent des hyènes et au bec des vautours.

Dès le point du jour, les ennemis reparurent et entreprirent le passage de la rivière. Les cinq ou six premiers qui tâtèrent l'eau furent roulés par le courant; mais d'autres persistèrent. L'accession de la berge où se trouvaient les Makalolos était assez difficile; c'était un petit ravin en talus de dix pieds de large environ; mais elle devenait tout à fait dangereuse maintenant que des hommes armés en défendaient l'approche.

Pas un seul des douze Matabélés qui se présentèrent les premiers au bas du ravin ne put escalader la pente glissante. Manquant de point d'appui, ils ne pouvaient utiliser ni leurs zagaies, ni leurs boucliers; un feu plongeant les fit rouler tous dans la rivière. Quelques autres, qui avaient réussi à pénétrer plus avant, furent tués par les javelines des Makalolos postés de chaque côté du ravin. Les Matabélés firent tous retraite en barbotant dans le gué, se précipitant les uns sur les autres avec une hâte qui causa plusieurs noyades.

La position était si bonne pour les Makalolos que Macora résolut de s'y tenir jusqu'au moment où le groupe d'enfants, de femmes et de vieillards qui conduisaient les troupeaux auraient gagné champ suffisamment pour être à l'abri d'un péril immédiat.

Il n'y eut pendant deux heures, de l'une à l'autre rive du Limpopo, qu'une guerre d'injures vociférées à pleins poumons.

Le temps vint pourtant où l'on jugea le reste de la tribu assez loin pour se remettre en marche. Wilhem imagina un stratagème destiné à tromper l'ennemi sur les mouvements des Makalolos.

« Partez tous en avant, dit-il à Macora. Ce rideau d'arbres dissimulera votre retraite ; nous qui sommes à cheval, nous vous rejoindrons après avoir amusé assez longtemps les Matabélés en paradant devant eux. Attendez cependant. Je vais essayer la portée de mon roër ; s'il est capable de balayer un peu la place, les hommes de Mosélékatsé ne resteront pas sur le bord à me servir de cible ; il y a des buissons un peu plus loin ; ils s'y blottiront comme des lapins. »

La balle de Wilhem foudroya un nègre athlétique, et les Matabélés se dispersèrent derrière les buissons, comme le Boër l'avait prévu.

Les Makalolos partirent, laissant en arrière les quatre chasseurs, Macora, Sindo et trois hommes qui avaient des chevaux. Au bout d'une heure, les ennemis n'avaient pas donné signe de vie. Macora songea qu'ils avaient pu s'esquiver et chercher un autre gué; il fallait partir pour ne pas exposer la tribu à une attaque en l'absence de ses meilleurs défenseurs. On disposa quelques vêtements sur la berge pour simuler une embuscade; William déchargea son roër, et l'on se mit en route.

On rejoignit les Makalolos à midi, et, une heure plus tard, les femmes et les enfants. Comme l'on se trouvait alors dans un des méandres de la rivière, le chef résolut de s'arrêter là pour la nuit. A peine avait-il ordonné la halte qu'une bande de Matabèlès vint rôder autour du camp. Elle avait dû traverser la rivière en amont et avait espéré surprendre les femmes et les enfants pendant l'absence des guerriers. Voyant ceux-ci en état de défense, cette centaine d'ennemis se retira à distance respectueuse. Mais les jeunes Boërs ne purent se tenir de courir sus à ces pillards qu'ils firent reculer grâce à quelques coups de fusil.

A leur retour, ils trouvèrent Macora dans un état d'agitation pénible; le chef leur apprit que sa perte était certaine.

« Ceci est une expédition faite pour m'anéantir, leur dit-il; je suis certain que toute l'armée de Mosélékatsé vient sur moi en plusieurs détachements qui opéreront leur jonction. Même si je me trompais, les officiers que nous avons battus n'oseraient jamais retourner auprès du roi sans avoir vengé leur défaite par ma mort et la ruine de notre tribu, car ils seraient voués au dernier supplice. Il ne me reste donc qu'un moyen de sauver mes Makalolos; c'est de faire le sacrifice de ma vie. Je vais les diriger vers l'ouest où ils rejoindront notre nation, gouvernée par le roi Sébétoané; quant à moi, j'ai encouru la disgrâce de mon roi, et j'aime encore mieux périr ici sous la javeline d'un Matabélé que d'aller porter ma tête au roi dont j'ai fui l'injustice. Vous, mes amis, vous avez de bons chevaux, partez au plus vite; votre salut est dans leur vitesse. Adieu, et souvenez-vous quelquefois de votre ami noir. »

Les Boërs refusèrent d'abandonner Macora dans ce péril, et les Makalolos donnèrent à leur chef la même preuve de dévouement.

Macora leur ayant fait ses adieux, ils protestèrent qu'ils ne le quitteraient pas; il leur proposa ensuite de l'amener en qualité de prisonnier au roi Sébétoané, afin d'en recevoir un plus favorable accueil. Ils s'emportèrent alors d'un mouvement unanime et jurèrent de mourir tous pour leur chef, bien loin de vouloir le sacrifier à leur propre sécurité.

La grandeur d'âme de Macora était si réelle qu'il fut affligé de cette preuve d'affection que lui donnaient ses sujets.

Les chasseurs émirent plusieurs propositions pour sauver un ami qui leur devenait plus cher que jamais; celle qu'ils croyaient la plus acceptable était d'emmener Macora à Graaf-Reinet, pendant que ses sujets se rendraient au pays de Sébétoané. Le chef opposa un refus catégorique à cette sorte d'adoption par des civilisés; il aimait mieux mourir mille fois que d'abandonner ceux qui venaient de lui donner une si haute preuve de loyauté. D'ailleurs, la tribu pouvait être inquiétée en route par les Matabélés, et il ne voulait pas fuir le péril des siens.

Un feu qui s'alluma dans la plaine pendant la nuit, et des cris d'appel venant d'un demi-mille semblaient justifier l'objection de Macora. Sans nul doute, les ennemis devaient être là.

Ces appréhensions se dissipèrent dès l'aube, qui permit de voir deux grands chariots autour desquels vaguaient des bœufs et des chevaux entravés. Ce ne pouvait être qu'un campement de chasseurs blancs ou de trafiquants. Les jeunes Boërs s'y rendirent accompagnés de Macora; ils furent reçus par les voyageurs, qui étaient des marchands de Port-Natal. Des domestiques cafres et quelques Betchuanas les accompagnaient.

Pendant que les chasseurs faisaient marché de munitions, ils s'étonnèrent de l'étrange attitude de Macora, ordinairement si réservé. Quoique ses gens fussent à un demi-mille de distance, il leur tenait un discours, ou pour mieux dire, il leur criait des phrases haletantes qu'accompagnaient des gestes désordonnés.

Ce transport s'expliqua bientôt. Macora avait parlé à quelques domestiques des marchands qui s'étaient trouvés ses compatriotes. Ceux-ci lui avaient appris que le roi Sébétoané venait de mourir, en laissant le gouvernement de la nation Makalolo à sa fille Ma-Motchisanée.

Macora pouvait donc rentrer dans sa patrie; il n'avait plus qu'une crainte, c'est que les Matabélés ne parussent en nombre suffisant pour lui barrer la route de son pays. Il donna immédiatement l'ordre de lever le camp; ses sujets s'occupèrent des préparatifs du départ avec une ardeur renouvelée par l'espérance de gagner une résidence sûre et de revoir leurs compatriotes.

Cependant tout péril n'était pas conjuré. Wilhem, jugeant d'autrui d'après lui-même, pensa que la caravane de marchands pouvait être d'un grand secours dans des circonstances où l'on se trouvait. Elle se composait de trois blancs et de neuf domestiques, tous dans la force de l'âge et bien armés. Dans la persuasion que les marchands seraient accessibles à ces idées d'humanité qui étaient le vrai fonds de son âme, à lui, Wilhem alla droit à eux, leur exposa la situation et leur demanda leur assistance.

A sa grande surprise que rien n'égala, si ce n'est son indignation, les marchands ne daignèrent même pas répondre à sa demande; ils se mirent à atteler leurs bœufs afin de s'éloigner en hâte d'un lieu qui allait être bientôt sans doute ensanglanté par un combat. Dix minutes après, la caravane s'éloignait dans la direction de Port-Natal.

Wilhem et les autres Boërs regardèrent fuir ces égoïstes, qui refusaient leur secours à des gens en danger pour ne pas compromettre la sûreté de leurs marchandises. Le mépris que cette lâche conduite leur inspirait les anima d'une nouvelle ardeur à défendre Macora et les siens qu'ils se jurèrent de ne pas abandonner.

Une longue étape, prolongée assez avant dans la nuit, conduisit la troupe de fugitifs assez loin de leur dernière halte. Macora établit des sentinelles autour du camp et prescrivit de fréquentes rondes. Toutes ses dispositions, ses paroles, son attitude, témoignaient de plus d'inquiétude qu'il n'en avait montré depuis le début de la retraite. Les Boërs le questionnèrent à ce sujet. Macora leur répondit:

« Plus les Zoulous se font attendre, moins nous aurons de chances de leur échapper. Leur habitude est de temporiser jusqu'à ce que leurs divers corps d'armée se soient ralliés. Ils ne se montreront que lorsqu'ils seront en forces suffisantes pour nous anéantir jusqu'au dernier. Ne me croyez pourtant pas abattu par cette perspective. J'ai les préoccupations d'un chef qui doit examiner toutes les possibilités sans se bercer d'illusions. Si les Zoulous de Mosélékatsé ne nous attaquent pas d'ici à deux jours, nous serons sauvés, car nous aurons atteint alors notre pays natal, où nous trouverons assez d'auxiliaires pour leur tenir tête. En attendant, je dois prendre des précautions dont dépend notre vie à tous. »

Le camp fut levé avant l'aube, après quelques heures de repos, et l'on se remit en marche. Hendrik, Hans et Arend trouvaient cette hâte exagérée; mais Wilhem avait plus de confiance dans le jugement de Macora.

« Il connaît les ennemis qui le poursuivent, disait-il, et, d'ailleurs, nous serons bien payés des fatigues de cette longue marche en pénétrant avec ces indigènes dans un pays nouveau pour nous. »

Dans l'après-midi, les Boërs reconnurent que les appréhensions de Macora n'étaient pas vaines. Un corps de Matabélés apparut sur le front de la tribu en marche; mais ce n'étaient que des cavaliers en reconnaissance, trop peu nombreux pour arrêter les Makalolos, et ils s'enfuirent avant même d'être attaqués.

Une heure plus tard, les vedettes de Macora signalèrent l'approche d'une grosse troupe d'ennemis. On n'en pouvait plus douter, les Matabélés avaient concentré leurs forces, et une attaque pendant la marche pouvait avoir des suites funestes pour les fugitifs. Il fallait s'arrêter et choisir un bon poste de défense. Hendrik et Arend, qui avaient des connaissances stratégiques en leur qualité de militaires, se portèrent en avant vers la rivière voisine pour chercher un terrain convenable.

Le hasard favorisa les fugitifs. Non loin du point où les chasseurs abordèrent la berge, la rivière décrivait une courbe en fer à cheval formant une péninsule que la saison des pluies devait transformer en île. Le chenal, peu profond à cet endroit, était à sec sur une largeur de cinquante mètres. Ce fut là qu'on poussa d'abord les bestiaux. Les Makalolos s'établirent dans cette position inattaquable de tous côtés, sauf par cet isthme étroit qui la rattachait à la prairie. A l'entrée de cet isthme et sur la berge s'élevait un arbre gigantesque, un nwana, poussé là providentiellement pour sauver les fugitifs, d'après ce que prétendit Hendrik.

Cet arbre est un des plus remarquables des forêts africaines. On en a rencontré qui mesurent à leur base quatre-vingts pieds de tour, et leur hauteur est toujours proportionnée. Le bois de nwana est aussi tendre qu'une tige de chou; aussi le dit-on bon à rien. Ce ne fut pas dans cette circonstance l'avis des jeunes Boërs. Ils firent déballer les deux fortes haches qu'ils avaient apportées de Graaf-Reinet et se mirent à l'œuvre par couple et à tour de rôle. A chaque coup, le fer disparaissait dans le bois spongieux. Les bûcherons improvisés se hâtaient; leur sûreté dépendait de l'abatage du nwana avant l'arrivée des Matabélés; ils voulaient faire de l'arbre une énorme barricade à l'entrée de l'isthme.

Macora et ses gens attendaient avec anxiété les derniers coups de hache. Si le nwana tombait dans l'eau, l'entrée de leur refuge était ouverte aux ennemis, et l'on aurait à se battre sur cette étroite langue de terre, où chaque coup, porté de près, serait mortel. L'arbre commença à s'ébranler. Tous les yeux restèrent fixés sur sa cime mouvante. Un sifflement, celui des branches qui fouettaient l'air, se fit entendre, et la masse végétale s'abattit avec fracas. L'énorme tronc barrait l'entrée de la presqu'île, en laissant seulement à chaque extrémité de l'isthme un espace libre de quelques pieds, facile à garder. On était à l'abri

XVI

LES MATABÉLÉS S'AVANCÈRENT EN DEUX COLONNES.

de toute attaque de front, derrière cette barricade gigantesque.

Dès que la nuit tomba, des feux s'allumèrent dans la plaine. L'ennemi était arrivé et attendait sans doute le jour pour attaquer.

Macora, se voyant assiégé et sachant que les Matabélés s'obstineraient au blocus de la presqu'île, profita des ombres de la nuit pour expédier quatre messagers aux tribus voisines, afin de les stimuler à chasser ces Zoulous qui s'avançaient jusque sur leur territoire. Sindo s'offrit le premier pour cette expédition dangereuse; il voulait regagner à tout prix l'estime et la confiance du chef; trois autres indigènes, des plus braves, se présentèrent pour réclamer l'honneur d'une mission analogue. Macora expédia ces messagers, deux par deux, à une heure de distance, afin de s'assurer plus de chances de succès. Ces dispositions prises, on attendit en silence le moment de l'attaque.

L'ennemi parut au point du jour. Les Boërs aperçurent à travers les branches du nwana abattu une troupe de guerriers noirs fort bien armés. Ils pouvaient être six cents. La presqu'île n'avait environ que deux cent cinquante défenseurs. Deux groupes des plus intrépides furent placés aux deux bouts ouverts de la barricade, pour défendre ces points faibles.

Les Matabélés se crurent sûrs du succès. Ils s'avancèrent en deux colonnes par ces deux extrémités de l'isthme, et une lutte de quelques minutes porta la mort dans les deux troupes ennemies. L'assaillant recula enfin, laissant plusieurs des siens gisant à terre.

L'attaque ne se renouvela pas de la journée; mais le chef des Makalolos restait soucieux. Sans moyens de retraite, cerné par des forces supérieures aux siennes, il ne pouvait attendre qu'une défaite sans retour du système qu'avaient adopté ses ennemis. Évidemment, les Matabélés s'acharneraient à fournir de nouvelles attaques aux points faibles de la barricade. On avait pu repousser la première; en serait-il de même des suivantes? Ses messagers, même en supposant qu'ils eussent échappé aux vedettes ennemies, ne pouvaient lui amener du secours avant deux ou trois jours. Tiendrait-on jusque-là?

Les jeunes Boërs ne concevaient pas que Macora s'abandonnât à de telles appréhensions. Ils étaient persuadés que l'ennemi avait quitté la partie, et ils pressèrent le chef de se remettre en marche vers son foyer natal. Macora résista. Il craignait de tomber dans une embuscade en reprenant la retraite, son espoir d'être délivré par un renfort lui persuadant de rester dans cette position où les siens jouissaient d'une sécurité relative. Après un débat amical, il fut convenu qu'on quitterait la presqu'île si, dans un délai de trente-six heures, on ne voyait apparaître ni amis ni ennemis.

« Pas un poste favorable, dit-il à son compagnon.

Le temps stipulé s'écoula sans amener de nouveaux incidents, et les jeunes Boërs furent convaincus que les Matabélés avaient repris le chemin de leur pays. Macora ne pensait pas de même; esclave de sa parole, il n'en ordonna pas moins le départ.

Les bestiaux furent poussés en avant par les indigènes qui partirent d'une allure aussi vive que s'ils eussent toujours eu l'ennemi tout près d'eux. Cette hâte déconcerta l'opinion que les jeunes chasseurs s'étaient faite des Makalolos en les voyant combattre avec bravoure. Maintenant qu'on n'avait en vue aucun adversaire, ils s'empressaient de fuir avec toutes les démonstrations de l'effroi.

Wilhem demanda à leur chef la raison de cette anomalie.

« C'est que nous ne sommes pas encore débarrassés des Matabélés, dit Macora. Mes hommes combattront vaillamment quand il faudra défendre leur vie; mais ils sont excusables, vu leur petit nombre, en se hâtant pour esquiver la lutte. Chaque pas qu'ils font les rapproche de leur pays et leur fait espérer d'échapper à leurs ennemis. »

Le chef n'avait pas négligé de laisser quelques éclaireurs en arrière du gros de la troupe. Au bout de trois heures de marche, ils se replièrent vers le corps principal pour annoncer que les Matabélés avaient repris la piste.

« Il faut tâcher de trouver dans les environs un poste qui nous offre quelque fortification naturelle, » dit Hendrik.

Il partit aussitôt en reconnaissance, suivi d'Arend, afin de choisir un bon terrain de bataille; mais la région que traversaient les fugitifs était plate et n'offrait aucun accident de terrain capable de servir comme retranchement.

Hendrik arrêta son cheval après une traite d'un mille.

« Pas un poste favorable, dit-il à son compagnon; il nous faut retourner vers nos amis, si nous ne voulons pas qu'ils soient attaqués avant que nous ne les ayons rejoints.

— Retournons, » dit Arend; mais, au même instant, il aperçut devant lui, vers la ligne d'horizon, une assez grosse troupe d'hommes en marche et qui venaient à eux.

« Nous allons être cernés, s'écria Hendrik. Macora avait raison contre nous. Il n'aurait pas fallu abandonner notre refuge. »

Tous deux firent volte-face et partirent au galop. Au moment où ils rejoignirent les Makalolos, des éclaireurs annonçaient à Macora qu'un corps d'armée des Matabélés s'avançait sur les derrières de la caravane.

« Vous êtes bien montés, dit généreusement le chef aux quatre blancs. Partez ensemble.

— Non, non, s'écria Wilhem ; c'est nous qui sommes cause des malheurs de votre tribu. Nous périrons ici, s'il le faut, plutôt que de vous abandonner lâchement. »

Macora ordonna une halte pour grouper ses combattants, et il poussa un cri de ralliement afin de rappeler les indigènes qui conduisaient les bestiaux à l'avant-garde. Aussitôt après un autre cri lui répondit du lointain ; il était à peine distinct, mais les Makalolos se prirent à gambader gaiement en se disant les uns aux autres : « Sindo ! c'est Sindo ! »

C'était le salut ; la troupe qu'Arend et Hendrik avaient aperçue en avant était envoyée au secours des Makalolos par la reine Ma-Motchisané.

Trois jours après, les jeunes Boërs faisaient leur entrée solennelle à la cour de cette reine barbare, présentés à elle par Macora qui avait été reçu avec une faveur marquée par sa souveraine. Ma-Motchisané, Hendrik dit à ses trois

CHAPITRE XVII

A travers les mimosas. — Obstination de Wilhem. — La mare empoisonnée. — La revanche du Boschiman. Makalolos par la reine Ma-Motchisané.

Trois jours après, les jeunes Boërs faisaient leur entrée solennelle à la cour de cette reine barbare, présentée à elle Le lendemain de cette présentation à la cour de la reine Ma-Motchisané, Hendrik dit à ses trois compagnons :

« Mes chers amis, je voudrais connaître votre avis sur ce qui nous reste à faire. Je ne vous cache pas que mon plus vif désir, à moi, est de retourner à Graaf-Reinet.

— J'en dis autant, s'écria Arend. Les trois dernières semaines m'ont guéri de la passion de la chasse. Peut-être est-ce parce qu'à notre tour nous avons joué le rôle de gibier.

— Vous voilà donc devenus sages, ajouta Hans. J'approuve votre idée de retour au foyer paternel. Moi aussi, j'en ai assez de ces aventures.

— Vous me désolez, dit Wilhem, dont la mine s'était allongée. Nous n'avons pas encore rempli le but de notre expédition.

« — C'est juste, reprit Hendrik, mais je doute que ce soit possible ; de ce que nous avons été heureux dans notre premier voyage, il ne s'ensuit pas que nous devions réussir dans celui-ci. On est malavisé de compter sur de constants succès.

— Notre expédition, répliqua vivement Wilhem, n'a pas été infructueuse ; n'avons-nous pas recueilli nombre de dents d'hippopotame ? Mais nous n'avons fait qu'une tentative pour nous procurer des girafes, et je n'ai pas parcouru un millier de milles pour abandonner la partie après un seul échec. Notre expédition a coûté du temps et de l'argent, des fatigues aussi. Il serait piteux de ne pas la mener à bonne fin. Du reste, si vous êtes si pressés de revoir le Graaf-Reinet, vous pouvez partir, mes chers amis. Les indigènes chez lesquels vous nous laissez sont de braves gens qui m'aideront, et dont quelques-uns consentiront bien à m'accompagner un peu loin quand je voudrai prendre la voie du retour. »

Les trois Boërs se récrièrent. Puisque Wilhem tenait à son entreprise au point de la poursuivre tout seul, ils ne pouvaient se résoudre à abandonner leur ami. Il fut donc arrêté qu'on se livrerait exclusivement à la chasse des girafes, et qu'après quatre ou cinq tentatives infructueuses, on se résignerait à reprendre le chemin de Graaf-Reinet.

Les Boërs avaient appris qu'à une journée de marche vers l'ouest on trouvait une forêt de mimosas fréquentée par des girafes ; ils résolurent de s'y rendre pour l'explorer. Macora ne pouvait les accompagner ; il avait trop à faire pour l'établissement de sa tribu ; mais il donna à ses amis blancs quatre de ses meilleurs coureurs, qui devaient lui être expédiés chaque fois que les chasseurs auraient à lui envoyer des nouvelles importantes ou à lui demander quelque assistance.

Rien ne fit diversion à la monotonie de ce petit voyage, si ce n'est un incident qui mit en mouvement toute leur meute de chiens. Comme ils montaient une colline, les chasseurs en virent descendre une troupe de babouins cynocéphales qui étaient sans doute en quête d'eau. Ce singe est employé quelquefois, par les Hottentots et les colons du Cap, à garder les habitations ou à tirer la corde d'un soufflet de forge; mais, dès qu'on néglige de le surveiller, il abandonne sa besogne. Les chiens ont une aversion très déterminée pour les babouins, dont le type a quelques points de ressemblance avec celui de la race canine.

« Dès que la meute des chasseurs aperçut cette bande de cynocéphales, elle s'élança en avant avec furie.

« Nos chiens peuvent être tués par ces misérables bêtes, » s'écria Wilhem.

Il tira sur le plus rapproché que les chiens déchirèrent ensuite en pièces, et le reste de la bande détala avec une rapidité vertigineuse.

Les chasseurs atteignirent sans autre aventure la lisière de la forêt de mimosas. Un petit cours d'eau la bordait, et ils eurent la joie de reconnaître sur ses rives des empreintes de sabots de girafe; quelques-unes de ces traces témoignaient, par leur petitesse, qu'il se trouvait dans ces parages de jeunes individus de l'espèce.

Wilhem ne se sentait pas de joie; ses compagnons eux-mêmes reprenaient en goût cette expédition, à laquelle ils s'étaient d'abord simplement résignés.

Le lendemain matin, les chasseurs aperçurent une harde de girafes qui se dirigeaient vers le cours d'eau;

ignorant la présence de l'homme, elles s'avancèrent à la portée de carabine avant de s'apercevoir du danger qu'elles couraient. Tout à coup, elles s'enfuirent vers l'ouest en tournant le dos à la forêt.

Hendrik et Arend s'élançaient à leur poursuite, quand Wilhem les retint.

« N'avez-vous donc pas observé, leur dit-il, qu'il y a trois jeunes individus dans cette bande ? Il ne faut pas les empêcher de retourner à la forêt qui doit être leur résidence habituelle.

— Elles ont déjà été chassées, répondit Hendrik, voilà pourquoi notre approche les a subitement effarouchées. J'ai vu une flèche fichée dans le flanc d'une de ces girafes. Quelque nègre l'aura visée.

— C'est grand dommage qu'elles nous aient vus, dit Wilhem. Peut-être cependant reviendront-elles à leur gîte. Cherchons à le trouver, et si nous y parvenons, nous enverrons chercher quelques Makalolos pour construire une trappe afin de tâcher d'y prendre de jeunes individus.

Le surlendemain matin, les girafes n'ayant pas reparu, les chasseurs se déterminèrent à suivre leurs pistes, qui les conduisirent à quinze milles à l'ouest, près d'une autre forêt de mimosas. Ils arrivèrent à un petit étang dont les bords portaient les empreintes innombrables de sabots de girafe ; les chasseurs en conclurent que les animaux qu'ils avaient vus fréquentaient les deux forêts.

« Il ne nous reste plus, dit Wilhem, qu'à envoyer chercher les hommes que nous a promis Macora afin qu'ils construisent un hopo.

— Pourquoi ne pas le construire près de la première forêt ? demanda Hendrik. Il nous serait facile d'y ramener les girafes. »

Cet avis ainsi modifié fut adopté, et les chasseurs retournèrent à leur campement au bord du premier cours d'eau.

Le jour où l'on comptait voir arriver les Makalolos, Hendrik et Arend remontèrent la rivière pendant quelques milles, pour tuer le gibier nécessaire à la réfection des auxiliaires nombreux qui leur étaient annoncés. Ils allaient atteindre une forêt composée de massifs d'acacias, quand ils entendirent partir du taillis ce fracas de branches cassées et ce piétinement rapide, auquel on reconnaît la course sous bois des grands quadrupèdes. Quelques secondes après, deux girafes gagnaient à toute vitesse l'espace découvert ; mais les chasseurs ne s'attendaient pas à l'étrange scène que cette course leur présentait : un léopard, grimpé sur le dos d'une de ces girafes et cramponné par ses griffes entre ses deux épaules, déchirait de ses dents cruelles la gorge du pauvre animal.

Très poltron de sa nature, le léopard ne s'attaque aux grands quadrupèdes que lorsqu'il est affamé. Comme le canton abondait en petit gibier, il n'était pas vraisemblable que cette raison de nécessité eût attaché le fauve aux reins de la girafe. Peut-être celle-ci s'était-elle avancée sans s'en douter jusqu'au repaire où le léopard cachait ses petits, et le fauve avait défendu sa progéniture en attaquant la girafe.

Telle fut l'hypothèse des deux chasseurs pendant qu'ils regardaient cette scène étrange du haut de leurs selles.

La seconde girafe s'écarta par la plaine, abandonnant sa compagne, qui donnait des marques d'épuisement à mesure que son sang coulait de ses blessures.

Les deux chiens des chasseurs, sourds aux rappels de leurs maîtres, s'étaient élancés derrière la bête blessée qu'ils exaspéraient par leurs aboiements. La girafe rassembla ses forces ; elle lança d'un de ses sabots de derrière une telle ruade qu'un des deux chiens roula à quelques mètres plus loin, le crâne fracassé.

Ce fut le dernier effort de la pauvre bête. Soutenue seulement sur ses trois pieds, elle perdit l'équilibre, jeta sa tête en arrière et tomba sur le côté en écrasant le léopard sous sa masse.

Hendrik et Arend accoururent à toute bride et donnèrent le coup de grâce aux deux animaux qui râlaient encore.

Quand les chasseurs revinrent au campement en raisonnant sur la scène lugubre dont ils avaient été témoins, ils y trouvèrent trente Makalolos envoyés par Macora. On commença tout de suite à établir le hopo ; chacun s'y mit, même les jeunes Boërs, qui profitèrent des fautes commises dans la construction du premier hopo afin de rendre celui-ci plus parfait. Grâce à cette ardeur persévérante, tout fut terminé en sept jours.

On employa, pour forcer les girafes, le même procédé qu'on avait précédemment mis en usage. Les Makalolos, suivis de leurs chiens, opérèrent une battue à travers la forêt qu'ils remplirent de leurs cris. A mesure que les rabatteurs se rapprochaient à l'ouverture du piège, le front de Wilhem s'assombrissait. On ne percevait pas de craquements sous bois ; peu de gros gibier s'échappait du taillis. La forêt semblait ne recéler d'autres hôtes que les rabatteurs bruyants qui se frayaient un chemin à travers ses verts fourrés.

On ne trouva en effet dans la fosse du hopo qu'un petit nombre d'antilopes, un couple de gnous et quelques cochons sauvages. Ce fut un désappointement bien amer.

Les Makalolos l'accrurent en affirmant que les girafes avaient dû émigrer vers quelque forêt éloignée, et qu'on n'en reverrait pas dans le canton, de six mois peut-être.

Wilhem aimait pourtant à douter de l'exactitude de ce renseignement. Les Makalolos pouvaient être influencés par le désir de construire leurs huttes dans leur nouveau village, de cultiver leurs champs, en un mot de s'établir. Les chasseurs consentirent donc à leur départ, mais ce ne fut pas sans regret.

Réduits à leurs propres ressources, les Boërs battirent le pays pendant trois jours dans un rayon de vingt milles. Ils rencontrèrent plusieurs bois de mimosas, mais pas une seule girafe. Les Makalolos avaient dit vrai. Ces animaux avaient déserté le canton.

Hendrik, Arend et Hans s'unirent de nouveau pour parler du retour à Graaf-Reinet, et ils insistèrent avec tant de force que Wilhem fut obligé à une transaction. Il fut convenu qu'on retournerait au village makalolo pour y prendre l'avis de Macora. Si le chef croyait à l'insuccès d'une chasse prolongée, on se dirigerait vers Graaf-Reinet, mais en suivant une nouvelle route ; on prendrait par le pays des Betchuanas, et l'on traverserait quelques districts habités par les Boschimans. De là, on tournerait à l'est pour regagner Graaf-Reinet.

Macora, consulté par les jeunes Boërs sur le succès possible de leur chasse à la girafe, leur répondit qu'il restait peu d'espoir de réussite dans ce canton. Les girafes voyagent plusieurs jours de suite sans s'arrêter et parcourent de trente à quarante milles par vingt-quatre heures. Quand elles abandonnent une région, elles sont souvent bien des mois sans y reparaître.

Les Boërs se résolurent donc à prendre congé de leur

ami, qui leur confia quatre jeunes indigènes désireux de visiter les colonies européennes du sud. Ces Makalolos, munis d'une pacotille d'ivoire et de plumes d'autruche, reçurent en partant l'ordre de leur chef de servir en toute occasion les jeunes blancs.

Macora et Sindo laissèrent voir un profond chagrin à prendre congé des Boërs, et surtout de Wilhem auquel tous les deux devaient la vie. On ne se sépara point sans promesse de se revoir un jour. Enfin les chasseurs blancs quittèrent cette peuplade barbare, en reconnaissant que la race makalolo offrait à leurs sympathies des individus doués de toutes les qualités qui font honneur à la nature humaine.

Hans, Hendrik et Arend cheminaient joyeusement en se sentant sur la voie du retour. Tout à l'inverse, Wilhem ne s'avançait qu'avec regret ; il flânait le long de la route et saisissait tous les prétextes pour retarder l'allure de la caravane.

Le matin du troisième jour, les chasseurs aperçurent à un demi-mille de leur campement un grand troupeau de buffles paissant au pied d'une colline. Wilhem sauta aussitôt en selle et se dirigea de ce côté sans attendre l'avis de ses compagnons.

« Encore un délai d'une journée, dit Arend aux deux autres. Wilhem va tuer un buffle, et il nous obligera à rester ici pour le manger.

— C'est probable, répondit Hendrik en riant ; mais ce n'est pas une raison pour lui laisser, à lui tout seul, le plaisir de la chasse. »

Hendrik et Arend sautèrent à cheval et coururent sur les traces de Wilhem, suivis de deux Makalolos montés sur des bœufs. Ils eurent bientôt rejoint leur compagnon.

Quand les chasseurs furent arrivés à trois cents mètres du troupeau de buffles, ces ruminants regardèrent ceux qui venaient troubler leur repos ; puis ils se remirent à paître paisiblement.

« Les vieux taureaux ne leur ont pas encore donné l'alarme, dit Wilhem. Il faut incliner à gauche et tourner le troupeau. S'il nous chargeait, nous pourrions faire retraite sur la colline. »

Au moment où les chasseurs arrivaient au pied de l'éminence, quelques taureaux s'émurent et leur firent face dans une attitude menaçante. Comme l'on tire mal à cheval, les Boërs mirent pied à terre, choisirent chacun une victime et firent feu. Puis ils s'empressèrent de regagner leurs montures.

Plusieurs autres taureaux, surexcités par le bruit des coups de fusil, chargèrent les chasseurs, qui eurent peine à sauter en selle ; les chevaux effrayés se cabraient et se dérobaient. Hendrik et Arend maîtrisèrent cet effroi de leurs montures ; mais le cheval de Wilhem était littéralement affolé ; il échappa à son maître en lui coupant les doigts par la violence dont il tira sur la bride pour s'enfuir.

A ce moment, un des taureaux venait droit à Wilhem, et celui-ci, tout alerte qu'il était, ne pouvait gagner à la course un buffle africain ; mais il s'abrita derrière un des bœufs servant de monture aux Makalolos et que son maître avait abandonné dans sa frayeur. Le buffle s'élança sur son congénère domestique et lui enfonça une de ses grandes cornes dans le flanc. Wilhem eut ainsi le temps de gagner au pied.

Tout aussitôt les chiens des chasseurs assaillirent le buffle ; mais le plus hardi d'entre eux fut à l'instant saisi et foulé aux pieds par le ruminant furieux qui s'acharna sur son cadavre.

Wilhem avait eu le temps de recharger son roër; une balle en plein corps fit tomber le buffle sur ses genoux, et l'herbe se teignit de son sang pendant qu'il beuglait à travers les spasmes d'une rude agonie.

Hendrik et Arend avaient été poursuivis de leur côté par quatre taureaux; mais leurs chevaux, excités par l'éperon, étaient plus habiles à gravir la pente de la colline que les buffles, alourdis aux montées par leur énorme poids. Les ruminants, bientôt distancés, renoncèrent à cette poursuite et prirent la piste du troupeau qui s'éloignait dans la plaine; mais ils aperçurent le taureau blessé qui se débattait sur le sol, et ils poussèrent une pointe de ce côté.

Au lieu de venir en aide à leur compagnon, comme l'avaient supposé les chasseurs, ils le foulèrent sous leurs sabots et le percèrent de leurs cornes, non point avec colère, mais systématiquement pour ainsi dire; puis ils firent retraite après avoir achevé le pauvre blessé.

Ce buffle tué par Wilhem était le plus grand que les Boërs eussent jamais abattu, et, par curiosité, ils relevèrent ses dimensions. Il mesurait huit pieds de long et près de six pieds de haut au garrot; l'écartement de ses cornes, à la pointe, était de cinq pieds trois pouces. Une longue cicatrice sur une de ses épaules était visible malgré l'épaisse fourrure dont l'animal était couvert; elle devait avoir été laissée par l'attaque d'un fauve, probablement d'un lion; trois déchirures parallèles désignaient la place où s'étaient enfoncés les crocs du félin.

Dans la soirée du huitième jour, les chasseurs campèrent sur la rive d'un petit cours d'eau qui devait, selon

XVII

HENDRICK ET AREND AVRIENT ÉTÉ POURSUIVIS.

leurs calculs, être éloigné de cent vingt milles au sud de leur point de départ. En se levant le lendemain, le soleil éclaira un des plus charmants paysages que les chasseurs eussent jamais admirés. Auprès d'eux s'élevaient des massifs de lauriers-roses en fleur où voltigeaient des sucriers verts, un des plus jolis grimpereaux d'Afrique. Le petit vallon était un vrai paradis de fleurs ; mais cette impression favorable se modifia quand les Boërs eurent traversé un des terre-pleins qui séparaient les petits étangs laissés çà et là, dans cette saison sèche, par la rivière à demi tarie. Leur odorat fut offensé par des émanations infectes émanant de la direction qu'ils comptaient prendre. Cette odeur devint bientôt si incommode, qu'ils firent halte et décidèrent à l'unanimité qu'on inclinerait à l'est, afin de se placer sous le vent.

Pendant qu'ils prenaient cette nouvelle direction, ils virent tournoyer dans le ciel des vols de vautours et aperçurent des bandes d'hyènes et de chacals qui rôdaient dans la plaine. En avançant, les chasseurs s'expliquèrent cette réunion ; plusieurs douzaines d'antilopes mortes gisaient à quelques pieds les unes des autres. A mesure qu'ils marchaient, le nombre de ces cadavres augmentait.

« On dirait, s'écria Wilhem, que nous sommes entrés dans la vallée de la mort. C'est vraiment un mystère que la réunion de toutes ces pauvres bêtes décomposées. Qui de nous peut l'expliquer aux autres?

— Moi, dit Congo ; ces antilopes ont bu de l'eau de quelque mare empoisonnée par les gens du pays pour se procurer du gibier. Il doit y avoir dans ces parages une tribu de Betchuanas.

— Il est heureux, reprit Wilhem, que nous n'ayons pas établi notre camp auprès de cette mare-là ; nous servirions de pâture aux chacals comme ces pauvres antilopes.

— Oh! non, reprit Congo. Un homme ne boirait jamais assez d'eau empoisonnée pour en mourir; mais, si les chevaux et nos bœufs s'étaient abreuvés à cette mare, nous aurions laissé montures et attelages dans cette vallée.

— Partons vite! » s'écrièrent les autres chasseurs, impatients de se soustraire au spectacle répugnant que présentait ce lieu.

Le lendemain matin, Arend, qui s'avançait en éclaireur au-devant de la caravane, revint vers ses compagnons et leur dit : « Voici un kraal et un champ de maïs ici près.

— Et voici deux objets bien plus intéressants, lui répondit Wilhem, en montrant du geste deux éléphants qui s'avançaient dans la direction du champ de maïs. Approchons-les en silence, à deux ou trois seulement. Les autres garderont nos chariots et le bétail. »

Hendrik et Arend suivirent Wilhem. Hans se résigna au rôle de gardien de la caravane, et resta simple spectateur de la scène, qui promettait d'être émouvante.

Les deux éléphants s'avançaient le long d'un sentier étroit conduisant au champ de maïs. Ils ne pressaient pas leur allure; leur intention était sans doute de se régaler aux dépens de cette culture indigène.

« Une fois au milieu des épis et tout à leur réfection, dit le naturaliste, ils ne penseront pas à nous et nous pourrons étudier de près leurs mœurs et leurs façons d'agir. »

Tout à coup l'éléphant qui marchait en tête s'engloutit dans le sol. Le second s'arrêta pour chercher à se rendre compte de la disparition de son camarade; puis, il fit volte-face en sondant le terrain avec soin pour éviter un accident analogue.

« Un des éléphants est tombé dans une fosse, dit Hendrik. Voyons ce que va faire l'autre. »

L'éléphant ne s'était pas avisé de l'accident survenu à son compagnon ; il continuait à s'avancer posément ; mais, quand il fut à une centaine de mètres des chasseurs, il poussa son cri de trompette et les chargea.

Les trois chasseurs firent feu en même temps ; puis ils firent volter leurs montures pour livrer passage à l'éléphant. Il s'arrêta au bout de son élan et parut hésiter dans le choix de son adversaire. Ce moment d'indécision permit aux chasseurs de former un plan.

« Ventre à terre vers la fosse ! cria Hendrik. C'est l'animal qui nous a attaqués le premier ; s'il s'engloutit, nous serons délivrés de lui sans danger. »

L'éléphant les suivit, mais mollement, avec crainte ; un mugissement profond arriva tout à coup jusqu'à lui ; il venait du piège où son congénère était prisonnier. L'éléphant s'arrêta. Ce cri de détresse l'effrayait ; il trembla pour lui-même et opéra sa retraite en choisissant avec soin la piste laissée par les chevaux.

« Suivons-le, dit Arend. Hans pourrait être en danger. »

Ils ne s'arrêtèrent que juste le temps de recharger leurs armes, et ils firent sentir les éperons à leurs montures.

L'éléphant courait droit aux chariots arrêtés dans la plaine, et Hans avait fort à faire pour rassurer les Makalolos éperdus de frayeur. Le cheval qu'il montait pliait les jarrets et tremblait de tous ses membres. Hans mit pied à terre, car il savait que sa vie dépendait de la justesse de son coup d'œil. Abandonné à lui-même, le cheval fit un grand écart qui l'éloigna de son maître

L'éléphant blessé n'était plus qu'à cinquante pas. Le

mouvement violent du cheval attira son attention, et ce fut sur lui qu'il courut. Hans profita de l'incident; il visa l'éléphant au défaut de l'épaule droite et le coup porta juste.

Le pachyderme s'élançait avec des cris assourdissants parmi les chevaux qui galopaient dans toutes les directions. Il chargea le plus voisin de lui, le cheval de Congo qu'il lança en l'air et qui retomba éventré par les terribles défenses de l'éléphant. Cet effort fut le dernier; relancé de près par la meute qui aboyait autour de lui, l'énorme animal subit un mouvement de roulis, semblable à celui d'un navire en mer par un gros temps, puis il s'abattit sur le flanc droit et rendit le dernier soupir.

Après que les chasseurs eurent admiré leur prise, ils songèrent à aller examiner la fosse où l'autre éléphant était retenu prisonnier. Hans, qui consentait à garder encore les chariots, leur conseilla d'emmener Congo pour se faire entendre des indigènes, au cas où l'on en rencontrerait.

L'éléphant prisonnier remplissait l'air de cris si aigus qu'Hendrik dit à ses compagnons, en se dirigeant vers la fosse :

« L'animal se sera sans doute empalé sur un pieu pointu fiché dans la fosse... Mais voyez toute la population du kraal amenée par ces glapissements du pauvre éléphant pris au piège. Ces Betchuanas ne sont pas d'un aussi beau type et d'aspect aussi intelligent que nos chers Makalolos.

— Ils ne nous feront aucun mal, répondit Congo; ils sont habitués à voir des marchands blancs. La seule chose que nous ayons à en craindre, c'est d'être volés dans tous les marchés que nous tenterons de conclure avec eux. »

La fosse n'était pas carrée, avec un pieu fiché au centre, comme Hendrik l'avait supposé. C'était une sorte d'entonnoir en cône renversé n'offrant aucune surface plane. L'éléphant avait donc ses quatre jambes réunies sous la masse de son corps dont elles supportaient le poids dans cette posture gênante qui était un supplice. Chacun de ses efforts ne faisait que rapprocher ses pieds et accroître ses souffrances.

Tous les indigènes, rangés autour de la fosse, étaient armés de zagaies et de lances; mais aucun d'eux ne songeait à terminer par charité l'agonie du pauvre prisonnier.

Wilhem leva le long canon de son roër à la hauteur de l'œil de l'éléphant. Il allait faire feu quand les gesticulations et les cris des indigènes l'en empêchèrent. Congo, qui comprenait leur langue, dit à son maître que les Betchuanas s'opposaient à ce qu'il tuât leur prisonnier.

« Et pourquoi ? dit Arend. Ont-ils donc plaisir à voir souffrir cette pauvre bête ?

— C'est, dit Hendrik, qu'ils aiment la musique à leur manière; ils conservent cet éléphant dans son trou comme on garderait un oiseau dans sa cage, pour jouir des notes mélodieuses qui s'échappent de son gosier. »

Un des noirs était armé d'un fusil auquel il ne manquait rien que la platine; il présenta cette arme à Wilhem en lui faisant comprendre qu'il sollicitait de lui de la poudre et des balles pour charger cette arme en si bon état. Wilhem lui demanda comment il entendait se servir de ces munitions, et le nègre avoua naïvement, en secouant sa tête laineuse, qu'il n'en savait rien.

Une certaine agitation se fit dans la foule d'indigènes qui entourait la fosse. Un cortège de Betchuanas venait du kraal, accompagnant le chef qui s'était réservé l'honneur de tuer l'éléphant.

Ce chef parut, armé d'un mauvais fusil de munition qu'il avait acheté de quelque trafiquant; et il se disposa à déployer ses talents de tireur devant ses sujets émerveillés.

« Il ne tuera jamais l'éléphant avec cet outil rouillé et défectueux, dit Hendrik, qui avait eu la facilité d'examiner de près cette arme; il y aura plus de danger pour lui-même et pour ses voisins que pour le prisonnier. »

Le chef, d'un air pénétré de son propre mérite, se plaça à vingt cinq pas de la fosse, et il fit feu. La détonation fut suivie d'un rugissement de rage de l'éléphant; la balle n'avait fait qu'érailler la peau de son front, et le prisonnier était plus irrité de cette taquinerie cruelle qu'affecté d'une sérieuse souffrance.

Le chef rechargea son arme avec beaucoup de cérémonie; il tira sur l'éléphant deux fois encore sans obtenir un meilleur résultat. La foule rassemblée autour de la fosse s'augmenta dans ce moment de Hans, de Facetannée et des Makalolos de la caravane.

« Qu'y a t-il donc? demanda Hans. Ne pouvez-vous parvenir à finir le supplice de ce pauvre animal. J'ai entendu plusieurs coups de feu, et il crie encore!

— Le chef se réserve cet honneur, lui répondit Wilhem; il ne permet à personne de tirer, pas même à ce gaillard si bien armé d'un fusil sans platine. »

Wilhem fut interrompu dans sa plaisanterie par un message du chef qui le priait d'essayer son arme sur l'éléphant, afin qu'on pût juger de la valeur respective des deux fusils.

« Mais vous n'en ferez rien, baas Wilhem, ajouta Congo;

car, si vous le tuez avec votre roër, comme il est certain, ils en auront envie et s'arrangeront pour le garder.

— Quoi garder ? l'éléphant ?

— Non, baas Wilhem, votre roër. »

Wilhem se sentait l'énergie nécessaire à la défense de sa chère arme, mais il souhaitait n'avoir pas de querelle avec ces noirs. Il déclina donc cette invitation, en alléguant qu'après l'échec d'un chef aussi habile, toute tentative de sa part serait inutile.

Sur les ordres du chef, les indigènes criblèrent le prisonnier de coups de javelines. Ce massacre dura une demi-heure environ, et les chasseurs se détournèrent d'une scène qui excitait leur pitié.

Après avoir tué l'éléphant, les indigènes entreprirent la tâche plus aisée de le découper et de le transporter à leur kraal. Les pieds furent mis à part, comme un morceau délicat réservé au chef. Pendant cette opération, le chef daigna accorder une audience aux étrangers. Ceux-ci appelèrent Congo pour qu'il leur servît d'interprète. Pendant quelque temps, le chef et le Cafre crièrent à tue-tête en même temps, comme des gens qui se querellent.

« Mais qu'y a-t-il donc, Congo ? demanda Wilhem intrigué et quelque peu alarmé de cette animation.

— Je ne sais pas, baas Wilhem, répondit Congo tout confus. Ce chef ne parle pas zoulou. Je ne comprends pas ce qu'il dit, et je crois qu'il ne m'entend pas, lui non plus.

— Et comment donc prétendais-tu traduire tout ce que lui et ses sujets nous disaient près de la fosse ?

— J'essayais d'apprendre leur langue qui n'est sûrement pas une langue cafre, répondit Congo d'un ton mieux assuré.

— Nous ne séjournerons pas ici assez longtemps pour que tu puisses apprendre une langue quelconque... Mais qu'a donc Facetannée ? »

Facetannée riait, gambadait, se livrait à des gestes frénétiques pour attirer sur lui l'attention de ses maîtres. Quand il les vit occupés à regarder son attitude désordonnée, il s'écria d'une voix entrecoupée par des éclats de gaieté :

« Je vous l'avais bien dit que Congo n'était qu'un vieux propre à rien. Je comprends, moi, ce que dit le chef. Je comprends, comme tout Boschiman.

— Alors parle-lui ; tu sais tout ce que nous désirons apprendre. »

Facetannée reprit son sérieux et son air habituel de grave persifflage pour aller s'entretenir avec le chef des Betchuanas. Leur conversation se résuma ainsi : Aucune girafe n'avait été vue sur ce territoire depuis plusieurs lunes. Peu de marchands visitaient la tribu ; ceux qui étaient venus trafiquer avec elle avaient toujours agi sans loyauté. Le chef habitait le kraal qu'on apercevait derrière le champ de maïs, et il invitait les voyageurs blancs à y recevoir l'hospitalité.

Wilhem témoigna le désir d'accepter la politesse du chef betchuana.

« Pourquoi resterions-nous deux ou trois jours ici ? lui dit Hendrik. Pour flâner ainsi en route, tu n'as pas même ton éternelle raison de la chasse aux girafes, puisqu'on n'a pas vu de longtemps aucun de ces animaux par ici. »

Les voyageurs prirent donc congé des Betchuanas et continuèrent leur voyage dans la direction du sud. Il était nuit close lorsqu'ils se décidèrent à camper, sans avoir rencontré dans la journée un seul cours d'eau sur leur route. Bestiaux et montures souffraient cruellement de la soif; mais il n'y avait nul moyen de faire cesser leur supplice. Dès l'aube, la caravane se remit en route, en quête d'eau.

La plaine offrait devant eux, sur une étendue de plusieurs milles, une surface sèche et labourée de vagues de terrain dont les crêtes poussiéreuses s'effritaient.

Les voyageurs purent constater tristement la différence des effets de la soif sur les chevaux et sur les bœufs. Ces derniers s'abandonnaient nonchalamment à leur malheureux sort, et ils n'avançaient qu'avec peine. Les Makalolos étaient obligés de les exciter de la voix et du fouet pour les maintenir à une allure un peu relevée. Quant aux chevaux, ils dévoraient le terrain; ils semblaient comprendre que chaque pas les rapprochait d'un abreuvoir encore bien éloigné.

Hendrik et Wilhem partirent en éclaireurs dans l'après-midi. Il fallait trouver de l'eau avant la nuit, sous peine de s'exposer à perdre les attelages. Les deux jeunes gens étaient inquiets; ils se reprochaient d'avoir pris congé des Betchuanas sans les consulter sur la région inconnue qu'ils devaient parcourir, et ils déploraient leur imprudence.

Un peu avant le coucher du soleil, ils aperçurent à leur droite une colline; à sa base croissait un massif de petits arbres. Leurs chevaux dressèrent les oreilles et accélérèrent leur allure; ils sentaient déjà l'eau.

Avant d'atteindre le massif d'arbres, les cavaliers aperçurent un cadavre de lion tout déchiqueté par les animaux voraces du désert. Quatre chacals gisaient auprès; plus loin s'étendait l'énorme dépouille d'un buffle, à moitié décomposée ; elle gisait sur la berge du petit étang d'eau bourbeuse qu'entourait une ceinture d'arbres rabougris. Malgré l'aspect peu ragoûtant de cette mare, les chevaux se précipitèrent en avant, le cou tendu.

« La mare doit être empoisonnée, s'écria Hendrik. Empêchons nos chevaux de boire avant que Facetannéc et les Makalolos aient examiné cette eau. »

CHAPITRE XVIII

L'étang de la mort. — La racine-eau. — Pompe aspirante
d'un nouveau genre. — Effets de mirage.

La caravane, qui s'était réjouie en supposant, d'après l'allure des deux éclaireurs, le voisinage d'un cours d'eau, fut tout attristée par la mauvaise nouvelle qu'on lui rapportait. Hans et Arend mirent pied à terre pour n'avoir pas à lutter contre le désir aveugle qu'éprouvaient leurs montures d'étancher leur soif, et ils se dirigèrent vers le petit étang, accompagnés de Facetannée et de deux Makalolos.

Ces trois indigènes reconnurent du premier coup d'œil que cette mare était empoisonnée. On voyait au fond de l'eau une botte de racines à demi broyées. A la surface, une quantité de baies vénéneuses flottaient çà et là.

Il devenait urgent de prendre une autre direction, afin de n'avoir pas à contenir l'instinct des animaux dès qu'ils auraient senti l'eau. Ils y courraient à coup sûr sans qu'on pût les en empêcher. Le buffle avait étanché sa soif, et il n'avait pu qu'aller se coucher à l'ombre de ces arbres pour y mourir. La vigueur du lion ne lui avait pas fait surmonter l'influence du breuvage délétère; il s'était affaissé à quelques pas de la rive. Après avoir dévoré le fauve à moitié, les chacals avaient voulu se désaltérer, et ils avaient aspiré la mort. Il fallait donc se hâter d'éloigner les attelages de cet étang pestilentiel.

Mais il était déjà trop tard. Les particules humides transportées par la brise avaient frappé les naseaux secs de toutes les montures; les bœufs s'agitaient en beuglant, les chevaux hennissaient. Tous, ils avaient senti l'eau. D'elle-même et malgré la résistance des cavaliers et des conducteurs, la cavalcade se mit en mouvement.

Ce fut une lutte de vitesse entre les animaux enragés de soif et leurs maîtres qui voulaient les arrêter. Hans, Arend et leurs trois serviteurs se rangèrent en ligne pour défendre l'approche de l'étang; mais les montures étaient arrivées à cet état de surexcitation où les animaux les mieux domestiqués méconnaissent l'autorité de l'homme; trois chevaux, suivis de près par des bœufs, se précipitèrent dans l'étang empoisonné.

Coups de cravaches, de crosses de fusils, tout fut impuissant à refréner cet élan irrésistible d'une soif qui voulait s'apaiser à tout prix.

Par bonheur, l'étang était fort petit et seulement accessible à sa rive inférieure, et la bousculade des animaux, qui voulaient tous boire les premiers, les faisait se gêner, s'empêcher mutuellement.

Enfin, au bout d'une demi-heure, à travers une scène de confusion et de cris, les voyageurs réussirent à écarter de l'étang tous les animaux, sauf trois chevaux et deux bœufs, qui avaient réussi à boire et qui payèrent de leur vie l'aveuglement de l'instinct qui les avait portés à désobéir à leurs maîtres.

Les cinq animaux perdus n'étaient que trois bêtes de somme dont le chargement fut réparti sur celles qui restaient; cette modification nécessaire réduisit Congo et Facetannée à suivre la caravane en piétons. Ils s'en inquiétèrent peu, surtout Congo. Le Cafre n'était sensible qu'aux souffrances de la meute qui s'était abreuvée à l'étang empoisonné; les chiens n'avaient heureusement avalé que quelques lapées d'eau, la lutte des bestiaux les avait chassés de l'étang; mais ils souffraient beaucoup. Spoor'em, le favori, faisait mal à voir.

La caravane n'avait parcouru que quelques milles, lorsque la nuit vint. Il ne pouvait être question de s'arrêter; chaque heure de délai dans ce désert ôtait des forces aux hommes et aux animaux. Mais de quel côté se diriger? Les chasseurs blancs firent appel à l'expérience des indigènes pour résoudre cette difficulté.

L'avis que formula Facetannée ayant réuni l'approbation des Makalolos et de Congo lui-même, ce fut celui qu'adoptèrent ses maîtres.

« Il doit y avoir une tribu de Betchuanas par ici, leur dit-il; c'est elle qui aura empoisonné l'étang pour se garantir contre l'approche de tout ennemi; or, les Betchuanas ne peuvent craindre aucune attaque du côté du nord, où résident d'autres tribus de leur nation, mais seulement du côté de l'est, du pays des Cafres Zoulous, qui sont la malédiction de la terre, ajouta malicieusement Facetannée en regardant Congo. Il faudrait donc s'avancer à l'ouest. En quelques heures de marche, nous avons chance de rencontrer le kraal de ces Betchuanas. »

La caravane prit aussitôt cette direction. Un fait bien connu encourageait les Boërs. Ils savaient que, dans cette partie de l'Afrique centrale, on ne trouvait aucun désert d'une vaste étendue; ils n'avaient pu s'égarer assez avant vers le sud-est pour se trouver dans le grand *warroc* (désert) de Kalahari. Ainsi, il était à espérer qu'ils sortiraient en peu d'heures du petit warroc qu'ils traversaient si péniblement. Mais leurs bêtes fournissaient à peine deux milles à l'heure, en dépit des coups de fouet à lanières, et il y eut un moment où les Boërs craignirent que leur expédition de chasse ne se terminât plus misérablement que par un insuccès.

Guidée par l'étoile du sud, la caravane suivit pendant toute la nuit une ligne assez droite. Quand le jour éclaira leur détresse, les Boërs s'aperçurent que la plaine gardait devant eux cet aspect de mer moutonneuse solidifiée qui les avait frappés dès leur entrée dans le warroc. On continua de se traîner avec peine; le temps pressait, et la soif faisait oublier la faim.

Quand le soleil eut monté à son zénith, on aurait pu croire que la caravane n'avait pas avancé, tant l'aspect de la plaine restait uniforme.

« Il est absurde de souffrir ainsi pour sauver ses bagages, s'écria Hendrik. Sauvons notre vie et celle de nos montures en nous éloignant au plus vite, et laissons là chariots et bêtes de somme.

— Mais nous avons des piétons qui ne sauraient nous suivre, objecta Hans.

— Bah! tous iraient d'un meilleur train s'ils n'étaient pas obligés de pousser de misérables bœufs. Le plus mauvais marcheur d'eux tous se tirerait d'embarras. »

Cette conversation fut interrompue par un cri de joie que

XVIII

ON CONTINUA DE SE TRAINER AVEC PEINE.

poussait Facetannée. Il examinait de près une plante à feuilles étroites qui se dressait à six pouces au-dessus du sol. C'était la tige de la *racine-eau*, qui a sauvé d'une mort affreuse, dans les déserts africains, tant de voyageurs altérés.

Ces tiges étaient un peu clair-semées ; le Boschiman savait toutefois qu'il y en avait assez pour apaiser les souffrances de toute la caravane. Il s'arma d'une pioche et creusa le sol autour de la première tige qu'il avait découverte. La terre s'enlevait par larges plaques fendillées. La bulbe parut à dix ou douze pouces de profondeur. Elle mesurait sept pouces de diamètre environ et était recouverte d'une pellicule semblable à celle des oignons. La pulpe juteuse, découpée en tranches pour être plus facilement mâchée, était fraîche et insipide comme l'eau la plus pure. La récolte fut assez abondante pour que chacun, hommes et bêtes, pût apaiser un peu sa soif.

Ranimés par ce rafraîchissement, les attelages se remirent en route avec plus d'ardeur, et ils fournirent une longue marche pendant l'après-midi. Au coucher du soleil, les Boërs aperçurent quelques huttes dans le lointain. C'était un kraal de Betchuanas, dont les habitants se portèrent au-devant de la caravane. Ils témoignèrent tout d'abord leur surprise que des voyageurs eussent découvert leur résidence. Pour toute réponse, Facetannée les pria de conduire la caravane à la rivière, aux étangs et aux puits qui desservaient leur kraal.

Les Betchuanas répliquèrent qu'il ne se trouvait pas de réservoir d'eau quelconque à moins d'une journée de marche de leur kraal. Des mois s'étaient passés depuis qu'ils n'avaient vu de l'eau courante ; et à quoi bon de l'eau, d'ailleurs ? ils n'en avaient nul besoin, quant à eux.

« Ces moricauds se moquent de nous ! s'écria Hendrik. A qui feront-ils croire qu'ils puissent vivre sans eau ?

— Etablissons-nous ici près, dit Arend ; ils en tirent d'un endroit quelconque. Nous les guetterons, puis nous nous servirons nous-mêmes.

— Ne leur cherchez pas querelle, baas Arend, dit Facetannée ; ils se défient des blancs, voilà pourquoi.... Soyez sûrs qu'ils nous montreront leur eau tôt ou tard. Attendez qu'ils le fassent de bonne volonté. »

Les Boërs suivirent ce sage conseil ; ils établirent leur camp tout près du kraal, en faisant mine de croire à la possibilité de vivre sans eau en plein désert. Ils se promenèrent aux environs et y trouvèrent la même stérilité d'aspect qui affligeait leurs regards depuis deux jours. Cependant, il devait y avoir de l'eau quelque part pour maintenir en bonne santé les deux cents individus qui peuplaient ce kraal ; mais il fallait prendre patience et se fier à cette générosité que Facetannée promettait de la part de ces Betchuanas, dont il pénétrait les sentiments.

Bientôt, en effet, l'on apporta aux voyageurs de l'eau en petite quantité, dans des coquilles d'œufs d'autruche ; mais, si les hommes purent ainsi se désaltérer, les montures souffraient toujours de la soif.

« Attendez ! attendez ! disait Facetannée pour calmer l'impatience de ses maîtres qui parlaient déjà de quitter ce kraal inhospitalier. Le cœur du Betchuana va s'ouvrir. »

Bientôt, en effet, le chef du kraal s'avança vers les Boërs, et leur annonça que les bœufs et les chevaux allaient être abreuvés un par un ; il prit par la bride le cheval de Wilhem qu'il regardait comme le chef de la caravane et le conduisit à une petite distance du kraal. Là, se trouvait un puits dont l'orifice, dissimulé par une calotte couverte de terre durcie, venait d'être découvert. L'eau y fut puisée dans un seau en cuir de buffle, et tous les animaux de la caravane furent ainsi désaltérés l'un après l'autre, avec un ordre qui prouvait en faveur de l'intelligence des Betchuanas.

Dans la soirée, les Boërs eurent une longue conversation avec le chef du kraal; Facetannée servit d'interprète.

Le chef leur apprit que sa tribu, autrefois riche et nombreuse, avait été réduite à son état actuel par suite de ses guerres avec les Cafres Zoulous. Il avait émigré avec le reste des siens au centre de ce warroc écarté, dans l'espoir que les fatigues d'un pénible voyage empêcheraient leurs ennemis de les poursuivre jusque-là. Sur la route, afin de garantir sa retraite, il avait empoisonné divers étangs, et sa prévoyance avait été récompensée par le succès. Un parti de Cafres avait trouvé la mort près d'une de ces sources empoisonnées.

Pour donner à ses hôtes la plus haute idée de son importance, le chef leur apprit qu'il était le frère de Kalatah, et il fut péniblement surpris en découvrant que ce nom n'apprenait rien à ses auditeurs. Il s'empressa d'ajouter que Kalatah était l'être le plus remarquable qui eût jamais existé, et que sa mémoire était digne d'être vénérée par le monde entier.

Cette assertion piqua la curiosité des Boërs; ils demandèrent quelques renseignements sur les hauts faits de Kalatah.

Le chef répondit avec orgueil : « Les Cafres voulaient détruire les restes de notre tribu, et ils avaient organisé à cet effet une dernière expédition. Ils avaient abordé le warroc en grand nombre et munis d'eau pour une traversée de deux ou trois jours. Ils auraient donc réussi à nous exterminer dans notre refuge si Kalatah ne s'était dévoué pour le salut de son peuple. Il déserta, passa comme transfuge chez l'ennemi et s'offrit à lui servir de guide pour nous livrer à lui. Il conduisit l'armée cafre vers le nord, au milieu du grand désert de Kalahari. Aucun d'eux ne revit jamais la fumée de son kraal. Ils périrent de soif.

— Et Kalatah? demandèrent les Boërs, vivement intéressés par ce récit.

— Kalatah ne revint pas non plus. Ne vous ai-je pas dit qu'il avait sacrifié sa vie au salut des siens! »

Ce dévouement patriotique émut les voyageurs blancs, et ils comprirent que les Betchuanas, qu'on dit si dégradés, avaient une certaine valeur morale, puisqu'ils savaient garder le souvenir de leurs grands compatriotes.

Le lendemain matin, les voyageurs purent constater la façon singulière dont les Betchuanas se procuraient l'eau nécessaire à leurs besoins journaliers.

Le puits, qui était à l'abri du soleil et des regards, était dissimulé par sa calotte couverte de terre durcie, et la forme donnée au sol, tout autour, ne permettait pas de deviner la présence d'une source. Une ouverture, peu apparente et habituellement couverte d'une pierre, était pratiquée dans cette calotte. On y plongeait un roseau évidé et les femmes y attiraient l'eau par aspiration; elles en remplissaient leur bouche qu'elles vidaient ensuite dans des coquilles d'œufs d'autruche. C'est par ce procédé primitif et... peu propre, qu'on avait pompé la veille l'eau qui avait désaltéré les voyageurs. On ne découvrait l'orifice du puits que dans des cas exceptionnels, toujours rares.

Les Boërs passèrent deux jours dans le kraal betchuana,

afin de laisser à la caravane le temps de se refaire, et ils employèrent ces journées en causeries avec leurs hôtes, s'étonnant de les trouver contents de leur existence presque rigoureuse au fond de ce warroc stérile, où ils n'avaient à chasser que peu de gibier et où le sol leur fournissait à peine quelques légumes comestibles.

Ils prirent amicalement congé de ces hôtes en laissant au chef une bouteille de verre vide qu'il avait préférée à un fusil ; ce petit fait caractérisa pour eux le genre de vie de ce peuple primitif, qui les avait accueillis avec tant de cordialité.

Les Boërs savaient désormais qu'ils auraient à marcher deux jours pleins dans le warroc sans rencontrer le moindre filet d'eau ; ils s'efforcèrent donc de faire prendre aux attelages l'allure la plus vive. On fit vingt-cinq milles le premier jour ; mais, dès le lendemain, il fallut recommencer à se servir du fouet à lanière pour stimuler les bœufs. On atteignit vers midi une région qui avait dû être inondée autrefois d'eau saumâtre et qui était couverte d'une légère couche de sel.

La réflexion des rayons solaires donnait à cette couche saline l'apparence de l'eau. Les attelages y coururent avec avidité, et ils exprimèrent leur déception par des beuglements plaintifs.

Un mirage constant flottait sur ce désert ; il dénaturait l'aspect de tous les objets. Dans les intervalles des incrustations salines du sol, une herbe courte et acide croissait et devenait la pâture de quelques antilopes. Ces animaux, les arbres chétifs qui bordaient ces pâturages, semblaient parfois suspendus dans l'air, et cette image flottante amplifiait leurs proportions.

Ces illusions d'optique causaient cent contrariétés aux

voyageurs. Leurs bêtes se lançaient à chaque instant pour atteindre ce fantôme d'eau limpide, qui tentait leur soif, et l'on avait peine à les retenir. Çà et là, elles léchaient du sel, étant privées depuis longtemps de cette substance salutaire; mais leur soif s'en accroissait. Les voyageurs eux-mêmes subissaient d'heure en heure les phénomènes d'un mirage décevant.

Vers trois heures, ils atteignirent une oasis qui ressemblait à une île dans le désert. L'eau ondoyait vers eux dans toutes les directions. N'eût été l'expérience des illusions précédentes, ils se seraient imaginé que la terre sèche qu'ils foulaient allait être submergée. Pendant qu'ils contemplaient cette scène fantastique, ils virent passer dans le ciel l'image d'un grand oiseau qui se mouvait à larges enjambées; cet effet de mirage reproduisait si bien l'allure et les mouvements d'une autruche gigantesque, que, s'ils eussent ignoré la cause de cette vision, ils auraient pu croire qu'un animal apocalyptique, venant d'une autre planète, descendait sur la terre.

Tout à coup un nuage passa sur le bleu du ciel et détruisit ce mirage. Dès lors plus de visions décevantes. On touchait bien réellement aux limites du désert. Le sol s'élevait, couvert d'une riche végétation; des zèbres paissaient çà et là. L'eau ne pouvait par conséquent être loin.

La caravane trouva sur son passage, à ce moment, un nid d'autruche contenant dix-sept œufs frais, qui constituèrent à l'instant même les éléments d'un repas rafraîchissant.

Facetannée, grand chasseur d'autruches, demanda à ses maîtres la permission de rester en arrière pour chasser celles qui reviendraient au nid vers le soir. Il ne lui serait pas difficile de rattraper la caravane à sa halte nocturne, dont le lieu ne pouvait être fort éloigné.

Les préjugés de Facetannée contre les carabines s'étaient effacés depuis longtemps ; il avait même abandonné l'usage des flèches empoisonnées, comme étant un expédient grossier. Il s'assit donc sur la crête du nid d'autruche, ayant à la main le bon fusil qu'il tenait de la libéralité d'Hendrik.

Au coucher du soleil, la caravane atteignit un gros bouquet d'arbres que longeait une jolie rivière. Les bœufs ne se laissèrent décharger qu'après avoir étanché leur soif, et ils s'enfoncèrent ensuite à plein ventre dans le vigoureux herbage de la prairie.

Au bout de deux heures, Facetannée apparut triomphant ; il agitait dans sa main le trophée de sa lutte, un flot de ces magnifiques plumes blanches qu'il est malaisé d'obtenir, même en Afrique. Il avait tué deux autruches et se croyait le héros de la journée. Pendant son affût, il avait aperçu divers autres individus de cette espèce, mais trop éloignés pour qu'il essayât de les attaquer.

Il fallait quelque temps aux attelages pour se refaire. Les Boërs résolurent de ne pas quitter le camp dès le lendemain, et, pour occuper leurs loisirs, ils partirent en chasse dans le warroc dès le lever du soleil.

Ils suivirent, pendant quelque temps, sous les saules, la berge de la rivière, afin de se placer au vent des autruches, qui fuient toujours sous le vent. A peine les chasseurs avaient-ils abordé le warroc qu'ils aperçurent cinq autruches à la distance d'un mille. Elles venaient vers eux, et les quatre chasseurs étendirent leur ligne pour couper le passage ; mais, les autruches suivant une ligne courbe qui les aurait éloignées de ce poste d'affût, ils lancèrent leurs chevaux à fond de train pour se remettre à portée. Peine perdue! Aucun de leurs coups de feu n'atteignit les autruches, qui s'enfuirent à toute vitesse. Les chasseurs durent retourner au camp sans y rapporter le moindre trophée de plumes.

Cet échec réjouit singulièrement Facetannée et le remplit d'orgueil. Il avait su, lui seul et à pied, tuer deux autruches, tandis que quatre hommes blancs bien montés n'avaient pu en atteindre une seule. Le Boschiman prit un air de plaisante supériorité pour informer ses maîtres qu'ils n'avaient qu'à s'adresser à lui, quand ils désireraient s'approprier des plumes d'autruche.

Comme les chasseurs ne se souciaient pas de mettre à une nouvelle épreuve les aptitudes du Boschiman pour cette chasse, on leva le camp.

Les chasseurs traversèrent une contrée fertile habitée par de pacifiques tribus de Betchuanas; ils rencontrèrent de loin en loin de petits bosquets de mimosas, mais ils n'aperçurent pas une seule girafe.

On leur apprit, dans un de ces kraals betchuanas, que les girafes se trouvaient fréquemment dans le voisinage, à un jour de marche tout au plus. Hendrik, Hans et Arend reçurent ce renseignement de fort mauvaise grâce; ils appréhendaient que Wilhem ne s'en autorisât pour retarder leur retour à Graaf-Reinet. Ils ne se trompaient pas. Wilhem leur déclara qu'ils pouvaient continuer leur voyage s'ils le voulaient, mais qu'il était résolu, quant à lui, à résider un peu dans ce canton pour y chercher des girafes.

Les Boërs ne pouvaient consentir à laisser Wilhem seul; ils se résignèrent en rechignant légèrement à ce qu'il souhaitait, mais enfin ils se résignèrent. Les quatre Makalolos, qui étaient impatients de visiter les colonies civilisées, n'eurent guère moins d'ennui de ce nouveau retard; mais leur chef Macora leur avait dit que son autorité sur eux était transportée à Wilhem. Il ne leur restait qu'à obéir.

On campa dans une prairie à quelques milles d'un village betchuana, et il fut entendu que, si l'on rencontrait des girafes sans réussir à en capturer une seule vivante, on renoncerait à cette chasse difficile pour ne plus songer qu'au retour à Graaf-Reinet.

Les chasseurs prenaient en patience quelques jours de condescendance à cette idée fixe de Wilhem. Quant à celui-ci, il était animé d'un espoir qu'aucune raillerie ne parvenait à décourager.

CHAPITRE XIX

Une bande de fuyards. — Chasse désespérée. — Un coup de tonnerre sauveur. — Une prise inattendue. — Le camp abandonné.

La région où les jeunes Boërs s'étaient établis pour chasser était traversée par une rivière qui coulait dans la direction du sud-ouest. Ses berges étaient ombragées d'une série de petites futaies dont l'essence la plus nombreuse était le mimosa. On voyait, dans chaque massif, des branches brisées, des ramilles émondées, qui n'avaient pu être broutées que par des girafes. Les bords du cours d'eau présentaient aussi, en divers endroits, les empreintes des sabots de ces animaux. Ces traces étaient fraîches; on devait donc espérer que les girafes n'étaient pas loin.

Wilhem, après avoir tiré de telles conséquences de ces divers indices, dit à ses compagnons :

« Quelque chose me persuade que nous allons enfin réussir. Je suis parti de Graaf-Reinet avec l'intention formelle de n'y reparaître qu'en y amenant mes deux jeunes girafes vivantes, et j'espère bien les y ramener avant d'avoir des cheveux gris. Je ne veux plus ni creuser des fosses ni construire un hopo. Foin de tous ces expédients barbares! Que j'aperçoive seulement une girafe, et je jure qu'elle sera bientôt en ma possession, dussé-je la capturer de mes propres mains!

« Mais c'est impossible, répliqua Hendrik. Tu sais bien que ce serait là un fait inouï dans les fastes des chasses africaines. Si tu saisissais une girafe à toi tout seul, qu'en ferais-tu, ou plutôt que ferait-elle de toi?

— C'est une alternative que je pèserai lorsque j'aurai saisi ma girafe, reprit Wilhem. Tout ce que je puis affirmer, c'est que, si j'en rencontre une, je ne la quitterai pas tant qu'elle sera vivante, fallût-il l'échanger contre mon cheval. »

Au bout de trois jours passés à fouiller les moindres futaies du canton, les chasseurs n'avaient pas encore aperçu une seule girafe; ils furent moins favorisés dans ces courses que Facetannée et les Makalolos laissés à la garde du camp.

Au retour de ses maîtres, le Boschiman leur raconta, le soir du troisième jour, que deux girafes étaient venues boire à la rivière en vue du campement. D'après la description qu'il en fit, c'était un couple de vieux animaux qui avaient dû être souvent chassés. C'était à ces bêtes que Facetannée attribuait les empreintes laissées sur la berge et les ramilles broutées dans les taillis. S'il n'avait pas chassé ces girafes avec l'aide des Makalolos, c'est que l'âge de ces animaux était trop avancé pour valoir la peine qu'on aurait prise à s'en emparer.

Bien que peu enclins à croire les vanteries du Boschiman, Hendrik, Hans et Arend ajoutèrent foi à son récit ce soir-là. Ils démontrèrent à Wilhem qu'un plus long séjour dans ce canton n'était qu'une perte de temps inutile, et ils s'unirent de nouveau pour qu'on se remît en route. La discussion s'anima, s'aigrit même. Wilhem ne voulant pas entendre parler de renoncer à son dessein, malgré l'amitié qui unissait les quatre jeunes gens, une brouille était imminente entre eux, quand un événement inattendu les réunit une fois encore dans un but commun.

Ils déjeunaient d'assez méchante humeur, lorsqu'ils entendirent le galop précipité d'une nombreuse cavalcade et des jappements de chiens sauvages. D'un bond, ils furent sur pied et en observation.

A un quart de mille vers l'est, ils aperçurent, venant vers le camp, un grand troupeau de springboks (antilopes sauteuses) et une bande de girafes fuyant devant une meute de chiens sauvages. Il y avait au moins cent antilopes et de vingt à trente girafes dans cette troupe effarée.

Les chiens sauvages de l'Afrique australe chassent en troupe en suivant un plan fort habile. La meute ne donne jamais tout entière; elle procède par relais qui se lancent tour à tour pour remplacer les coureurs fatigués, et qui coupent le terrain de chasse obliquement, afin de raccourcir les distances.

La persévérance et la ruse de ces mâtins sauvages sont extraordinaires. C'est toujours la faim qui les pousse à ces parties de chasse, le plus souvent couronnées par le succès.

Les chiens étaient donc à la poursuite du troupeau de springboks, dont les plus faibles devaient tôt ou tard rester en arrière et devenir le gibier de leur dîner. Les girafes s'étaient imaginé que c'étaient elles que chassaient les chiens. Au lieu de laisser passer cette chasse enragée, elles s'étaient laissé gagner à l'affolement des springboks et les avaient suivis. Elles devaient venir de loin, car elles paraissaient déjà fatiguées.

Wilhem était transporté de joie. Il avait donc à sa portée une bande de girafes qui possédait de jeunes individus. Plusieurs d'entre elles devaient n'avoir que quelques semaines.

En apercevant les chasseurs, les antilopes tournèrent à droite et se dirigèrent vers une colline dans la direction du nord, toujours poursuivies par les mâtins sauvages. Les girafes continuèrent à courir le long de la berge de la rivière.

La vitesse de la girafe n'égale pas tout à fait celle du cheval; il y avait donc une possibilité de forcer celles-ci. On pouvait bien les tuer; mais les prendre vivantes, c'était autrement difficile.

Le temps d'ourdir un plan et de s'en partager les rôles manquait; les chasseurs ne purent que sauter à cheval et s'élancer à la poursuite de leur gibier.

Au bout d'une course folle de deux milles, les girafes commencèrent à donner de nouveaux signes d'épuisement. Les chasseurs furent bientôt sur leurs talons, à la lettre.

La bande se divisa. Trois girafes, un mâle, une femelle et un jeune quittèrent les bords de la rivière. Wilhem s'élança à leur poursuite. Le jeune individu était très beau; il devint pour le Boër l'objectif de sa chasse.

Les trois fuyards ne faisaient plus que trotter, et encore assez lourdement; mais Wilhem ne songea point à ralentir l'allure de son cheval; il tenait à rester à portée. Il eut bientôt perdu de vue ses compagnons et le reste de la bande de girafes; il ne songea pas un instant qu'il courait le risque de s'égarer. Il ne pensait qu'à l'objet de sa convoitise.

La course du chasseur et de son gibier se ralentissait de plus en plus. Le cheval de Wilhem ruisselait de sueur et chancelait parfois sur ses pieds mal assurés.

« Pourquoi m'aventurer ainsi et risquer la vie de mon bon cheval pour ne faire que regarder un animal que je ne parviens pas à saisir? » pensa Wilhem.

Il ne put cependant, malgré cet éclair de bon sens, se résoudre à renoncer à sa poursuite. La jeune girafe trottait tout près de lui, lui montrant sa robe bigarrée et ses belles formes. Mais comment s'emparer d'elle sans la tuer, comment la réduire à l'obéissance?

Wilhem se trouvait alors à plus d'un mille de la rivière. Son cheval, surmené, tremblait entre les genoux qui lui pressaient les flancs. Il fallait, ou renoncer à la chasse, revenir en arrière d'une allure plus lente, ou tenter un suprême effort. Wilhem avait caressé trop longtemps son projet, il l'avait poursuivi à travers trop d'obstacles pour savoir raisonner froidement à l'heure où une première chance lui souriait. Il se résolut donc à tenter ce dernier effort.

En obtenant de son cheval un dernier et énergique élan, le cavalier pouvait dépasser les girafes et les rabattre du côté de la rivière. Wilhem opéra cette manœuvre et fit tout à coup volte-face. Comme il s'y attendait, les deux vieilles girafes imitèrent son mouvement et reprirent leur course en sens inverse. L'une d'elles heurta au passage la jeune bête moins adroite à opérer cette conversion; ce choc la fit chanceler sur ses hautes jambes, et elle tomba lourdement sur le sol.

Wilhem sauta de son cheval, se précipita sur l'animal

abattu et l'empêcha de se relever en lui maintenant la tête contre terre. Il réussit facilement; le long cou de la girafe, si flexible et si gracieux, manque de force musculaire. Le chasseur n'avait pas besoin de déployer sa vigueur pour garder la girafe à terre; le seul poids de son corps y suffisait.

Les vieilles girafes s'éloignaient cependant, et, après avoir soufflé un peu, le cheval du chasseur se mettait à paître aux environs.

Wilhem avait donc capturé une jeune girafe; il n'en était pas moins aussi éloigné du résultat qu'il s'était promis que s'il en eût encore été à rêver cette belle prise. Il savait qu'au moment où il cesserait de maintenir à terre la tête de l'animal, celui-ci sauterait sur ses pieds et lui échapperait, en dépit de tous ses efforts.

La crainte d'être obligé d'abandonner sa prise ou de la tuer torturait Wilhem. Il ne reprenait un peu d'espoir qu'en songeant que ses compagnons finiraient par le rejoindre. Ne pouvaient-ils pas découvrir et suivre la piste de son cheval? Dans ce cas, toutes difficultés cessaient. On entravait solidement la girafe; on la conduisait au camp; elle serait apprivoisée avant le retour définitif à Graaf-Reinet. Mais les autres Boërs viendraient-ils? ou du moins arriveraient-ils à temps? La girafe ruait et se débattait pour retrouver sa liberté, avec une violence qui pouvait lui devenir fatale. Si les autres chasseurs attendaient au lendemain matin pour chercher leur compagnon, la girafe aurait peut-être succombé.

Wilhem souffrait lui-même de la soif, après sa course à cheval. Il avait devant lui une longue après-midi à passer sous les rayons brûlants du soleil, puis une longue nuit, et c'est aux heures sombres que le lion, ce tyran fauve des solitudes africaines, se met en quête de nourriture. Laisserait-il le chasseur en possession incontestée de son gibier?

Son cheval, ce fidèle compagnon de tant de chasses aventureuses, s'était écarté. Wilhem ne l'apercevait plus. Ne serait-il pas dévoré par les fauves? N'y aurait-il pas plus de sagesse à laisser la girafe libre, pour chercher son cheval et rejoindre ses compagnons? En s'obstinant, il pouvait perdre à la fois son cheval, la girafe et sa propre vie.

Que faire? Jamais Wilhem n'avait été agité par tant d'incertitudes, de perplexités. Il songea enfin qu'il avait parcouru quinze cents milles pour capturer deux girafes; il en tenait une vivante; si ses compagnons avaient fait leur devoir, à eux trois il leur avait été facile de prendre un autre jeune individu. Cette pensée le porta à tenir bon.

Après s'être longtemps débattue, la girafe s'apaisa vers le moment où le soleil se coucha. Wilhem ne s'abusa point sur la cause de cette tranquillité subite. L'animal ne renonçait pas à s'échapper; mais, ses efforts n'ayant point réussi, il méditait un autre plan de fuite. Il s'agita de nouveau par secousses brusques, afin de surprendre en défaut celui qui le tenait; mais le jeune Boër ne lâchait pas prise.

La girafe finit par se résigner; sa respiration devint régulière; les convulsions qui avaient secoué tous ses membres s'apaisèrent. Elle avait compris enfin l'inutilité de la lutte; elle se familiarisait peu à peu avec la présence de l'homme qui ne lui faisait d'autre mal que de la garder prisonnière.

La nuit vint et trouva Wilhem étendu sur le corps de la girafe, les bras noués autour du cou de l'animal. En ce moment, ses compagnons devaient être déjà inquiets de son absence; ils allaient se mettre à sa recherche. Peut-être à l'heure qu'il était, Congo lançait-il Spoor'em sur la piste de chasse. Cette pensée aida Wilhem à supporter l'angoisse de sa situation.

Il s'aperçut bientôt que sa veillée ne serait pas solitaire et que sa proie lui serait disputée. Quelques hyènes parurent les premières; trop poltronnes pour risquer une attaque, elles rôdèrent longtemps autour du groupe bizarre que formaient cet homme et cette girafe, faisant entendre leur lugubre ricanement, crispant leurs lèvres et grinçant des dents pour tâcher d'effrayer ce groupe gisant à terre.

Les ténèbres s'épaissirent. Wilhem ne s'apercevait plus de la présence des hyènes qu'en voyant luire dans les buissons noirs leurs yeux enflammés. Ces nuits profondes sont celles que choisit le lion pour se mettre en chasse; il s'avance alors, invisible dans l'obscurité, et il bondit sur l'homme avec aussi peu de crainte que sur une antilope.

Tandis que Wilhem tâchait d'abréger le temps et de soutenir son courage en se berçant d'espoir, l'air retentit d'une sonorité grave et rauque. Nul doute possible. C'était le rugissement d'un lion.

A ce moment, les nuages sombres qui, poussés par un vent sud-ouest, avaient envahi tout le ciel comme une marée montante, furent déchirés par le trait de feu des éclairs; le tonnerre gronda. L'orage — un orage tropical — approchait rapidement. Le lion aussi. Sa grande voix retentissait, plus distincte et plus terrifiante de minute en minute.

Qui, de l'orage ou de la bête de proie, arriverait le premier?

De larges et lourdes gouttes de pluie tombaient déjà; le

sol desséché résonnait sous leur choc; ce bruit aurait été agréable au chasseur altéré s'il n'eût pas entendu en même temps celui qui sortait du gosier du lion.

Wilhem connaissait depuis longtemps les habitudes de chasse du roi des déserts. Un bond et un rugissement simultanés, suivis d'un craquement d'os broyés sous ses fortes griffes et sous ses incisives cruelles. Il ne pouvait se faire illusion sur la catastrophe qui le menaçait.

Malgré sa froide intrépidité, le jeune Boër fut très ému; mais il ne perdit pas l'esprit et sut raisonner sa situation. Il attendit l'événement sans bouger de son poste, comprenant qu'en cherchant à fuir, il courait le risque de se précipiter entre les griffes du fauve, car le rugissement du lion n'apprend rien sur la direction dans laquelle on peut rencontrer ce félin.

L'averse commença; l'eau d'orage se prit à tomber par torrents. Des éclairs éblouissants illuminaient parfois les ténèbres. Au bout d'un quart d'heure, l'averse s'apaisa. Un éclair plus prolongé, plus éclatant que tous les autres, déchira les nuées. Un formidable coup de tonnerre le suivit instantanément.

Wilhem fut presque aveuglé par cette lueur électrique. Tous ses nerfs tressaillirent; s'il eût été debout, il fût tombé comme une masse inerte. L'obscurité qui suivit cette illumination fut si profonde, que le jeune homme crut un moment qu'il avait été aveuglé par l'éclair; mais il ne s'arrêta point à cette conjecture. Une pensée plus terrible absorbait son esprit.

Dans ce moment où la lueur de l'orage avait illuminé les moindres coins du paysage, il avait aperçu à dix pas de lui un lion qui se rasait à terre, prêt à bondir.

S'il en eût été capable, Wilhem aurait sauté sur ses

pieds et se serait enfui, abandonnant à regret la girafe ; mais la foudre, tombée sur le sol à quelques pas de lui, l'avait jeté dans une complète prostration physique ; il n'y avait plus que sa pensée qui vécût encore en lui, et pour lui faire redouter la plus affreuse mort.

Sa première perception nette, dès que l'ébranlement électrique se fut un peu dissipé, fut une sensation de surprise. Comment se faisait-il qu'il ne sentît pas s'enfoncer dans sa chair des crocs acérés ? Il comprit enfin que la foudre lui avait sauvé la vie. Ébloui, roussi, terrifié par le fluide électrique, le lion s'était enfui tout tremblant. On entendait sa voix rauque dans le lointain, ou plutôt son souffle qui devenait de moins en moins distinct.

L'orage se calma ; les nuages se repliaient vers l'horizon. Il se fit une embellie ; le disque argenté de la lune apparut dans le bleu du ciel. Wilhem continua sa veillée sans être inquiété par les fauves.

La girafe restait paisiblement couchée sur le sol ; mais sa respiration était longue et pénible. Wilhem se prit à craindre qu'elle ne mourût avant que l'arrivée de ses compagnons permît de la délivrer de la position gênante où il était obligé de la maintenir.

. . . .
. . . .

Les compagnons de Wilhem avaient eu de leur côté une chasse fort accidentée. Ils avaient suivi le gros de la bande des girafes qui continuait à fuir le long de la berge. Dans l'ardeur de cette poursuite, aucun d'eux n'avait remarqué la défection de Wilhem. Leurs chevaux, lancés à toute vitesse, dévoraient le terrain ; ils atteignirent bientôt les girafes.

Ce fut seulement alors qu'on s'aperçut de l'absence du

chasseur le plus passionné pour le succès; Hendrik distingua dans le lointain son compagnon courant vers le nord après ses trois girafes; mais il ne s'en inquiéta pas davantage, et se piqua de bien réussir de son côté.

La troupe de girafes fut bientôt accumulée sur une sorte de promontoire étroit que formait un coude de la rivière. Se voyant dans une impasse, elles voulurent faire volte-face; la retraite leur était coupée. Arend, qui tenait la droite, se porta en avant de ses compagnons et fit obstacle à la fuite du gibier. La bande entière fut ramenée vers la rivière. En tournant ainsi les girafes, Arend se trouva placé près de la plus grande d'entre elles, et il ne sut pas résister au désir d'abattre cette majestueuse créature. Sans arrêter son cheval, il visa à la tête et fit feu. Frappé juste en arrière de l'œil, l'animal se cabra, tournoya sur lui-même en battant l'air de ses pieds de devant et tomba sur le flanc.

Arrivées à l'autre extrémité du promontoire, les autres girafes ne virent pas d'autre moyen de retraite que la rivière. Le courant, peu large et sans grande profondeur, n'était pourtant pas facile à traverser. Sur les deux rives, la berge était plus élevée de quelques pieds que le niveau de l'eau, et, d'après la façon dont les girafes avançaient à travers le courant, il était facile de voir qu'elles marchaient péniblement sur fond mou.

En arrivant sur la rive opposée, les girafes essayèrent de gravir la berge; mais elles ne purent pas y réussir.

« Voilà bien le cas, s'écria Hendrik, d'essayer de prendre vivant un de ces animaux. J'ai toujours traité de folie l'espoir de Wilhem à ce sujet. S'il y a jamais une chance de le réaliser, c'est dans les circonstances où notre chasse est placée. Il y a deux jeunes individus dans cette bande;

XIX

AREND VISA A LA TÊTE ET FIT FEU.

essayons de les prendre. Si nous réussissons, nous n'aurons plus aucun sujet de nous quereller avec ce pauvre Wilhem, que nous avons rendu si malheureux en étant tous d'accord contre lui, car il sera aussi pressé que nous de mener en triomphe cette belle prise au Graaf-Reinet. Voici comment nous allons nous y prendre. Vous avez tous à l'arçon de votre selle vos courroies de peau de buffle?

— Oui, dit Arend; nous pouvons y pratiquer un nœud coulant et en faire des sortes de lazos pour les jeter au cou des girafes si elles reviennent de ce côté et à portée.

— Bien, reprit Hendrik. Surveillez-les donc par ici; moi, je vais chercher un passage plus facile pour traverser la rivière à la nage. Je vois d'ici, et pas bien loin, deux berges en pente douce. Mon plan vous semble-t-il bon?

— Adopté! » s'écrièrent les deux autres jeunes gens.

Lorsque Hendrik prit terre sur la rive opposée, les girafes qui étaient restées dans le lit de la rivière semblaient tellement épuisées de la longue course qu'elles avaient fournie qu'elles pouvaient à peine détacher leurs pieds de la vase du fond.

Deux ou trois, les plus vigoureuses, s'obstinèrent quelque temps à escalader la berge; mais elles n'y réussirent pas. Aucune d'elles n'eut l'esprit de comprendre qu'il était possible d'échapper en remontant ou en descendant le courant. Elles allaient et venaient, éperdues, de l'une à l'autre rive, également gardées. Les jeunes faisaient moins d'efforts; la vase du lit de la rivière emprisonnait leurs jambes délicates et leur rendait le mouvement pénible. Les deux rives étaient assez rapprochées à cet endroit pour qu'on pût tenter le jet des lazos.

Après deux ou trois essais infructueux, Hendrik réussit

à lancer son nœud coulant par-dessus la tête d'une jeune girafe. Aussitôt il mit pied à terre, et fixa l'autre extrémité de son lazo à un tronc d'arbre, ce qui mettait l'animal dans l'impossibilité de s'enfuir. Toute résistance était inutile; le long cou de la girafe était trop grêle pour lui permettre de résister violemment, et elle parut se soumettre à sa captivité.

« Essayez de prendre l'autre jeune qui est de votre côté, cria Hendrik à ses compagnons restés sur l'autre rive. Le moment est favorable, elle est empêtrée dans la vase. Vite! lancez vos lazos. »

Hans réussit du premier coup à prendre la jeune girafe dans le nœud coulant de sa longue courroie; mais les autres animaux, effarouchés pour leur propre compte du traitement qu'avaient subi leurs petits, firent une nouvelle tentative pour sortir du lit de la rivière. Ils y parvinrent; par malheur, ils blessèrent, dans leur bousculade vers la berge, la girafe qu'Hendrik avait capturée; elle fut renversée dans l'eau et foulée aux pieds; le lazo qui entourait son cou se resserra dans ce recul et l'étrangla.

Quand la bande de girafes eut disparu, les chasseurs s'occupèrent de celle que Hans avait prise, et ils la tirèrent hors de l'eau avec mille précautions. Elle essaya de se dégager dès qu'elle se retrouva sur la terre ferme; mais on la tenait solidement, et elle sembla se soumettre peu à peu à sa captivité.

Les trois chasseurs étaient dans l'extase.

« Où est Wilhem? s'écria Hendrik. Quoi! nous avons pris une girafe vivante, et il n'est pas là? Je promets de lui présenter les plus humbles excuses quand nous le reverrons. Il avait cent fois raison contre nous. »

Hans et Arend partageaient le même sentiment, et ils

étaient si désireux de ne pas perdre le bénéfice de cette belle chasse, qu'ils laissèrent la girafe se reposer une heure avant de reprendre le chemin de leur campement.

Au bout de ce temps, ils montèrent à cheval. Hans et Arend prirent chacun l'extrémité du lazo qui maintenait la girafe prisonnière. Ils se tenaient un peu en avant, à une certaine distance l'un de l'autre, afin d'empêcher la captive de se détourner à droite ou à gauche. Hendrik formait l'arrière-garde; il devait pousser la girafe au cas où elle résisterait à la traction du lazo.

Ce plan logique eut un plein succès. Vers le milieu de l'après-midi, les chasseurs furent de retour à leur camp. Ils y trouvèrent un singulier désordre. Les ballots, les ustensiles, tous leurs bagages en un mot jonchaient le sol. Facetannée, Congo, les quatre Makalolos avaient disparu, ainsi que les bêtes de somme et les bestiaux. Wilhem, que les jeunes gens supposaient retourné avant eux au campement, était absent, lui aussi.

Que signifiait ce mystère? Les Makalolos avaient-ils dérobé les bestiaux? Mais Congo et Facetannée, qu'on ne pouvait soupçonner de trahison, auraient défendu le bien de leurs maîtres; en tout cas, ils seraient restés à leur poste pour expliquer cette mésaventure. C'était donc là un événement inexplicable. Pour le comprendre, il fallait attendre le retour des absents.

Le temps s'écoula; rien ne parut, ni hommes ni chevaux, pas même les chiens, qui savent si bien retrouver d'eux-mêmes le gîte de leurs maîtres.

Les ballots d'ivoire, enveloppés dans des nattes tissées, étaient restés intacts. Si le campement avait été pillé, pourquoi les larrons ne s'étaient-ils point emparés de cette valeur, la plus précieuse de toutes?

Le jour baissait. L'absence prolongée de Wilhem causait de vives appréhensions aux jeunes gens. Il était temps de chercher le chasseur peut-être en danger. Hendrik et Arend laissèrent à Hans la garde du camp solitaire et de la jeune girafe, et ils se mirent en route dans la direction que Wilhem avait prise en les quittant au cours de la chasse.

Au bout d'un mille, ils aperçurent, aux dernières lueurs du crépuscule, Congo et Facetannée qui venaient à eux, suivis de toute la meute. Ils pressèrent le pas de leurs chevaux et adressèrent coup sur coup tant de questions à leurs deux serviteurs que ceux-ci, tout ahuris, ne purent que leur répondre :

« Oui, baas Hendrik; oui, baas Arend.

— Vous expliquerez-vous mieux, absurdes créatures ! s'écria Hendrik. Je vous demande d'abord où est Wilhem ?

— Nous ne savons pas, répondit Congo.

— Fi ! le vieux fou, dit Facetannée en haussant les épaules. Il a vu aussi bien que moi baas Wilhem partir ce matin avec vous pour chasser les girafes, et il dit qu'il ne sait pas où baas Wilhem est allé. »

Les jeunes Boërs trépignaient d'impatience; mais ce débat entre leurs deux domestiques leur prouva que ceux-ci ne connaissaient pas mieux qu'eux-mêmes les causes de l'absence prolongée de leur compagnon. Ils sommèrent Congo et Facetannée d'expliquer le délaissement du camp. Le Boschiman se livra à une divagation confuse, embarrassée; mais, sous les questions pressantes de ses deux maîtres, il finit par leur répondre ainsi :

« Pendant la journée, les bestiaux se sont un peu écartés dans le pâturage, et les Makalolos sont partis pour les ramener; ils n'ont pas pu y réussir.

— Comment est-ce possible? et vous, que faisiez-vous pendant ce temps?

— Congo et moi... moi et Congo, nous étions fatigués. Bref, nous avons dormi dans l'après-midi, et, quand nous nous sommes réveillés, nous n'avons plus vu ni les Makalolos ni les bestiaux. Nous avons couru bien loin dans la plaine. Nous n'avons pas aperçu une seule tête de bétail.

— Quoi! les Makalolos les auraient-ils enlevés? s'écria Arend.

— Oh! non, fit Congo. Ce sont de braves gens; nous les avons rencontrés à deux milles d'ici en aval de la rivière. Le bétail a été volé par une tribu Betchuana dont le kraal est dans ces parages. Les Makalolos nous ont dit qu'ils n'osaient plus retourner au camp après s'être laissé dérober les bestiaux; ils parlent de s'en aller rejoindre Macora, tant ils redoutent votre colère. »

Les jeunes gens reconnurent en eux-mêmes la faute qu'ils avaient commise en abandonnant leur camp sans protection suffisante, dans le voisinage de ces tribus africaines que leur état misérable sollicite à la convoitise et aux déprédations. Ces Betchuanas n'auraient sans doute pas osé enlever les bestiaux, si l'un des blancs en avait réclamé la propriété; ils n'avaient pas hésité à s'en emparer, malgré les protestations de quatre indigènes qui, appartenant à une tribu du nord, n'avaient pas le droit, selon leur code particulier, de se trouver sur le territoire betchuana.

Ce fait accompli était irrémédiable pour l'instant du moins. Il s'agissait de retrouver Wilhem. Mais le temps menaçait, l'obscurité était sillonnée de si lugubres éclairs qu'Arend proposa de faire halte jusqu'au matin. On aurait trop de peine à suivre la piste du cheval de Wilhem.

Hendrik se refusa formellement à tout délai : « As-tu oublié, dit-il à son compagnon, la nuit que tu as passée sous le baobab, en compagnie de ton rhinocéros ?

— Pas un mot de plus, partons ! » répondit Arend.

Facetannée fut envoyé au camp pour prévenir Hans de ce qui était arrivé et de la mission de recherches qu'accomplissaient Hendrik et Arend.

Ceux-ci, précédés de Congo et de son chien Spoor'em, qui cherchait la piste du Boër perdu, n'osaient se communiquer leurs craintes, de peur de se décourager mutuellement.

CHAPITRE XX

En quête de Wilhem. — Retour triomphal. — On prend son bien où on le trouve. — Chasse aux lions à la manière des Boschimans. — Perdue et retrouvée.

Spoor'em courait à droite et à gauche, le museau contre terre. Il était souvent hors de vue, dans les ténèbres; mais il traversait la voie de temps en temps et reniflait, comme font les chiens quand ils relèvent les émanations du sol. Tout à coup, il fit entendre un aboiement bref qui ne se répéta point.

« Il a trouvé la piste, dit Congo à ses maîtres. Brave chien ! je savais qu'il la trouverait. »

Spoor'em avançait lentement ; il flairait l'herbe pour se convaincre qu'il restait dans la bonne voie.

« Mais es-tu bien sûr, dit Hendrik au Cafre, qu'il ne nous met point par erreur sur la piste d'un gibier dont nous n'avons que faire ? Comment ton chien devinerait-il que nous sommes en peine de Wilhem ?

— Oh! n'ayez pas peur, dit Congo. Spoor'em n'est pas une bête. Il devine ce que nous attendons de lui. »

Les chasseurs durent se fier à cette assurance, et ils mirent une heure à parcourir un espace que le cheval de Wilhem avait dévoré en quelques minutes.

L'orage s'approchait cependant; il fallait presser le limier qui ne saurait plus retrouver la piste sur un sol détrempé de pluie. Bientôt le ciel ouvrit ses cataractes; les jeunes Boërs continuèrent à marcher sous l'averse, soutenus qu'ils étaient par le sentiment de leur devoir et par leur sollicitude amicale.

Aussitôt après l'orage, Spoor'em se trouva en défaut. La pluie avait dissipé les empreintes; il ne savait plus les retrouver. Inquiet, hésitant, il décrivait des cercles courts et brisés; il semblait craindre d'avoir perdu l'odorat, et il s'en désespérait, à sa manière.

« C'est fini! s'écria Hendrik. La piste est perdue. Il ne nous reste plus qu'à retourner au camp. Qui sait si nous n'y trouverons pas Wilhem revenu d'un autre côté. »

Le conseil était raisonnable si l'espérance restait douteuse. On allait prendre le parti du retour, quand le rugissement d'un lion se fit entendre à un mille en arrière. On risquait de faire une mauvaise rencontre en chemin.

« J'ai garanti de mon mieux ma carabine pendant l'orage, dit Arend; mais je ne me fie pas à cette précaution. Je vais la décharger, pour être sûr de mon coup si nous avons à chasser le fauve pour avoir libre passage.

— Je vais décharger la mienne, moi aussi, » dit Hendrik.

Les deux coups de feu partirent simultanément. Un cri humain répondit dans le lointain au bruit des deux détonations.

XX

LES CHASSEURS S'ÉLANCÈRENT DU CÔTÉ D'OÙ LEUR
VENAIT CET APPEL.

Les chasseurs s'élancèrent du côté d'où leur venait cet appel, précédés par Spoor'em qui était revenu de ses perplexités. Au bout de dix minutes, ils étaient auprès de Wilhem, heureux de le trouver sain et sauf, et en possession d'une girafe vivante.

« Depuis quand es-tu là? lui demanda Hendrik après les premiers épanchements.

— Depuis que je vous ai quittés à la chasse, dit Wilhem, c'est-à-dire très peu de temps après.

— Et combien de temps serais-tu resté à cette même place si nous n'étions venus t'y chercher?

— Jusqu'à la mort de ma girafe. Je n'aurais jamais pu me résoudre à l'abandonner.

— Mais si tu étais mort le premier? fit Arend en riant.

— C'était impossible, les entêtés ne périssent pas au milieu de leur succès. Mais pourquoi l'un de vous deux ne vient-il pas prendre ma place? J'ai bon besoin de me dégourdir les jambes, et je me demande comment je pourrai me tenir debout. »

Hendrik plaça ses mains sur la tête de la girafe. Wilhem se leva péniblement, fit quelques pas en étirant ses membres courbaturés, et finit par déclarer que, jusqu'au moment présent, il n'avait pas su ce que c'était que le véritable bonheur.

On convint de bivouaquer là jusqu'au matin, et, sauf deux ou trois heures consacrées au sommeil, la nuit se passa en récits et en explications; mais Hendrik et Arend s'entendirent pour ne point parler à Wilhem de la prise de leur jeune girafe. Ils voulaient lui en faire une agréable surprise.

« Ma conquête est tout à fait apprivoisée, leur dit Wilhem; si je ne retrouve pas mon cheval, je la monterai jusqu'à Graaf-Reinet. Mais auparavant, il faudra que je m'en procure une autre. Vous ne pourrez plus m'objecter votre éternel argument : C'est la chose impossible. Impossible pour vous, je ne dis pas. Vous et Hans, vous devriez mourir de honte. Vous n'avez pas su faire, à vous trois, ce dont je suis venu à bout, moi tout seul. Vous avez laissé échapper au moins trois jeunes girafes. Il n'y en avait qu'une dans la horde que j'ai suivie, et vous voyez que j'ai su la prendre. »

Hendrik et Arend accueillaient ces reproches avec une componction assez bien jouée; Congo tirait les oreilles de Spoor'em pour se donner une contenance.

Dès que le jour parut, les chasseurs avisèrent au moyen d'emmener au camp la jeune girafe. Wilhem reprocha à ses compagnons de n'avoir pas apporté leurs lazos. Hendrik répondit qu'ils avaient quitté le camp avec trop de précipitation pour songer à tout.

La girafe semblait soumise, mais elle était si faible qu'il y avait à craindre qu'elle ne pût faire le trajet. Cependant, comme on n'avait pas de cordes pour la conduire, il était possible qu'elle fît résistance et parvînt à s'échapper à un moment donné.

« Il nous faut une corde à quelque prix que ce soit, dit Wilhem qui ne pouvait supporter l'idée de perdre sa prise. Il nous en faut une, quand je devrais la découper dans la peau d'un de vos chevaux. J'ai fait une trop rude, une trop longue faction auprès de ma girafe, je suis venu la chercher de trop loin pour risquer de la voir m'échapper. Puisque vous ne savez pas obvier au défaut de cordes, il faut que je cherche un moyen de m'en passer. Il n'y a vraiment que moi, de toute notre bande, qui mérite le nom de chasseur. »

Wilhem se dirigea vers un bouquet de jeunes arbres qui s'élevait à une centaine de mètres. Il y choisit et y coupa deux longues baguettes terminées en fourche, et les plaça de chaque côté de la girafe capturée de façon à lui emboîter le cou. En tordant ensemble les pointes de la fourche, qu'il assujettit d'ailleurs, il obtint ainsi une sorte de licou.

La girafe avait passé un temps si long dans la position horizontale qu'elle parvint avec peine à se remettre sur ses pieds; quand elle y eut réussi, elle ne tenta que de faibles efforts pour échapper à sa captivité. Elle s'aperçut enfin qu'elle n'était pas moins prisonnière debout que couchée, et elle parut se résigner à son sort.

Hendrik et Arend montèrent sur leurs chevaux, prirent les deux gaules servant de licou, et se firent ainsi les cornacs de la girafe. Wilhem et Congo suivaient pédestrement ce cortège.

Plus d'une fois, pendant le trajet, Wilhem renouvela les reproches qu'il avait adressés à ses compagnons.

« Ah! si l'un de vous, disait-il, avait possédé la moindre parcelle de la résolution qui m'animait!... Quant à moi, j'aurais poursuivi cette girafe jusqu'à ce que mon cheval s'abattît; ensuite, j'aurais continué ma chasse à pied. J'étais bien résolu à ne l'abandonner qu'en tombant mort de fatigue ou faute d'haleine. »

Arend et Hendrik ne répliquaient rien à ces récriminations. Ils poussaient la délicatesse jusqu'à ne pas rappeler à Wilhem que, sans leur assistance, il n'aurait pu mener à bien sa victoire. Ils laissaient s'exhaler ainsi l'exaltation qui le possédait, afin qu'elle se calmât peu à peu d'elle-même; ils savaient que, revenu dans son bon sens habituel, leur compagnon ne réclamerait que sa juste part dans l'honneur de cette expédition.

La joie de Wilhem était assombrie cependant par la crainte d'avoir perdu à tout jamais son cheval. On arriva au camp vers midi, et quel fut son transport de joie quand il aperçut son cheval attaché à un arbre, côte à côte avec une jeune girafe vivante !

Les Makalolos avaient trouvé le cheval de Wilhem errant par la plaine, et ils s'étaient enhardis à le ramener au camp, se faisant, de ce service rendu, un prétexte pour oser affronter les reproches auxquels ils s'attendaient. Hans leur avait pardonné leur négligence de la veille et les avait dissuadés de leur projet d'aller retrouver Macora.

Après le cri de joie que lui arracha la vue de la seconde girafe, Wilhem ne demanda et ne reçut aucune explication sur la manière dont elle avait été prise. Il y avait trente heures qu'il n'avait mangé ; il s'établit donc en silence devant un repas copieux que Facetannée avait préparé exprès pour lui ; puis, après avoir fait les plats nets, il s'étendit tout de son long sur l'herbe et s'endormit profondément.

Avant de reprendre le chemin de Graaf-Reinet, les chasseurs devaient tenter de recouvrer les chevaux et les bestiaux volés, sous peine de laisser en route leurs précieux bagages. Ils tinrent conseil à ce sujet ; mais, quand ils voulurent réveiller Wilhem pour prendre son avis, il leur déclara qu'il voulait reposer tout le reste de la journée pour réparer le temps perdu. Cinq minutes après, il dormait de nouveau à poings fermés.

Après le déjeuner du lendemain, l'on se disposa à cette expédition chez les Betchuanas. Ce ne fut pas sans peine que Wilhem se décida à quitter ses chères girafes pour accompagner Hendrik et Arend ; on laissa pour garder le camp Hans, Congo et deux Makalolos. Facetannée fut emmené pour servir d'interprète au besoin.

Supposant que leurs voleurs devaient habiter le voisinage de la rivière, les chasseurs suivirent la berge et n'aperçurent, pendant les cinq premiers milles, rien qui indiquât un établissement quelconque, ni même le passage de leurs bêtes de somme. L'orage, il est vrai, avait pu brouiller leur piste.

On arriva enfin à un endroit de la rive où le sol était marécageux. Les Boërs distinguèrent avec plaisir les empreintes d'une foule d'animaux, dessinées sur la terre molle. Ils reconnurent les sabots des chevaux et des bœufs qui leur avaient été enlevés. Cette découverte était du plus favorable augure. Ils poussèrent en avant et finirent par atteindre un kraal composé d'une quarantaine de huttes. Comme la cavalcade en approchait, quelques indigènes coururent à sa rencontre en gesticulant et en criant. Facetannée leur apprit qu'on était à la recherche de chevaux et de bétail volés.

Un homme de haute taille, à peu près nu et armé d'un parasol en plumes d'autruche, prit la parole au nom des habitants du kraal. Il dit qu'il savait fort bien ce que c'était que des bœufs, qu'il en avait vu autrefois, mais pas récemment. Quant à des chevaux, il ne pouvait se figurer quelle sorte de bête c'était.

L'homme au parasol mentait avec impudence, puisque des empreintes de sabots chevalins couvraient la place même où il pérorait ; d'après la fraîcheur de ces pistes, il ne devait pas s'être écoulé une heure depuis que les chevaux avaient passé entre les deux rangées de huttes, et il n'était pas supposable qu'aucun indigène ne les eût aperçus.

Édifiés sur la sincérité de l'orateur, les Boërs rompirent la conférence et s'avancèrent dans le kraal. Le premier objet qui frappa leurs regards fut une peau de bœuf encore saignante, suspendue à l'entrée de la plus grande hutte. Facetannée courut l'examiner et déclara que cette peau était celle d'un des bœufs de son chariot ; il montra les stigmates du bât restés sur le pelage. Les Makalolos confirmèrent cette assertion.

Aucun des indigènes du kraal ne put expliquer la provenance de cette dépouille. Quand on la leur montra, ils prirent une mine stupéfaite, comme devant un aérolithe tombé du ciel.

Les chasseurs, voyant qu'ils ne tireraient rien de ces effrontés menteurs, se mirent à faire leurs recherches eux-mêmes. Derrière le kraal se trouvait une prairie qui se prolongeait dans la direction du nord. Les Boërs y aperçurent quelque chose qui ressemblait de loin à un troupeau, et ils pensèrent que ce pouvait être le leur. Ils ne se trompaient pas. Les bêtes volées étaient gardées par des femmes qui prirent la fuite en voyant Wilhem et Hendrik s'approcher au galop. Leurs cris sauvages, leur fuite éperdue prouvaient qu'elles s'attendaient à être massacrées sur place. Mais les chasseurs étaient trop heureux de rentrer en possession de leur bien pour songer seulement à molester des femmes ; pourtant, ils causèrent sans le vouloir la mort de l'une d'elles.

Une de ces fugitives resta tout à coup en arrière de ses compagnes ; elle chancela un instant et s'affaissa sur le sol. Les cavaliers mirent pied à terre en arrivant à elle. Ils la trouvèrent couchée sur le dos, les yeux grands ouverts et déjà vitreux. Son cœur avait cessé de battre ; sa respiration était éteinte ; elle avait succombé à la peur ou peut-être à la rupture d'un anévrisme au cours de sa fuite précipitée.

Près d'elle gisait un enfant à peine âgé de deux ans et qui jeta sur Hendrik des regards déjà défiants. Sa physionomie tout entière justifiait une assertion souvent émise, c'est que l'enfant africain naît, comme le lionceau, avec des facultés mentales très développées.

Les autres femmes avaient disparu, sans oser ou vouloir répondre à l'appel encourageant des étrangers. Hendrik ne pouvait cependant pas se résoudre à laisser ce petit être seul en plein champ auprès de sa mère morte.

« Qu'allons-nous en faire? dit-il. Nous ne pouvons l'abandonner ici. Ce serait inhumain.

— Nous voici dans une fort triste affaire, dit Wilhem en considérant d'un œil de pitié la pauvre négresse morte. Les Betchuanas penseront que nous avons tué cette femme, et il leur en restera de la haine pour les blancs. Quoi qu'il en soit, rapportons l'enfant au kraal et rendons-le aux indigènes. Nous leur raconterons comment les choses se sont passées. Allons! passe-moi ce noir baby. »

L'enfant se mit à pousser des cris perçants; il ne se borna pas à cette protestation bruyante; il mordit et griffa, comme un jeune tigre, les mains qui le tenaient, bien différent, dans cette résistance énergique, des Betchuanas adultes, qui craignent les blancs et professent une salutaire horreur pour la bataille.

Wilhem jeta le négrillon sous son bras comme un paquet pour se mettre à l'abri des égratignures, et il rallia tous ses bestiaux en moins d'une heure, avec l'aide de ses compagnons. Il n'y manquait que le bœuf dont s'était évidemment régalé tout le kraal.

L'enfant fut remis au chef par Facetannée, qui raconta

le malheur survenu dans la prairie; et, sur l'ordre de ses maîtres, il invita les Betchuanas à ne plus dérober le bien d'autrui.

Le chef et les anciens du village eurent l'effronterie de protester qu'ils étaient innocents de ce vol; mais les Makalolos désignèrent, parmi ceux qui attestaient le plus haut leur intégrité, les indigènes qui avaient volé le bétail.

Pour échapper à ces clameurs discordantes, les Boërs poussèrent devant eux leurs bêtes de somme reconquises et se préparèrent au départ; mais, avant de quitter le kraal, Hendrik et Arend laissèrent percer l'intention de châtier les Betchuanas, pour leur larcin, leurs mensonges et le temps qu'ils avaient fait perdre à la caravane. Wilhem les en dissuada.

« Les pauvres créatures n'en savent pas plus long, leur dit-il, on ne leur a pas enseigné les premiers préceptes de la morale. Pour ces Betchuanas, le bien et le mal sont synonymes. Que notre indulgence leur serve de leçon; c'est la meilleure qu'ils puissent goûter. »

Une fois encore, les Boërs reprirent la route de Graaf-Reinet. Contre leur attente, les jeunes girafes ne leur causèrent pas trop d'embarras. Une simple courroie suffisait à les conduire; comme les éléphants privés, elles n'avaient conscience ni de leur force ni de leur vitesse, et elles devinrent bientôt aussi dociles que des chevaux.

Plusieurs jours se passèrent sans amener d'incident, et les voyageurs ne se plaignirent pas de la monotonie du trajet. Wilhem lui-même, le chasseur passionné, ne tirait çà et là un coup de fusil que pour fournir la caravane de viande fraîche.

Au bout d'une quinzaine de jours, l'on arriva dans une contrée habitée par des tribus de Boschimans. Facetannée se réjouissait de montrer à ses maîtres des hommes de sa race. Il les leur représentait comme de braves guerriers, mais doux, hospitaliers, intelligents, bien supérieurs aux Cafres, ces compatriotes de son rival Congo.

Les Boërs eurent bientôt l'occasion de vérifier cette apologie des Boschimans. Une certaine après-midi, ils rencontrèrent un petit kraal contenant une cinquantaine de leurs familles, et ils se décidèrent à y passer la nuit, les informations prises leur prouvant qu'il faudrait faire trop de chemin pour trouver plus loin un lieu de campement favorable.

L'hospitalité vantée par Facetannée se manifesta d'abord par une demande générale d'eau-de-vie, de tabac, de vêtements ou de tous autres objets dont les voyageurs voudraient bien gratifier la tribu. En échange, les Boschimans n'offrirent que la permission de puiser de l'eau à un étang voisin.

Pendant la nuit, une jeune génisse appartenant au chef de la tribu fut dérobée par un lion. Deux indigènes reçurent l'ordre, dès que le matin fut venu, de chercher la bête fauve et de la tuer. Les Boërs demandèrent au chef la permission d'accompagner les deux noirs; ils étaient très curieux de voir comment s'y prendraient pour combattre un lion ces deux hommes, qui n'emportaient pour toutes armes offensives et défensives qu'un petit arc, quelques flèches empoisonnées et une peau de buffle.

La piste du lion aboutissait à un bouquet d'arbres situé à un mille et demi du kraal. Les Boërs se tinrent à une certaine distance; ils mirent alors pied à terre, armèrent leurs fusils et servirent d'arrière-garde aux Boschimans, dont ils admirèrent le sang-froid.

Comme les noirs s'y attendaient, le lion, gorgé de nourriture, digérait son souper de la nuit en dormant. Les

Boschimans s'avancèrent presque jusqu'à toucher le fauve endormi. L'un des deux tendit alors son arc; l'autre déploya sa peau de buffle et se plaça un peu en avant de son camarade. La petite flèche partit avec un sifflement et se planta dans le large flanc du lion. Il sauta sur ses pieds en poussant un formidable grognement; aussitôt la peau de buffle lui tomba sur la tête et l'aveugla. Le fauve se secoua, fit tomber le voile dont on l'avait affublé, puis il tourna les talons et s'enfuit sans aucune démonstration agressive.

La moitié de la tâche des deux noirs était accomplie. La pointe empoisonnée avait pénétré dans le corps du lion; sa mort était aussi certaine que si un boulet lui eût emporté la tête; mais les Boschimans étaient tenus de présenter à leur chef les pattes du fauve comme preuve de l'exécution de leur mandat. Ils devaient donc le poursuivre jusqu'à ce qu'il tombât, terrassé par le poison. Cette particularité était si bizarre que les Boërs voulurent voir l'issue de la tragédie; ils continuèrent donc à marcher à la suite des Boschimans. Le lion s'éloignait lentement, mais d'une allure insouciante qui s'accéléra bientôt. Peut-être la flèche n'avait-elle pénétré que dans le cuir épais du fauve. Wilhem craignit de le voir échapper à la mort, et il exprima le regret de ne pas lui avoir envoyé une balle de son roër.

« Je suis ravi que tu n'y aies pas songé, lui dit Hans. Tu aurais détruit tout l'intérêt de cette chasse. Je veux constater l'effet de ces flèches empoisonnées et voir de mes yeux si réellement elles suffisent à tuer un lion. »

Après avoir parcouru un mille, le fauve s'arrêta, se prit à rugir et fit deux ou trois tours sur lui-même. Le poison commençait à agir. Bientôt il se coucha, se roula dans la poussière, se dressa sur ses jambes de derrière en rugissant; un instant après, il parut se tenir en équilibre sur sa tête. Puis, il attaqua un arbre voisin, dont il arracha l'écorce avec ses dents et ses ongles. Jamais les chasseurs n'avaient assisté à une si formidable agonie. Les convulsions du lion leur inspiraient un sentiment de pitié; ils auraient mis fin à ses souffrances d'un coup de feu, s'ils n'eussent tenu à vérifier tous les effets du poison.

Un quart d'heure environ s'écoula entre le moment où le lion avait fait retraite et celui où il rendit le dernier soupir.

Le matin du troisième jour après leur départ du kraal boschiman, les chasseurs furent réveillés par les cris perçants d'une troupe de singes noirs gîtés dans la futaie voisine de leur camp. Ces cris, à ne pas s'y tromper, étaient des cris de détresse. Pendant qu'on préparait le déjeuner et qu'on chargeait les bêtes de somme, Wilhem et Hendrik pénétrèrent dans la futaie, par pure curiosité, et ils virent bientôt que l'émoi des simiens était très justifié. On aurait pu crier à moins.

Un jeune léopard, grimpé sur un arbre qu'occupaient vingt ou trente singes, essayait d'en attraper un pour son déjeuner. Les singes fuyaient vers les branches les plus menues; le léopard n'osait pas les y poursuivre, de peur de faire casser la branche et d'être précipité à terre. Arrivé à deux ou trois pieds du simien qui criait à tue-tête, il prenait un air souriant, étendait patte blanche d'un air amical, et, quand il voyait que cette pantomime aimable n'obtenait pas de succès, il allait tenter le même jeu avec un autre singe.

Il parvint enfin à pousser un de ces quadrumanes sur une grosse branche horizontale, qui était morte et par conséquent sans ramille sur laquelle le singe pût se réfugier. Il était si occupé de sa proie, qu'il croyait tenir déjà, qu'il ne s'aperçut de l'arrivée des chasseurs qu'au moment où ceux-ci se trouvèrent tout près de l'arbre. Il s'arrêta alors; son instinct l'avertissait de la présence de l'ennemi, et ses yeux flamboyants lancèrent une ardente menace.

« Réserve ton coup, Hendrik, dit Wilhem en épaulant son roër. Nous en aurons besoin peut-être. »

Le léopard tomba de l'arbre, frappé à mort. Sans attendre la fin de son agonie, Wilhem le saisit par une de ses pattes de derrière et le traîna vers le camp; mais il dut l'abandonner en route.

Quand ils furent en vue de leur installation, les jeunes gens aperçurent un désordre extrême. Hommes, chevaux, bœufs, couraient éperdus dans toutes les directions. Wilhem et Hendrik ne se demandèrent pas à deux fois quelle était la cause de cet émoi. Un rhinocéros noir était planté au beau milieu du camp. Il s'y tenait immobile, indécis sur le choix de sa victime. Sa méchante humeur s'était allumée parce que ces étrangers avaient occupé la place où il allait boire d'habitude à l'étang voisin.

Un rhinocéros noir, un borelé, chargerait sans hésiter un régiment de cavalerie. Celui-ci avait fait une entrée si soudaine dans le camp qu'il avait fait fuir devant lui tout ce qui avait pu s'échapper. Une jeune girafe n'avait pas réussi à briser ses liens; elle s'agitait convulsivement sur le sol à côté d'un bœuf que le rhinocéros avait foulé aux pieds dans son premier choc. L'autre girafe courait à travers la plaine et se trouvait déjà plus loin qu'aucun des autres animaux.

Le borelé, ayant chargé un des chevaux de bât, s'éloigna du camp à sa poursuite, et les Boërs s'empressèrent de relever la girafe tombée à terre, qui courait risque de s'étrangler avec son licou. Elle n'avait d'autre mal que la peur. Les Makalolos s'empressèrent de ramener les bestiaux ; mais Wilhem ne voulut s'occuper que de la girafe en fuite. Accompagné d'Hendrik, de Congo et du limier Spoor'em, il partit pour la forêt vers laquelle la fugitive s'était dirigée.

Cette forêt n'était qu'une futaie sans grande profondeur ; au delà s'étendait une vaste plaine. La girafe n'était plus en vue, mais ses voies étaient dessinées distinctement sur le sol.

« Il est inutile d'aller plus loin, dit Hendrik au bout de quelque temps. Si la forêt avait eu de l'étendue, nous aurions eu chance d'y retrouver la girafe qui aurait trouvé là de l'abri et de la nourriture. Mais ses congénères ne font jamais halte dans la plaine. La fugitive nous a trop distancés. Nous ne l'atteindrons pas.

— Je ne renonce pas si facilement à la retrouver, répondit Wilhem. Je la poursuivrai tant que j'aurai la force de me tenir à cheval. »

Ils continuèrent à s'avancer dans la plaine ; le soleil commençait à s'incliner vers l'horizon. Les chasseurs étaient partis avant de déjeuner ; affamés, altérés, ils trottaient péniblement.

« C'est insensé ! dit Hendrik. Nous arriverons au camp à la nuit close si nous continuons encore une heure cette recherche inutile.

— Va-t'en si tu veux, répliqua Wilhem. Ceci est mon affaire personnelle. Emmène Congo s'il est fatigué. Laissez-moi seulement le chien.

— Il est fou, se dit Hendrik, je ne dois pas l'abandonner à lui-même. »

Et, sans faire d'autre observation, il continua de suivre son ami.

La piste de la girafe se dirigeait en droite ligne vers un bouquet de saules, dont la présence dans un bas-fond de la plaine indiquait la proximité de l'eau. Les chevaux harassés en sentirent les émanations, et leur allure en fut ranimée. Un étang occupait en effet le centre de ce bouquet d'arbres, et, sur sa berge, se profilait la silhouette d'un animal qui arracha une exclamation de joie à Wilhem. C'était la girafe échappée, de nouveau prisonnière, la courroie qu'elle avait traînée après elle s'étant emmêlée dans les buissons. Sans l'arrivée des chasseurs, elle eût péri fatalement sous les griffes de quelque bête de proie.

« Eh bien ! Hendrik, s'écria Wilhem triomphant, n'avons-nous pas mieux fait de sauver cette pauvre créature que de l'abandonner à l'affreuse mort qui l'attendait ? »

CHAPITRE XXI

L'hospitalité de M. Von Ormon. — Disparition mystérieuse. — Fausse piste. — Un renseignement de rencontre. — Congo est-il un traître ?

Wilhem et Hendrik étaient attendus au camp avec impatience. De bonnes nouvelles devaient leur être annoncées pour leur bienvenue : tous les animaux avaient été recouvrés ; Hans et Arend avaient tué le rhinocéros noir qui avait causé une si forte panique. La joie du retour fut donc complète et l'on se remit de nouveau en route.

Les voyageurs eurent à traverser, dans le pays des Hottentots, de vastes plaines dont l'herbe avait été récemment brûlée et où toute la caravane eut à souffrir de la soif et de la faim ; mais on se rapprochait de Graaf-Reinet, ce qui donnait du courage à tout le monde. Quelques jours après, ils se trouvèrent dans une région plus civilisée ; ils eurent à traverser un canton habité par des Boërs hollandais. Pour la première fois depuis plusieurs mois, ils rencontraient des blancs et pouvaient acheter du pain dont ils avaient été privés pendant si longtemps.

Comme ils se préparaient à camper, une après-midi, auprès d'une habitation très confortable, le propriétaire les fit prier de vouloir bien loger chez lui pour la nuit. Il avait beaucoup plu dans la matinée; le temps restait couvert; cette proposition hospitalière n'avait donc rien que de séduisant. Les chasseurs l'acceptèrent avec reconnaissance, et bientôt, groupés autour du large foyer de la cuisine, ils éprouvèrent cette sensation de bien-être qu'on ressent à se dorloter dans un abri chaud, lorsque les éléments font rage au dehors.

Les chevaux et les bêtes à cornes avaient été remisés préalablement sous un grand hangar, et séparés des précieuses girafes qui avaient été bien installées de leur côté.

Quelques Hottentots, serviteurs de leur hôte, le Boër Von Ormon, tenaient compagnie à Facetannée, à Congo et aux quatre Makalolos.

M. Von Ormon était un homme d'apparence courtoise et de joyeuse humeur; il ne savait quelle fête faire à ses hôtes qu'il conjurait de se regarder comme chez eux. Son tabac à fumer était d'excellente qualité; sa provision d'eau-de-vie du Cap paraissait inépuisable. Il prétendait avoir été autrefois un excellent chasseur, et il applaudissait au moindre récit des exploits de ses hôtes. Le seul défaut qu'il trouvât à ces braves jeunes gens, c'était leur sobriété à l'égard de l'eau-de-vie du Cap. Excellent convive quant à lui, il ne connaissait pas de meilleur emploi de la soirée, après une journée de travail, que de boire quelques bouteilles avec des amis. Il lui répugnait de boire seul, et il connaissait pourtant quelque chose de pire ; c'était d'être en face d'autres convives qui refusaient de lui faire raison.

M. Von Ormon avait visiblement l'intention de griser ses jeunes hôtes. Ceux-ci ne s'en étonnèrent pas. Ils l'accusèrent seulement entre eux d'un peu de tyrannie dans son hospitalité généreuse. C'était là une propension qu'ils avaient observée ailleurs, et l'on ne saurait blâmer tout à fait une indiscrétion qui part d'un bon sentiment.

La condescendance des jeunes gens n'alla pas cependant jusqu'à se départir de leurs habitudes de sobriété, et M. Von Ormon se déclara, non sans dépit, incapable d'amuser ses jeunes hôtes. Le souper qu'il leur fit servir fut excellent; mais le Boër les retint très longtemps à table en leur faisant des récits à n'en plus finir de ses anciennes chasses.

Dans la soirée, la conversation prit un tour qui ne fut pas agréable aux jeunes gens.

« Je suis très contrarié, leur dit M. Von Ormon, de vous voir gagner la prime promise pour la capture de deux girafes vivantes. Mes frères et celui de ma femme qui ont fait la même entreprise que vous risquent d'échouer si vous arrivez les premiers. J'en suis fâché pour eux, c'est bien naturel, n'est-ce pas? »

Ces propos méritaient une explication. Les jeunes gens questionnèrent M. Von Ormon, et ils apprirent que ses frères et son beau-frère étaient partis pour le nord depuis quelques semaines, afin de se procurer deux girafes et de les échanger à Cape-Town contre les cinq cents livres promises. On attendait leur retour d'un jour à l'autre.

Il était certes bien naturel que M. Von Ormon désirât ce succès et ce profit à ses parents plutôt qu'à des étrangers. Cette préférence témoignait en faveur de son esprit de famille. Ses hôtes ne virent donc dans son expansion qu'une franchise naïve, développée outre mesure par les fumées de l'eau-de-vie du Cap.

Quand la vieille horloge, suspendue dans un coin de la cuisine, sonna deux heures du matin, les jeunes gens, qui avaient sollicité plusieurs fois la permission de se retirer dans leurs chambres, y furent conduits par M. Von Ormon lui-même. Ils furent installés dans une vaste pièce où l'on avait établi quatre lits, et, pour la première fois depuis bien des mois, ils jouirent des douceurs de la vie civilisée.

Il était dix heures du matin lorsque Hans, éveillé le premier, alla secouer ses compagnons de chambrée.

« Nous devrions être honteux, dit Wilhem en s'empressant à sa toilette. Nous avons dormi comme des fainéants.

— Tout au contraire, reprit Hans, il faut nous féliciter que le peu que nous avons bu ait produit sur nous un tel effet. C'est la preuve que nous ne sommes pas habitués aux liqueurs fortes. Notre sobriété nous fait honneur; il faut tâcher de la conserver. »

M. Von Ormon et sa femme attendaient leurs hôtes pour leur offrir un excellent déjeuner. Les jeunes gens se mirent à table, sauf Wilhem, qui voulut aller voir auparavant comment ses chères girafes avaient passé la nuit.

En entrant d'abord dans la hutte où ses serviteurs avaient été installés la veille, il eut sous les yeux le honteux spectacle des effets de l'intempérance. Les quatre Makalolos se roulaient sur le sol en gémissant sous l'effort des douleurs qui les travaillaient. Plus accoutumés aux liqueurs alcooliques, Congo et Facetannée dormaient à poings fermés. Wilhem leur rendit bien vite le sentiment en les secouant énergiquement.

Le Cafre sauta sur ses pieds, et, prenant sa tête dans ses deux mains comme s'il ne pouvait en soutenir le poids, il sortit de la hutte en trébuchant de loin en loin. Wilhem le suivit presque aussitôt, après s'être convaincu que les Makalolos ne pouvaient pas encore être rappelés à eux. Quand il atteignit le hangar où les girafes avaient été attachées, il aperçut Congo immobile comme un terme, la bouche ouverte, les yeux lui sortant de la tête, les traits contractés, vivante image de la stupéfaction.

Wilhem n'eut pas besoin d'autre explication. Un coup d'œil lui suffit : les girafes, les précieuses girafes, avaient disparu.

Congo et Facetannée avaient promis de veiller sur elles alternativement. L'eau-de-vie leur avait fait oublier leur devoir!

Wilhem eut le bon esprit de ne pas éclater en reproches. N'avait-il pas montré autant de négligence que les deux hommes qui se tenaient devant lui, dégrisés par la terreur? N'aurait-t-il pas dû rester lui-même, quelques jours encore, sans cesse sur le qui-vive?... Mais, après tout, les serviteurs de M. Von Ormon avaient pu conduire les girafes sous un abri plus sûr. Avant de se désespérer, il fallait courir aux informations.

Après avoir commandé à ses deux serviteurs de recueillir de leur côté tous les renseignements possibles, Wilhem entra dans la salle du festin pour annoncer le malheur survenu. Cette nouvelle coupa court à la réfection. Les chasseurs quittèrent la table, suivis par M. Von Ormon qui déplorait ce regrettable accident.

« Je suis disposé, dit-il, à consacrer un mois, s'il le faut, à la recherche des girafes perdues. Tous mes domestiques courront le canton..... Voyez-vous, c'est l'eau-de-vie qui a causé ce malheur-là. Ces drôles se sont tous enivrés hier soir. Je ne laisserai plus les clés de ma cave à leur disposition. »

On examina le hangar. L'une des girafes avait été attachée la veille à un poteau qui faisait partie constitutive de cette construction; non seulement il avait été arraché du sol, mais encore de ses attaches avec le toit, et il gisait à terre assez près du trou dans lequel il avait été fiché d'abord. Deux poutres voisines avaient également été enlevées pour produire une brèche suffisante au passage des deux captives. Peut-être les girafes avaient-elles renversé l'enclos. Alors, leurs liens avaient pu glisser le long des poteaux abattus. La fuite des deux animaux était explicable à la rigueur de cette façon; elle n'en restait pas moins fort étrange. Depuis longtemps les captives n'avaient manifesté aucun désir de recouvrir leur liberté. Néanmoins, le fait brutal s'imposait. Elles étaient parties. Il s'agissait de les retrouver.

Congo s'y préparait, mais avec peu d'espoir de succès. La pluie n'avait pas cessé de tomber pendant la nuit, et elle avait détruit sans doute les traces qui auraient pu guider Spoor'em. Plus de cinq cents têtes de bétail, appartenant à M. Von Ormon, avaient passé par là dès l'aube, quittant l'enclos pour se rendre au pâturage. Le sol était donc brouillé d'empreintes diverses. Une heure s'écoula avant qu'on eût retrouvé une seule piste de girafe; encore se dirigeait-elle vers le hangar au lieu d'en venir.

Wilhem ne cachait plus un désespoir qui faisait peine à voir. Von Ormon renouvela ses propositions bienveillantes. Il promit le concours de ses serviteurs et de ses chevaux, à la seule condition que ses hôtes auraient une certitude sur la direction prise par les fugitives.

Hans se hasarda jusqu'à donner un avis que Wilhem regarda comme le plus raisonnable de tous ceux qui s'étaient croisés confusément jusque-là.

« Le même instinct, dit-il, qui a porté les girafes à s'enfuir a dû les guider vers la contrée natale. Si nous nous résolvons à les chercher, nous devons retourner sur nos pas.

— Mes enfants, interrompit M. Von Ormon, si les girafes sont parties, il est bien inutile de courir après. Elles ne vous attendront à aucun de vos anciens relais, soyez-en sûrs. »

Hendrik et Arend avouèrent qu'ils partageaient cette opinion.

« Congo, noir coquin, s'écria Wilhem exaspéré, dis-moi de quel côté il faut chercher nos girafes ? »

Le Cafre, effaré par le ton de son maître, secoua sa tête ébouriffée. Wilhem, qui avait grande confiance dans la perspicacité de Congo, lui répéta la même question en ajoutant avec emportement : « Je veux que tu me répondes autrement que par signes. A quoi penses-tu?

— Je ne pense à rien, baas Wilhem, dit Congo. Ma tête est vide, il n'y a rien dedans.

— Hans ! s'écria Wilhem, reste ici et veille sur nos bagages. Les autres viendront avec moi s'ils le jugent à propos ; mais, dans ce cas, ils seront en selle le plus tôt possible. Quant à moi, je pars. »

Wilhem courut à son cheval, qu'il sella lui-même, et, sans en dire davantage, il sortit de l'enclos, suivi d'Arend et d'Hendrik. M. Von Ormon mettait tant de lenteur à ses préparatifs qu'aucun de ses hommes ne fut en mesure d'accompagner ses hôtes. A la surprise générale, Congo ne suivit pas son maître.

« Dès que nous serons à un mille ou deux de l'habitation, dit Hendrik à Wilhem quand ils furent en route, nous pourrons découvrir les voies des girafes. Il est inutile de les chercher plus près, brouillées qu'elles seraient avec la piste des bestiaux. Mais, en supposant que nous les trouvions, que ferons-nous ?

— Nous les suivrons jusqu'à ce que nous ayons retrouvé nos girafes, répliqua Wilhem. Elles sont si bien apprivoisées que je suis sûr de les retrouver. Est-ce que mon cheval ferait cent milles dans le désert pour m'éviter? Je vous répète que j'ai bon espoir. Si nous les découvrons, elles se laisseront reprendre sans résistance. »

Après avoir laissé derrière eux le terrain piétiné par le bétail de M. Von Ormon, les jeunes gens se lancèrent sur la route qu'ils avaient parcourue la veille, et l'examen le plus scrupuleux du terrain ne leur montra pas la plus légère empreinte d'un sabot de girafe.

Après s'être consultés, les jeunes Boërs résolurent de parcourir une circonférence en prenant pour point central l'habitation de M. Von Ormon. On devait forcément ainsi retrouver la trace des animaux perdus. La région ainsi circonscrite était un maigre pâturage fréquenté par diverses sortes de bestiaux, et l'on perdit beaucoup de temps à regarder de près des centaines d'empreintes. Wilhem se désolait en songeant qu'à chaque instant les fugitives gagnaient du terrain.

Au bout de deux heures, on releva une voie de girafe, encore toute fraîche. Wilhem poussa un cri de joie. Hendrik et Arend lui firent observer vainement que cette empreinte était trop large pour appartenir à une jeune girafe, Wilhem ne voulut rien entendre. Il ne consentit même pas à ce qu'on allât chercher Congo et Spoor'em, dont les services auraient été utiles pour relever les voies.

Il s'élança au galop; ses compagnons furent bien obligés de le suivre.

XXI

LA LONGUE SILHOUETTE D'UNE GIRAFE SE PROFILA
DANS LA PLAINE.

Un mille plus loin, la longue silhouette d'une girafe se profila dans la plaine. Ce fut un steeple-chase entre elle et les cavaliers ; mais la girafe aborda un terrain marécageux, elle enfonça dans la vase et finit par tomber sur le flanc.

Les jeunes gens eurent bientôt l'explication de la brièveté de leur poursuite. La girafe était un vieux mâle qui n'avait que la peau sur les os. Son dos était parsemé d'excroissances grosses comme des noix ; c'étaient des cicatrices d'anciennes blessures dues à des armes à feu. La tête rouillée d'une flèche sortait de son flanc gauche. Cet animal était un vétéran, qui avait dû être chassé pendant une vingtaine d'années et s'être trouvé cent fois en danger de mort. Il agonisait maintenant aux pieds des chasseurs qui s'enorgueillissaient fort peu de cet exploit.

Wilhem était retombé dans un profond abattement, après ce moment d'espoir si vite déçu. Par pitié pour la pauvre girafe qui râlait, il lui envoya une balle dans la tête, puis il reprit le chemin de l'habitation Von Ormon, après avoir déclaré à Hendrik qu'il était prêt à retourner à Graaf-Reinet et à mourir de honte d'avoir échoué si près du but.

Le ciel était resté couvert toute la journée ; la nuit tomba, une nuit très obscure, avant que les jeunes gens eussent atteint le voisinage de l'habitation du Boër hollandais. Ils ne surent pas se reconnaître dans ces parages, qu'ils n'avaient fait que parcourir sans songer à remarquer les particularités du terrain. Dans la crainte de s'égarer, les chasseurs mirent pied à terre, entravèrent leurs chevaux et attendirent le jour auprès d'un feu de bivouac. Ils n'y furent visités que par des hyènes, dont le rire funèbre semblait railler leur tristesse.

Dès le point du jour, ils remontèrent à cheval et reprirent le chemin de l'habitation. Ils n'en étaient qu'à cinq milles lorsqu'ils croisèrent sur leur route deux cavaliers étrangers.

« Bonjour, messieurs, leur dit l'un de ceux-ci. Pourriez-vous nous favoriser d'un renseignement? Avez-vous vu nos chevaux?

— Parlez-vous de ceux que vous montez? répondit Hendrik.

— Non, pas ceux-ci, cinq autres, tous sans selle ni bride, un cheval rouge, borgne, ayant une tache blanche sur une jambe de derrière, un autre marqué d'une étoile au front, et...

— Non, interrompit Hendrik. Nous sommes en excursion dans ces parages depuis hier matin, et nous n'avons rencontré aucun cheval égaré.

— Alors, il est inutile que nous cherchions de ce côté, dit l'autre cavalier. Auriez-vous la bonté, messieurs, de nous apprendre quelle affaire vous oblige à courir ce canton? »

Hendrik fit brièvement le récit de ce qui leur était survenu depuis vingt-quatre heures.

« Quoi! vous cherchez des girafes? Mais nous pouvons vous renseigner dans ce cas, s'écria l'un des cavaliers. Hier matin, tandis que nous étions en quête de nos chevaux, à dix milles au sud de l'habitation Von Ormon, nous avons aperçu deux girafes, les premières que j'eusse vues de ma vie. Nous étions mal montés et fort préoccupés de nos chevaux égarés; sans cela, nous leur aurions donné la chasse.

— Et nous qui avons poussé jusqu'à vingt milles au nord! s'écria Wilhem. Quelle erreur fatale nous avons commise ! Et que faisaient les girafes ? demanda-t-il avec anxiété. Paissaient-elles ou marchaient-elles ?

— Elles couraient vers le sud, au petit trot. Nous n'en étions pas à plus d'un quart de mille ; mais, en nous apercevant, elles ont pressé leur allure. »

Les jeunes gens n'eurent pas la patience d'écouter de plus longs détails. Ils éperonnèrent leurs chevaux et gagnèrent rapidement l'habitation Von Ormon. Le Boër hollandais les reçut lui-même à l'entrée de son enclos.

« Eh bien, mes jeunes amis, leur dit-il avec bonhomie, votre recherche n'a pas eu de succès ? Je m'en doutais à l'avance. A l'heure qu'il est, vos girafes ont fait bien du chemin.

— Oui, du côté du sud, répondit Wilhem. Mais nous avons de leurs nouvelles, et nous allons les suivre immédiatement pour ne pas leur laisser le temps de nous distancer davantage ? Où sont nos compagnons ?

— Ils sont partis hier matin dans la direction du sud et vous attendent au premier pâturage que vous rencontrerez.

— Nous les aurons vite rejoints, dit Hendrik ; mais nous mourons de faim, monsieur Von Ormon, et nous aurons encore une fois recours, si vous y consentez, à votre cordiale hospitalité.

— De tout mon cœur, mes enfants. Mais que peuvent bien être ces individus qui vous ont renseignés. »

Hendrik fit le portrait des deux cavaliers.

« Bon ! c'est mon voisin Clootz qui réside à quinze milles d'ici. Et vos girafes se sont donc dirigées vers le sud ? Qui sait ? elles sont allées peut-être jusqu'à Graaf-Reinet pour y annoncer votre arrivée. Ce serait fameux, hein ! »

Cette plaisanterie d'assez mauvais goût termina la conversation, et M. Von Ormon guida les voyageurs jusque chez lui. En passant auprès de la hutte des gens de service, Wilhem aperçut Congo qui se dissimulait à l'approche de ses jeunes maîtres. Il y avait là un nouveau mystère qu'il fallait éclaircir.

« Ici, Congo, lui cria Wilhem. Que fais-tu là ? Pourquoi n'as-tu pas accompagné Hans ? »

Le Cafre rentra dans la hutte sans répondre un mot. M. Von Ormon expliqua à ses hôtes que Congo avait demandé à entrer à son service, ses anciens maîtres lui ayant trop cruellement attribué la perte des girafes.

« Il ment s'il affirme que nous l'avons frappé, s'écria Wilhem qui tenait à cet ancien serviteur. Peut-être lui ai-je parlé un peu durement ; mais je ne l'avais jamais connu si susceptible. Puisque je l'ai offensé, je n'hésiterai pas à lui en faire des excuses. »

Sur l'ordre de son nouveau maître, Congo sortit de la hutte ; son jeune maître lui parla comme à un ami, et le pria d'oublier un moment d'humeur. M. Von Ormon épiait le visage du Cafre pendant cette exhortation. Un éclair de joie passa sur sa physionomie, quand il entendit Congo déclarer qu'il préférait rester avec son nouveau maître et qu'il ne demandait que le règlement de ses gages.

Cette conduite inqualifiable indigna Wilhem ; il se détourna de Congo avec un sourire de mépris et entra dans la maison, où M. Von Ormon attabla ses hôtes devant un confortable déjeuner froid. Quand il les vit occupés à se refaire, il sortit et se dirigea vers un des hangars qui entouraient la cour de son habitation. Il trouva là un de ses serviteurs hottentots occupé à seller un cheval.

« Piet, mon garçon, lui dit-il, il faut agir vivement. Cours vers le nord jusqu'à ce que tu aies trouvé mon frère et Shames. Dis-leur de s'arrêter à un mille d'ici et de n'en pas bouger avant une bonne heure. Fais vite ! »

. . . .

Hans n'avait pas voulu abuser de l'hospitalité de M. Von Ormon et s'était occupé des préparatifs du départ. M. Von Ormon fit du reste peu d'instances pour le retenir.

En entrant dans la hutte des Makalolos pour leur annoncer qu'on allait partir, Hans les trouva dans cette phase de repentir qui inspire de bonnes résolutions. Mais, quand les sujets de Macora eurent appris qu'on avait perdu les girafes, ils accusèrent leur négligence et en conçurent des remords très vifs. L'un d'eux se prit à arracher par poignées la toison crépue dont sa tête était couverte et se mit à crier : *Kombi ! Kombi !...* Les autres répétèrent ce mot en roulant des yeux blancs.

Hans savait que le kombi est un poison terrible, en usage chez les Makalolos. Il finit par comprendre que les quatre nègres s'accusaient seuls de la négligence générale et qu'ils voulaient s'en punir par le suicide. Ils se montrèrent très reconnaissants de la grâce qu'il leur fit en leur défendant cette expiation.

Un autre incident, encore plus inattendu, marqua le départ de la caravane. Congo refusa de la suivre, et Hans ne put lui arracher l'explication de cette lubie. Se croyant certain que le Cafre se raviserait et voudrait le rejoindre au campement, Hans prit congé de M. Von Ormon et partit. Il rencontra un petit taillis traversé par un ruisseau à trois milles de l'habitation et s'y établit.

Au point du jour, les hommes de la caravane, encore

endormis autour d'un grand feu, furent réveillés par les aboiements d'un chien et par les sons d'une voix familière. Hans aperçut Congo.

« Je savais bien que tu reviendrais, dit-il en souriant au Cafre.

— Oui, je viens, dit Congo, mais pas pour rester avec vous.

— Que viens-tu faire alors?

— Je voulais parler à baas Wilhem; mais il ne vous a pas encore rejoints. Quand vous le verrez, dites-lui d'attendre deux jours, quatre s'il le faut, jusqu'à ce que Congo revienne.

— Mais Wilhem retournera d'abord sans doute chez M. Von Ormon. Tu pourras lui parler là-bas.

— Non, dit Congo. Dites-lui de m'attendre. »

Et sans s'expliquer davantage, il s'éloigna rapidement, suivi de son fidèle Spoor'em.

Hans rêva longtemps à la conduite contradictoire du Cafre sans pouvoir se l'expliquer, et, lorsque Wilhem et Hendrik l'eurent rejoint vers midi, il ne manqua point de lui communiquer l'étrange message dont le Cafre l'avait chargé.

« Tout délai est inutile, s'écria Wilhem avec emportement. J'ai vu l'ingrat coquin, il n'avait à me demander que ses gages d'une année. Je les lui ai jetés à la face. Je n'ai plus rien à débattre avec ce mauvais serviteur. Partons! »

CHAPITRE XXII

La lumière se fait. — Trop de clairvoyance nuit. — Congo condamné à mort. — Combat de nuit. — Tout est bien qui finit bien.

« Je suis cependant très contrarié de laisser Congo en arrière, dit Wilhem pendant qu'on faisait traverser le ruisseau aux bêtes de somme. Non pas que je me soucie d'un ingrat pareil! mais lui et Spoor'em nous auraient été bien utiles pour retrouver nos girafes.

— Nous n'avons guère de chance de les retrouver maintenant, répondit Hans. Dans cette région assez peuplée, le premier qui les rencontrera les chassera et les tuera sans doute.

— Je me suis déjà posé cette triste objection, reprit Wilhem; mais je conserverai quelque espoir pendant un jour ou deux. La perte me sera moins sensible si je suis certain que personne n'a été plus heureux que nous, et que nul n'obtiendra la prime que nous avions si laborieusement gagnée. Mais, si ce frère de M. Von Ormon réussissait dans l'expédition dont notre hôte nous a parlé, je vous jure que je ne tiendrais plus à me remonter au Cap. »

Les allures de Facetannée, qui entendait cette déclaration, devinrent si bizarres qu'elles fixèrent l'attention de ses maîtres. Le Boschiman gesticulait et proférait des mots confus quand il était travaillé par quelque grave perplexité. Il se décida enfin à questionner Wilhem.

« Que disiez-vous, baas, lui demanda-t-il, à propos du frère de ce Hollandais ?

— Je m'en souviens à peine, dit Wilhem. Je parlais, je crois, d'une expédition pour prendre des girafes que le frère de M. Von Ormon a tentée dans le nord pour gagner la prime. Il est parti il y a sept mois et n'est pas encore revenu.

— Baas Wilhem, dit solennellement Facetannée, je pense que nous devrions faire halte et causer un peu. Congo n'est pas fou, non, il ne l'est pas, et Facetannée est une bête d'avoir si longtemps accusé de folie son ancien camarade.

— Que veux-tu dire ?

— Que le frère de M. Von Ormon est revenu du nord sans girafe. Mais je crois qu'il en a deux… maintenant. »

Une lumière soudaine se fit dans l'esprit des jeunes Boërs. La conduite de Congo fut expliquée en partie. On fit halte, et l'on se réunit autour de Facetannée ; mais il n'était pas aisé d'obtenir de lui un récit clair et précis

Grâce à une centaine de questions et à autant de réponses, Wilhem apprit qu'il se trouvait un Hottentot récemment arrivé du nord dans la hutte où ses serviteurs s'étaient si bien enivrés. Le Hottentot, qui avait raconté dans l'ivresse l'expédition malheureuse à laquelle il avait pris part, avait été appelé hors de la hutte et n'y avait pas reparu. Sans doute Congo avait conçu des soupçons qu'il avait voulu éclaircir sur les lieux, et qu'il n'avait communiqués à personne de peur de se tromper. En se conduisant comme il l'avait fait à l'égard de ses anciens maîtres, il n'avait voulu qu'endormir la défiance du perfide Von Ormon, qui devait avoir favorisé le complot de son frère pour s'emparer des girafes de ses hôtes.

« Une autre idée ! s'écria Hendrik. Les deux hommes qui prétendaient courir après des chevaux perdus et qui assuraient avoir rencontré nos girafes vers le sud nous ont menti. Nous avons été bien simples de nous être laissé berner. Ces hommes doivent être le frère et le beau-frère de M. Von Ormon, et nos voleurs par-dessus le marché.

— Ah ! voilà une hospitalité que nous avons payée bien cher, dit Wilhem d'un ton indigné. »

Sans dire un mot de plus, Wilhem tourna bride et se dirigea vers l'habitation de M. Von Ormon qu'il rencontra hors de son enclos. Le jeune homme vit se peindre sur l'épaisse figure du Boër hollandais une expression de surprise et de malaise.

« Je viens causer un peu avec mon ancien domestique, lui dit Wilhem. Il est resté si longtemps à mon service que je ne voudrais pas me séparer de lui sous une mauvaise impression.

— Très bien, répondit M. Von Ormon. Vous le verrez à son retour du pâturage où il est allé chercher les bœufs. Si vous vous arrangez ensemble, vous êtes parfaitement libre de l'emmener. »

Wilhem aperçut bientôt dans la plaine un grand troupeau de bêtes à cornes qui s'avançait sous la conduite de Congo et de plusieurs Hottentots. Le Cafre était exclusivement absorbé dans l'accomplissement de ses devoirs et ne daigna pas accorder la moindre attention à son ancien maître.

« Nous nous sommes encore une fois trompés dans nos conjectures, pensa tristement Wilhem. Congo est un traître décidément ! »

Il allait quitter la place, lorsque le Cafre, voyant l'attention des autres bergers détournée sur le bétail, s'approcha de son maître et lui dit à voix basse :

« Partez pour votre camp, baas Wilhem. J'y serai demain matin. »

Le jeune cavalier tourna bride ; son esprit était tout réconforté, et il alla retrouver ses compagnons pour leur faire vite partager son espoir.

. . . .

La disparition des girafes avait jeté Congo dans la consternation ; sa conscience lui disant qu'il avait négligé son devoir, il s'était juré à lui-même de réparer sa faute. En examinant la brèche de l'enclos, il avait douté qu'elle pût être l'ouvrage des fugitives. Dans le cas d'une fuite spontanée, les poteaux auraient dû être traînés à une certaine distance. Or, ils gisaient sur place. C'étaient donc des mains humaines qui les avaient arrachés.

Congo se rappelait aussi que le Hottentot, qui contait son expédition dans la hutte, avait été appelé dehors par un individu dont la voix n'était pas celle de M. Von Ormon. De plus, quelques chevaux sellés qu'il avait remarqués dans les écuries avaient disparu. Tous ces faits décidèrent le Cafre à rester pour épier ses hôtes. Il lui fallait un prétexte ; il engagea ses services à M. Von Ormon.

Pendant que Hendrik et Wilhem déjeunaient le lendemain à l'habitation, au retour de leur marche infructueuse,

Congo vit M. Von Ormon expédier le Hottentot Une heure après le départ de ses anciens maîtres, deux blancs arrivèrent à cheval et parurent comme chez eux dans la maison du Boër hollandais. Congo pensa que ce pouvaient bien être les voleurs, et, quand ils repartirent, équipés comme pour une partie de chasse, il eut le désir de les suivre. Il s'en abstint par prudence; mais, la nuit venue, il s'esquiva de sa hutte, et, dès que les premières lueurs du jour éclairèrent la plaine, il releva les voies, qui le conduisirent, au bout d'une dizaine de milles, à une chaîne de collines abruptes séparées par des gorges étroites. Une petite colonne de fumée s'élevait du fond d'un de ces ravins. Congo s'avança en rampant sur les pieds et sur les mains et découvrit un feu allumé sous un bosquet de mimosas. Les deux girafes étaient attachées à un arbre voisin ! Un seul homme veillait sur les animaux volés.

Congo n'avait pas fait trente pas en arrière quand il entendit le bruit d'une détonation, suivie d'un hurlement plaintif de Spoor'em qu'il avait laissé assez loin à la garde de son chapeau, de peur qu'il ne donnât de la voix. Au même instant, deux cavaliers sortirent des buissons qui couronnaient la colline.

Un seul coup d'œil suffit au Cafre pour reconnaître, dans les deux nouveaux venus, les inconnus qu'il avait vus la veille chez M. Von Ormon. Il se glissa dans les taillis afin de leur échapper, et il conserva son avance tant qu'il eut à descendre la déclivité de la colline; mais, en plaine, les cavaliers le rejoignirent bientôt, et un brutal coup de crosse étendit Congo par terre. Les cavaliers sautèrent de cheval et saisirent le Cafre.

« Eh bien ! lui dit en ricanant celui qui l'avait frappé, tu ne continues pas à courir? Tu ne vas pas apprendre aux niais qui ont pris ces girafes ce qu'elles sont devenues ? Tu as pourtant de bonnes jambes ! »

Ces deux individus étaient le frère et le beau-frère de M. Von Ormon, des hommes sans foi ni scrupules, comme en témoigna la conversation qu'ils tinrent devant leur prisonnier.

« Qu'allons-nous faire de ce coquin d'espion ? demanda l'un, le propre frère de M. Von Ormon.

— Eh ! le tuer. Il ne faut pas qu'il retourne vers ses maîtres, qui ne manqueront pas de venir nous voler notre prise.

— Achève-le, Shames, puisque tu as si bien commencé.

— Non, je ne suis plus en goût maintenant. Je suis trop essoufflé de la course que ce coquin nous a fait faire à sa poursuite. »

Ils se contentèrent de lier les mains de Congo et de le pousser devant eux vers le campement.

« C'est là tout le gibier que vous me rapportez ? dit le gardien du bivouac.

— Oui, et, comme tu es notre cuisinier, tu vas nous l'apprêter pour notre dîner, répondit Shames d'un ton d'atroce plaisanterie.

— Que voulez-vous dire ? demanda le cuisinier.

— Tout simplement que nous avons surpris et fait prisonnier cet espion. Nous n'avons plus rien à craindre désormais. Les communications sont interceptées. »

Après une longue consultation, les trois misérables tombèrent d'accord sur la nécessité de tuer le Cafre. Un seul point les embarrassait. Congo les avait-il espionnés pour son propre compte ou d'après les ordres de ses maîtres ? Dans le premier cas, la mort du Cafre répondait de son silence ; dans le second, on n'était pas en sûreté, même après l'avoir tué. L'alternative était assez importante pour qu'on l'éclaircît. M. Von Ormon jeune monta à cheval pour aller chercher des renseignements chez son digne frère. Les deux autres tuèrent le temps en jouant aux cartes près de Congo qu'ils avaient solidement attaché à un arbre.

Dans l'après-midi, M. Von Ormon jeune revint d'un air triomphant.

« Tout va bien, cria-t-il ; mon père les surveille ; ils sont dépistés et vont se remettre en route. Et maintenant, il faut se débarrasser de l'espion. Shames, envoie-lui donc une balle dans la tête.

— Comme cela, de sang-froid ? dit Shames avec répugnance. Ma foi non, fais tes commissions toi-même. »

M. Von Ormon jeune répugnait à exécuter lui-même ses décrets ; il s'ensuivit une longue discussion entre les deux associés. Mais M. Von Ormon finit par trouver un expédient merveilleux.

« Nous allons, dit-il, conduire le prisonnier sur le bord de l'étang voisin, l'attacher à un arbre et le laisser là toute la nuit. J'ai relevé ce matin dans ses parages la piste d'un lion. Je gagerais ma vie que, demain matin, le fauve aura bien soupé de notre espion. »

Cette idée eut un succès enthousiaste. Au soleil couché, Congo fut descendu dans la vallée, et solidement fixé à un tronc d'arbre sur la berge de l'étang, après avoir été bâillonné par surcroît de précautions.

. . . .

Au campement, Wilhem attendait avec une impatience fébrile le retour de Congo.

« Cette attente me tue, dit-il, quand le soleil fut sur le

point de se coucher. Si Congo ne vient pas, c'est qu'il lui est survenu quelque malheur. Hendrik, veux-tu pousser une reconnaissance avec moi en pays ennemi? »

M. Von Ormon accueillit ses anciens hôtes d'un air fort dégagé de toute appréhension.

« Congo, ce vilain noir? dit-il. On ne l'a plus trouvé ce matin dans mon enclos. Il s'est enfui la nuit dernière. Je croyais qu'il était allé vous retrouver. Si vous le rencontrez, emmenez-le au diable et qu'il y reste!

— Penses-tu que ce soit un nouveau mensonge de ce maudit Hollandais? demanda Wilhem à Hendrik dès qu'ils eurent franchi la limite de l'enclos.

— Non, je pense que Congo est parti d'ici bien réellement. S'il ne nous a pas rejoints, c'est qu'il a eu à s'occuper dans nos intérêts, ou qu'il a trouvé quelque obstacle à son retour près de nous.

— Mais de quel côté pouvons-nous le chercher?

— Ce n'est pas difficile à décider. Quelque part vers le nord-est, dans la direction où nous avons rencontré hier ces individus si obligeants qui voulaient nous envoyer vers le sud. »

Les deux cavaliers lancèrent leurs chevaux de ce côté, et ils arrivèrent bientôt en vue d'une rangée de collines qui fermaient l'horizon.

« Voici un vrai repaire de brigands, » dit Hendrik en regardant de loin les sombres halliers des gorges ouvertes entre ces collines.

Le soleil disparaissait à l'horizon quand ils atteignirent le pied de la région montueuse. En se retournant pour juger le chemin qu'ils avaient fait, ils aperçurent, à un mille de distance, un cavalier qui traversait la plaine.

« Attendons ici cet homme, dit Hendrik. C'est inévitablement un de nos voleurs, ou tout au moins un messager de cet estimable M. Von Ormon. »

Les jeunes gens se dissimulèrent derrière un taillis, et, malgré la nuit qui s'obscurcissait, ils purent distinguer le cavalier qui gravit péniblement la colline, en traversa le faîte, et disparut dans la descente. Ils le suivirent de loin et le virent entrer dans la zone lumineuse d'un feu de bivouac établi au fond du ravin. Hendrik et Wilhem mirent pied à terre, attachèrent leurs chevaux à des arbres et s'avancèrent en silence.

Ils aperçurent bientôt trois hommes assis autour du feu et causant avec animation; mais ce qui attira surtout l'attention de Wilhem, qui eut peine à ne point pousser un cri de joie, ce fut la silhouette des deux girafes qui se dessinait dans la pénombre. Ils n'étaient plus qu'à dix pas du foyer lorsque leur présence fut remarquée par les individus campés là.

« Ne bougez point! leur cria Wilhem. Je tue comme un chien le premier qui fait un seul geste. »

Shames sauta sur son fusil sans tenir compte de cette injonction, et il l'épaula d'un air menaçant. Au même moment, le roër de Wilhem fit entendre sa détonation retentissante, et le voleur tomba face contre terre. M. Von Ormon jeune qui faisait mine, lui aussi de résister, fut gratifié par Hendrik d'un coup de crosse qui l'étendit évanoui à côté de son digne camarade. Le troisième larron, peu soucieux d'être traité selon ses mérites, détala d'une rapidité qui aurait fait honneur à un cheval de course.

Les jeunes Boërs ramassèrent les trois fusils des misérables, les déchargèrent et les jetèrent au loin. Ils détachèrent ensuite les deux girafes, regagnèrent avec elles le taillis où ils avaient laissé leurs chevaux, et reprirent le chemin de leur campement.

. . . .

La nuit s'écoulait, bien triste pour Congo qui croyait sa dernière heure venue. Plusieurs antilopes vinrent d'abord se désaltérer à l'étang au bord duquel on l'avait attaché; puis, des chacals rôdèrent aux environs; mais aucun de ces animaux ne parut remarquer la présence de l'homme.

Si le Cafre était bâillonné et dans l'impossibilité de crier, ses yeux étaient libres, et il distingua bientôt dans l'obscurité un animal qui s'avançait vers lui en rampant. Congo pensa que c'était un léopard. Il dit un dernier adieu dans son cœur aux bons maîtres qu'il avait aimés et si bien servis, puis il attendit intrépidement l'horrible étreinte du félin. Mais, au lieu de se précipiter sur le Cafre, l'animal se coucha sur ses pieds en poussant des jappements plaintifs. C'était Spoor'em!

Le Cafre eut un moment de joie. Il ne mourrait pas seul, mais en compagnie d'un ami à toute épreuve qui ne pourrait pas le défendre, puisqu'il était blessé, mais qui lui avait donné la plus grande preuve de dévouement en se traînant jusqu'à lui, malgré le sang qui s'échappait de son épaule traversée par la balle de Shames. Congo maudit cent fois son bâillon et ses liens qui l'empêchaient de répondre aux caresses de cette pauvre bête dont les gémissements avaient l'air de lui reprocher ce froid accueil.

Tout à coup, une détonation d'arme à feu retentit au loin. Congo tressaillit. Il lui semblait reconnaître le bruit du roër de son maître Wilhem. Trois autres coups de feu se firent entendre; puis, la plaine redevint silencieuse.

Au bout d'un quart d'heure, un bruit de sabots de chevaux résonna sur la colline qui dominait le ravin au

XXII

CONGO, DÉLIVRÉ DE SES LIENS, DUT MONTER...

fond duquel se trouvait l'étang. Congo entendait la voix des cavaliers qui dominait par échappées le galop cadencé de leurs montures. Les cavaliers passèrent assez près de l'endroit où le Cafre était attaché, et il reconnut alors la voix de Wilhem qui disait :

« Arrête un moment, Hendrik. Mon cheval est passé du côté d'un arbre, et ma girafe de l'autre.

Congo fit un effort surhumain pour briser ses liens et écarter son bâillon. Mais il avait été garrotté par des gens trop experts à supplicier pour réussir. Il devenait fou de rage et de désespoir quand une idée subite lui vint à l'esprit. S'il était misérablement réduit au silence, Spoor'em pouvait se faire entendre, lui ! Le Cafre lança un coup de pied à son pauvre chien qui ne répondit que par un faible gémissement. Il semblait dire à son maître : Que t'ai-je fait ? Pourquoi frapper ton serviteur blessé ?

Au moment où Congo allait frapper de nouveau le flanc de Spoor'em, l'air vibra sous un long et sourd rugissement. C'était la voix éloignée du lion. Aussitôt Spoor'em sauta sur ses pieds et répondit par un aboiement sonore qui défiait le fauve. Le chien s'apprêtait à verser pour la défense de son maître les dernières gouttes de son sang généreux.

Une minute après, le Cafre eut l'ineffable bonheur d'entendre Wilhem descendre à bride abattue la déclivité de la colline en criant à pleins poumons :

« Congo ! tu es ici près, mon ami ? »

On ne décrit pas de semblables scènes. Congo, délivré de ses liens dut monter sur le propre cheval de son maître, et il voulut placer le fidèle Spoor'em sur l'arçon de la selle.

Dans la matinée, les chasseurs arrivèrent à leur camp

où on leur fit un accueil enthousiaste. Dans le paroxysme de sa joie, Facetannée jura qu'il ne traiterait plus jamais Congo de fou. Chose plus singulière, il tint parole.

Un soir, après une longue marche, les jeunes Boërs firent une entrée triomphale à Graaf-Reinet. Toute la population se rendit à leur rencontre. La plupart des habitants furent aussi étonnés à la vue des girafes que le furent les quatre Makalolos en apercevant le clocher de l'église. Les Von Bloom et les Van Wyk s'empressaient autour des jeunes gens, fiers de leur succès, impatients de connaître leurs prouesses par le menu. Il y en avait pour bien des soirées de récits!

Les Makalolos furent traités avec la plus grande cordialité et chargés de présents pour eux et pour leur chef Macora, lorsqu'ils voulurent plus tard retourner dans leur pays natal.

Le double mariage d'Hendrik et d'Arend avec Gertrude et Wilhelmine fut célébré en grande pompe; ce ne fut qu'après ces fêtes que Wilhem et Hans partirent pour Cape-Town avec les girafes et l'ivoire qu'ils avaient rapporté du nord. Wilhem reçut des mains du consul hollandais la prime que lui valait la capture des girafes, et on l'accabla d'honneurs, de faveurs flatteuses, pendant son séjour à Cape-Town. Il ne quitta cette ville qu'après avoir vu s'embarquer pour l'Europe ses chères girafes; il se consola de s'en séparer en pensant que Hans les accompagnait. Le jeune savant partait en effet porter en Europe le résultat de ses études, et il avait obtenu son passage sur le vaisseau qui amenait les girafes en Hollande.

Wilhem retourna à Graaf-Reinet, ne songeant plus qu'à soulager son père de la charge de son exploitation rurale; mais il aime encore trop les aventures pour n'être pas tenté, un jour ou l'autre, de guider Klaas et Jan dans une nouvelle expédition, qui permettra à ces jeunes Boërs de conquérir, comme l'ont fait leurs aînés, le titre flatteur de *Chasseurs de girafes*.

TABLE

Chapitres.		Pages.
I.	Une tablée d'amis. — Un plan de vacances. — Le camp des jeunes Boërs. — Congo et Facetannée.	1
II.	Sondage d'un gué à la manière des Zoulous. — Les deux embuscades. — Un deuil bruyant. — Combat singulier de Congo et de la lionne.	17
III.	La chasse aux lions des Zoulous. — La légende de la licorne. — Sur la piste des autruches. — Le grief de Jan et de Klaas. — L'oiseau-chameau.	38
IV.	Le mangeur d'œufs d'autruche. — Chasse à l'égouri bleu. — Mésaventures de Wilhem.	56
V.	La cuisine des flèches empoisonnées. — Le plan du Boschiman. — Les chasseurs chassés par un rhinocéros.	75
VI.	Absence mystérieuse. — La plume ne fait pas l'autruche. — Battue ou chasse à courre. — Le refuge du défilé.	92
VII.	Rencontre inattendue. — Hendrik en état de siège. — Un sauveur fauve. — Émigration d'antilopes.	109
VIII.	Exploration de la montagne. — L'aigle à l'affût. — Les sauteurs de rochers.	124
IX.	Le blocus. — Le perchoir du grimpeur de rochers. — Les milans pêcheurs. — Un voleur emplumé. — L'antilope et le crocodile.	138
X.	Chasseurs à quatre pattes. — Les veuves. — Charge de rhinocéros. — L'exploit de Facetannée.	157

Chapitres.		Pages.
XI.	Combat de Wilhem et du serpent python. — Le guide au miel. — Un cicerone perfide. — Retour à Graaf-Reinet.	176
XII.	Sur les rives du limpopo. — Enterrés vivants! — La horde de chiens sauvages. — Le chasseur égaré.	189
XIII.	Les aventures d'Arend. — La délivrance de Macora. — L'hospitalité du chef Makalolo. — Dévouement de Smoke.	206
XIV.	Chasse à l'hippopotame. — Un festin indigène. — La reconnaissance de Macora. — Lutte de vitesse. — Bloqués par un éléphant.	226
XV.	Lutte de générosité. — Entraîné vers la cataracte. — Une erreur funeste. — Prisonniers! — La dette de l'exilé.	242
XVI.	Le massacre du hopo. — Zoulous contre Makalolos. — En état de siège. — La mission de Sindo.	258
XVII.	A travers les mimosas. — Obstination de Wilhem. — La mare empoisonnée. — La revanche du Boschiman.	277
XVIII.	L'étang de la mort. — La racine-eau. — Pompe aspirante d'un nouveau genre. — Effets de mirage.	297
XIX.	Une bande de fuyards. — Chasse désespérée. — Un coup de tonnerre sauveur. — Une prise inattendue. — Le camp abandonné.	310
XX.	En quête de Wilhem. — Retour triomphal. — On prend son bien où on le trouve. — Chasse aux lions à la façon des Boschimans. — Perdue et retrouvée.	327
XXI.	L'hospitalité de M. Von Ormon. — Disparition mystérieuse. — Fausse piste. — Un renseignement de rencontre. — Congo est-il un traître?	343
XXII.	La lumière se fait. — Trop de clairvoyance nuit. — Congo condamné à mort. — Combat de nuit. — Tout est bien qui finit bien.	357

Beaux et bons Livres à l'usage de la Jeunesse

ÉDUCATION & RÉCRÉATION
18, Rue Jacob, 18
PARIS

J. Hetzel & Cie

JOURNAL ILLUSTRÉ DE TOUTE LA FAMILLE

MAGASIN ILLUSTRÉ
D'ÉDUCATION ET DE RÉCRÉATION
COURONNÉ PAR L'ACADÉMIE FRANÇAISE

DIRIGÉ PAR

P.-J. STAHL, JULES VERNE

Et pour la partie scientifique, par JEAN MACÉ

La collection complète du MAGASIN D'ÉDUCATION se compose de 34 beaux volumes grand in-8° illustrés. (Il paraît deux volumes par an.)

Prix : brochés, 238 fr.; cart., dorés, 340 fr. — Séparés, brochés, 7 fr.; cart., dorés, 10 fr.

EN PRÉPARATION POUR L'ANNÉE 1882 :

Un Roman inédit de JULES VERNE, *l'École des Robinsons*, illustré par BENETT. — *Contes, Comédies et Nouvelles*, par P.-J. STAHL, E. LEGOUVÉ, ANDRÉ LAURIE, BLANDY, L. BIART, PROSPER CHAZEL, FAUQUEZ, BENTZON, DUPIN DE SAINT-ANDRÉ, NICOLE, BÉNÉDICT, C. LEMONNIER, LERMONT, GENNEVRAYE B. VADIER, etc., etc.; dessins par les meilleurs artistes.

Les tomes XXV à XXXIV contiennent comme ouvrages principaux :

JULES VERNE: *La Jangada, la Maison à vapeur, Les Cinq cents millions de la Bégum*, dessins de BENETT; *Hector Servadac*, dessins de P. PHILIPPOTEAUX. — P. J. STAHL : *Maroussia*, dessins de TH. SCHULER; *Les Quatre Filles du docteur Marsch*, dessins d'ADRIEN MARIE; *Le Paradis de M. Toto, La Première Cause de l'avocat Juliette*, dessins de J. GEOFFROY; *Un Pot de crème pour deux, Les Groseilles pas mûres, Les Enfants de Cora*, dessins de L. FRŒLICH. — LUCIEN BIART : *Monsieur Pinson*, dessins de H. MEYER; *Aventures de deux enfants dans un parc*, dessins de L. FRŒLICH. — E. LEGOUVÉ, de l'Académie : *Le Sommeil, Bonne âme, belle âme, grande âme, Leçons de lecture*, etc. — VICTOR DE LAPRADE, de l'Académie : *Petits Ingrats, Le Petit Soldat, Soyez des hommes, Travaillons*, etc. — A. DEQUET : *Mon Oncle et ma Tante*, dessins de J. GEOFFROY. — E. EGGER, de l'Institut : *Histoire du Livre*. — J. MACÉ : *La France avant les Francs*, dessins de F. PHILIPPOTEAUX. — CH. DICKENS : *L'Embranchement de Mugby*, dessins de AUFRAY. — ANDRÉ LAURIE : *Scènes de la vie de collège en Angleterre*. P. CHAZEL : *Riquette*, dessins de LIX. — Dr CANDÈZE: *La Gileppe, Aventures d'un grillon*, dessins de C. RENARD. — C. LEMONNIER: *Idylle d'un petit commissionnaire*, dessins de BECKER; *La Nuit de Noël, Noël au village, La Bataille des petits Soldats, La Saint-Nicolas*, dessins de J. GEOFFROY. — HENRY FAUQUEZ : *Souvenirs d'une pensionnaire*, dessins de J. GEOFFROY. — J. LERMONT: *L'Oiseau de Tilly, La Maison de Nanny*, etc., dessins de J. GEOFFROY. — F. DUPIN DE SAINT-ANDRÉ : *Histoire d'une bande de canards, Littérature et Confitures, La*

CATALOGUE AQ

Vieille Casquette, Les Malheurs de Dora, etc., dessins de J. GEOFFROY. — TH. BENTZON : *La Petite Ramasseuse de cendres, Un Conte d'hiver en Alsace, Le Petit Violon, Une Famille de Chats,* etc., dessins de J. GEOFFROY. — BENEDICT : *La Mouche de Tony, Le Noël des petits Ramoneurs,* etc. M. GÉNIN. — *Marco et Tonino,* dessins de BELLENGER. — M. CRÉTIN : *Le Livre de Trotty,* dessins de GEOFFROY. — G. NICOLE : *La Sakieh, Le Chibouk du Pacha,* etc., etc., dessins de RIOU. — *L'Institutrice, La Poupée de Renée,* comédies, par GENNEVRAYE. — B. VADIER : *L'Ermite de dix ans,* etc.

Les tomes I à XXIV renferment comme œuvres principales :

L'Ile mystérieuse, Les Aventures du Capitaine Hatteras, Les Enfants du Capitaine Grant, Vingt mille lieues sous les mers, Aventures de trois Russes et de trois Anglais, Le Pays des Fourrures, Michel Strogoff, de Jules VERNE. — *La Morale familière* (cinquante contes et récits), *Les Contes anglais, La famille Chester, Histoire d'un Ane et de deux jeunes Filles, La Matinée de Lucile, Le Chemin glissant, Une Affaire difficile, L'Odyssée de Pataud et de son chien Fricot,* de P.-J. STAHL. — *La Roche aux Mouettes,* de Jules SANDEAU. — *Le nouveau Robinson suisse,* de STAHL et MULLER. — *Romain Kalbris,* d'Hector MALOT. — *Histoire d'une maison,* de VIOLLET-LE-DUC. — *Les Serviteurs de l'Estomac, Le Géant d'Alsace, L'Anniversaire de Waterloo, Le Gulf-Stream, La Grammaire de mademoiselle Lili, Un Robinson fait au collège,* de Jean MACÉ. — *Le Denier de la France, La Chasse, Le Travail et la Douleur, A Madame la Reine, Un premier symptôme, Sur la politesse, Lettre de mademoiselle Lili, Un Péché véniel, Diplomatie de deux mamans,* etc., de E. LEGOUVÉ. — *Petit Enfant, petit Oiseau, L'Absent, Rendez-vous, La France, La Sœur aînée, L'Enfant grondé,* etc., poésies par Victor DE LAPRADE. — *La Jeunesse des Hommes célèbres,* de MULLER. — *Aventures d'un jeune Naturaliste, Entre Frères et Sœurs,* de Lucien BIART. — *Le Petit Roi,* de S. BLANDY. — *L'Ami Kips,* de G. ASTON. — *Causeries d'Economie pratique,* de Maurice BLOCK. — *La Justice des choses,* de Lucie B***. — *Les Vilaines Bêtes,* de BÉNÉDICT. — *Vieux Souvenirs, Départ pour la Campagne, Bébé aime le rouge,* de Gustave DROZ. — *Le Pacha berger,* de LABOULAYE. — *La Musique au foyer,* de P. LACOME. — *Histoire d'un Aquarium, Les Clients d'un vieux Poirier,* de E. VAN BRUYSSEL. — *Histoire de Bébelle, Une Lettre inédite, Septante fois sept,* de DICKENS. — *Les Lunettes du vieux Curé, Pâquerette, Le Taciturne,* etc., etc., de H. FAUQUEZ. — *Le Petit Tailleur,* de A. GENIN. — *Curiosités de la vie des Animaux,* par P.-H. NOTH. — *Notre vieille Maison,* de H. HAVARD. — *Le Chalet des Sapins,* par Prosper CHAZEL, etc., etc. — *Les deux Tortues, Ce qu'on faisait à un bébé quand il tombait, Comment la petite Emma apprit à lire,* par F. DUPIN DE SAINT-ANDRÉ.

Les petites Sœurs et les petites Mamans, Les Tragédies enfantines, Les Scènes familières, et autres séries de dessins par FRŒLICH, FROMENT, DETAILLE, textes de P.-J. STAHL.

N. B. — La plus grande partie de ces livres ont été couronnés par l'Académie française.

CHAQUE VOLUME SE VEND SÉPARÉMENT

Prix : broché, **7** fr. ; toile, tranches dorées, **10** fr. ; relié, tranches dorées, **12** fr.

Les Nouveautés pour 1881-1882 sont indiquées par une ☩
Les ouvrages précédés de deux palmes ont été couronnés par l'Académie

Albums Stahl illustrés in-8º (1ᵉʳ âge)

FRŒLICH.............	L'A perdu de mademoiselle Babet.
—	Alphabet de mademoiselle Lili.
—	Arithmétique de mademoiselle Lili.
—	Bonsoir, petit père. — Les Caprices de Manette.
—	Cerf-Agile, histoire d'un jeune sauvage.
—	Commandements du Grand-Papa.
—	☩ La Fête de mademoiselle Lili.
—	Grammaire de mademoiselle Lili. (J. MACÉ.)
—	☩ Le Jardin de monsieur Jujules.
—	Journée de mademoiselle Lili.
—	Lili aux Eaux.
—	Mademoiselle Lili à la campagne.
—	Monsieur Toc-Toc.
—	Le premier Chien et le premier Pantalon.
—	L'Ours de Sibérie.
—	Le petit Diable.
—	Premier Cheval et première Voiture.
—	Premières Armes de mademoiselle Lili.
—	La Salade de la grande Jeanne.
—	La Crème au chocolat.
—	Monsieur Jujules à l'école.
L. BECKER.............	L'Alphabet des Oiseaux.
COINCHON (A.).........	Histoire d'une Mère.
DETAILLE.............	Les bonnes Idées de mademoiselle Rose.

Albums Stahl illustrés in-8° (suite)

FATH	Gribouille. — Jocrisse et sa Sœur.
—	Les Méfaits de Polichinelle. — Pierrot à l'École.
—	La Famille Gringalet.
—	† Une folle soirée chez Paillasse.
FROMENT	La Boîte au lait. — Histoire d'un pain rond.
—	La Petite Devineresse.
FRŒLICH	Mademoiselle Pimbêche. — Le Roi des Marmottes.
GEOFFROY	Le Paradis de M. Toto.
—	† Première cause de l'avocat Juliette.
JUNDT	L'École Buissonnière.
LALAUZE	Le Rosier du petit frère.
LAMBERT	Chiens et Chats.
LANÇON	Caporal, le Chien du régiment.
MARY	Le petit Tyran.
MEAULLE	Petits Robinsons de Fontainebleau.
PIRODON	Histoire d'un Perroquet. — Histoire de Bob aîné. La Pie de Marguerite.
PLETSCH (O.)	Les petites Amies.
SCHULER (TH.)	Les Travaux d'Alsa.
VALTON	Mon petit Frère.

Albums Stahl illustrés grand in-8°

CHAM	Odyssée de Pataud et de son chien Fricot.
FRŒLICH	Mademoiselle Mouvette.
—	Monsieur Jujules et sa Sœur Marie.
—	Petites Sœurs et petites Mamans.
—	La Révolte punie.
—	Voyage de mademoiselle Lili autour du Monde.
—	Voyage de découvertes de mademoiselle Lili.
FROMENT	La belle petite princesse Ilsée.
—	La Chasse au volant.
GRISET (E.)	Aventures de trois vieux Marins. — Pierre le Cruel.
SCHULER (T.)	Le premier Livre des petits enfants.
VAN BRUYSSEL	Histoire d'un Aquarium.

Albums Stahl en couleurs in-4°

FRŒLICH	Au clair de la Lune. — La Boulangère a des écus.
—	Le bon roi Dagobert. — La Bride sur le cou.
—	Cadet-Roussel. — Le Cirque à la maison.
—	Compère Guilleri.
—	Girofié Girofla. — Hector le Fanfaron.
—	Il était une Bergère.
—	Jean le Hargneux *(16 planches)*.
—	Malbrough s'en va-t-en-guerre.
—	La Marmotte en vie.
—	Mademoiselle Furet.
—	Mère Michel et son Chat.
—	Monsieur César. — Moulin à paroles.
—	Monsieur de la Palisse.
—	Nous n'irons plus au bois.
—	Le Pommier de Robert.
—	† La revanche de François.
—	La Tour prends garde.
GEOFFROY	Monsieur de Crac.
—	Don Quichotte.
—	Gulliver.
—	La Leçon d'Équitation.
DE LUCHT	La Pêche au Tigre.
MATTHIS	Métamorphoses du Papillon.
MARIE	Mademoiselle Suzon.
TINANT	† Les Pêcheurs ennemis.

Volumes gr. in-16 colombier, illustrés

BAUDE (L.)	Mythologie de la Jeunesse.
CHAZEL (PROSPER)	Riquette.
CRETIN	† Le Livre de Trotty.
DEVILLERS	Les Souliers de mon voisin.
DICKENS (CH.)	L'Embranchement de Mugby.
DUMAS (A.)	La Bouillie de la comtesse Berthe.
FEUILLET (O.)	La Vie de Polichinelle.
GÉNIN (M.)	Le Petit Tailleur Bouton.
—	† Marco et Tonino.
GOZLAN (LÉON)	Le Prince Chênevis.
KARR (ALPHONSE)	† Les Fées de la mer.
LA BÉDOLLIÈRE (DE)	Histoire de la Mère Michel et de son chat.
LACOME	La Musique en famille.
LEMOINE	La Guerre pendant les vacances.
LEMONNIER (C.)	Bébés et Joujoux.
MACÉ (JEAN)	† La France avant les Francs.
MUSSET (P. DE)	Monsieur Le Vent et Madame La Pluie.
NODIER (CHARLES)	Trésor des Fèves et Fleur des Pois.
OURLIAC (E.)	Le Prince Coqueluche.
SAND (GEORGE)	Le Véritable Gribouille.
STAHL (P.-J.)	Les Aventures de Tom Pouce.
VAN BRUYSSEL	Les Clients d'un vieux Poirier.
VERNE (JULES)	Un Hivernage dans les glaces.
VIOLLET-LE-DUC	Le Siège de la Rochepont.

BIBLIOTHÈQUE DES JEUNES FRANÇAIS

MICHELET (J.)	La Prise de la Bastille et la Fête des Fédérations.
—	Les Croisades.
—	François Ier et Charles-Quint.
—	Henri IV.
BLOCK (M). — *Entretiens familiers sur l'administration de notre pays.*	La France.
	Le Département.
	La Commune.
	Paris. Organisation municipale.
	Paris. Institutions administratives.
	† Le Budget.
	† L'Impôt.
BLOCK (M)	Petit Manuel d'Économie pratique (couronné).
PONTIS	† Petite Grammaire de la prononciation.

Volumes in-8° cavalier, illustrés

ASTON (G.)	L'Ami Kips.
BRÉHAT (A. DE)	Aventures de Charlot.
CAHOURS ET RICHE	Chimie des demoiselles.
CHERVILLE (DE)	Histoire d'un trop bon Chien.
DEQUET	Histoire de mon Oncle et de ma Tante.
DUMAS (ALEX.)	La Bouillie de la comtesse Berthe.
—	Histoire d'un casse-noisettes.
ERCKMANN-CHATRIAN	† Les Vieux de la Vieille (Lucien et Justine).
GÉNIN (M.)	La Famille Martin.
KAEMPFEN (A.)	La Tasse à thé.
NÉRAUD	La Botanique de ma fille.
RECLUS (E.)	Histoire d'une Montagne.
—	† Histoire d'un ruisseau.
STAHL (P.-J.)	La Famille Chester.
—	Mon premier Voyage en mer *(adaptation)*.
STAHL ET DE WAILLY	Contes célèbres anglais.
TOUSSENEL	L'Esprit des Bêtes.
VALLERY-RADOT (R.)	⊕ Journal d'un Volontaire d'un an.

Volumes in-8° raisin, illustrés

BENTZON	Yette. Histoire d'une jeune Créole.
	Entre frères et sœurs. — Deux Amis.
BIART (L.) *Les Voyages involontaires.*	La Frontière indienne.
	Monsieur Pinson.
	† Le Secret de José.
BLANDY (S.)	Le Petit Roi.
BOISSONNAS	⊕ Une Famille pendant la guerre 1870-1871.

Volumes in-8° raisin, illustrés (suite)

BREHAT (A. DE)	Les Aventures d'un petit Parisien.
CANDEZE (D')	Aventures d'un Grillon.
—	La Gileppe. (Infortunes d'une population d'insectes.)
CHAZEL (PROSPER)	Le Chalet des sapins.
DAUDET (ALPHONSE)	Histoire d'un Enfant.
DESNOYERS (L.)	Aventures de Jean-Paul Choppart.
FATH	Un drôle de Voyage.
—	Les Bébés.
GRAMONT (COMTE DE)	Les bons petits Enfants.
GRIMARD (E.)	La Plante.
HUGO (VICTOR)	Le Livre des Mères.
LAPRADE (V. DE)	Le Livre d'un Père.
ANDRÉ LAURIE	† Vie de collège en Angleterre.
LEGOUVÉ	Nos Filles et nos Fils.
MACÉ (JEAN)	Contes du Petit-Château.
—	Histoire d'une Bouchée de pain.
—	Histoire de deux Marchands de pommes.
—	Les Serviteurs de l'estomac.
—	Théâtre du Petit-Château.
MALOT (HECTOR)	Romain Kalbris.
MARELLE (CH.)	Le Petit Monde.

MAYNE-REID — Aventures de Terre et de Mer :
- Le Désert d'eau.
- Les deux filles du Squatter
- Les Chasseurs de chevelures.
- Le Chef au Bracelet d'or.
- † Les Exploits des jeunes Boërs.
- Les Jeunes Esclaves.
- Les Jeunes Voyageurs.
- Le Petit Loup de mer.
- Les Naufragés de l'île de Bornéo.
- Les Planteurs de la Jamaïque.
- Les Robinsons de terre ferme.
- La Sœur perdue.
- William le Mousse.

MICHELET (J.)	† Histoire de France. T. I.
MULLER (E.)	La Jeunesse des Hommes célèbres.
—	Morale en action par l'histoire.
RATISBONNE (LOUIS)	۞ La Comédie enfantine.
SAINTINE (X.)	Picciola.
SANDEAU (J.)	La Roche aux Mouettes.
—	۞ † Madeleine.
SAUVAGE (E.)	La Petite Bohémienne.
SEGUR (COMTE DE)	Fables.
STAHL (P.-J.)	۞ Contes et Récits de Morale familière.
—	Les Histoires de mon Parrain.
—	۞ Histoire d'un Ane et de deux Jeunes Filles.
—	۞ Maroussia.
—	۞ Les Patins d'argent.
—	Les Quatre Filles du docteur Marsch.
TEMPLE (DU)	Les Sciences usuelles.
—	Communications de la Pensée.
VERNE (JULES)	† Les Voyages au Théâtre.
VIOLLET-LE-DUC	Histoire d'une Maison.
—	Histoire d'une Forteresse.
—	Histoire de l'Habitation humaine.
—	Histoire d'un Hôtel de Ville et d'une Cathédrale.
—	Histoire d'un Dessinateur.

JULES VERNE. — ۞ VOYAGES EXTRAORDINAIRES
in-8 jésus, illustrés.

- Autour de la Lune.
- Aventures de trois Russes et de trois Anglais.
- Aventures du capitaine Hatteras.
- Un Capitaine de 15 ans.
- Le Chancellor.
- Cinq Semaines en ballon.
- Les Cinq cents millions de la Bégum.
- De la Terre à la Lune.
- Le Docteur Ox.
- Les Enfants du capitaine Grant.
- Hector Servadac.
- L'Ile mystérieuse.
- Les Indes-Noires.
- † La Jangada.
- La Maison à vapeur.
- Michel Strogoff.
- Le Pays des Fourrures.
- Le Tour du monde en 80 jours.
- Les Tribulations d'un Chinois en Chine.
- Une Ville flottante.
- Vingt mille lieues sous les Mers.
- Voyage au centre de la Terre.

Histoire des Grands Voyages et des Grands Voyageurs
Découverte de la Terre. — Les Grands Navigateurs du XVIII° siècle.
Les Voyageurs du XIX° siècle.

J. VERNE et TH. LAVALLÉE. Géographie illustrée de la France, nouvelle édition revue et corrigée par M. DUBAIL.

PREMIER ET SECOND AGE
Volumes grand in-8° jésus, illustrés

BIART (L.)	Aventures d'un jeune Naturaliste.
—	Don Quichotte (*Adaptation pour la jeunesse*).
CLÉMENT (CH.)	† Michel-Ange, Raphaël, Léonard de Vinci.
FLAMMARION (C.)	Histoire du Ciel.
GRANDVILLE	Les Animaux peints par eux-mêmes.
GRIMARD (E.)	Le Jardin d'Acclimatation.
LA FONTAINE	Fables, illustrées par Eug. Lambert.
MALOT (HECTOR)	Sans Famille.
MEISSAS (DE)	Histoire sainte.
MOLIÈRE	Édition Sainte-Beuve et Tony Johannot.
STAHL ET MULLER	Nouveau Robinson suisse.

CAHIERS
D'UNE ÉLÈVE DE SAINT-DENIS
COURS COMPLET ET GRADUÉ D'ÉDUCATION
POUR LES FILLES ET POUR LES GARÇONS
A suivre en 6 années, soit dans la pension, soit dans la famille
PAR DEUX ANCIENNES ÉLÈVES DE LA MAISON DE LA LÉGION D'HONNEUR
et
LOUIS BAUDE
ANCIEN PROFESSEUR AU COLLÈGE STANISLAS

17 volumes in-18, br., 57 fr.; cart., 61 fr. 50. — *Chaque volume se vend aussi séparément.*

Sommaire des 12 cahiers. — Introduction. — Grammaire française. — Dictées. — Histoire Sainte. — Mappemonde. — Géographie de l'Histoire Sainte. — Anciennes divisions de la France par provinces. — Division de la France par départements. — Table chronologique des rois de France. — Arithmétique. — Système métrique. — Lectures et exercices de mémoire. — Étymologies. — Histoire ancienne. — Ères chronologiques. — Mythologie. — Études préparatoires à l'Histoire de France. — Cosmographie. — Géographie de l'Asie Mineure. — Départements et arrondissements de la France. — Géographie de la France. — Histoire romaine. — Histoire de l'Église. — Paris et ses monuments. — Récapitulation de l'Histoire ancienne. — Histoire du moyen âge. — Géographie moderne. — Géographie de l'Europe. — Histoire naturelle. — Précis de l'histoire de la langue française. — Traité de versification. — Histoire moderne. — Géographie de l'Amérique et de l'Océanie. — Curiosités historiques. — Botanique. — Zoologie. — Principales inventions et découvertes. — Principes de littérature. — Histoire de la littérature ancienne et française. — Philosophie. — Table chronologique des principaux événements de l'histoire contemporaine depuis 1789. — Bibliographie. — Philologie des langues européennes. — Précis de l'Histoire générale des études. — Biographie des femmes célèbres. — Notions géographiques complémentaires. — Morceaux choisis.

Sommaire des 4 cahiers préliminaires. — Religion. — Éducation. — Instruction. — Notions sur les trois règnes de la nature. — Connaissance des chiffres et des nombres. — Lectures. — Exercices de mémoire. — Cours d'écriture (avec modèles).

Sommaire du cahier complémentaire. — Considérations générales. — Histoire de l'Architecture. — De la Sculpture. — De la Peinture. — Gravure. — Lithographie. — Histoire de la Musique. — Astronomie. — Archéologie. — Numismatique. — Paléographie. — Minéralogie. — Algèbre et Géométrie. — De la Vapeur et de ses applications. — Télégraphie électrique. — Galvanoplastie. — De la Chloroformisation. — De la Photographie et de l'Aérostation.

DUBAIL	Atlas classique de Géographie universelle.

Volumes in-18

AMPÈRE, Journal et Correspondance. 3 vol.
ANDERSEN, Nouveaux Contes.
ASTON (G.), † L'Ami Kips.
B***(LUCIE), Une Maman qui ne punit pas. — Aventures d'Édouard et Justice des choses.
BERTRAND (A.), Les Fondateurs de l'Astronomie.
BIART (L.), Aventures d'un jeune Naturaliste. — Entre Frères et Sœurs. — † Monsieur Pinson.
BLANDY (S.), Le Petit Roi.
BOISSONNAS, ◉ Une famille pendant la guerre de 1870-71.
BRACHET (A.), ◉ Grammaire historique.
BRÉHAT (DE), Aventures d'un petit Parisien. — † Aventures de Charlot.
CANDÈZE (Dr), Aventures d'un Grillon. — † La Gileppe.
CARLEN, Un brillant Mariage.
CHAZEL (PROSPER), Le Chalet des Sapins.
CHERVILLE (DE), Histoire d'un trop bon Chien.
CLÉMENT (CH.), Michel-Ange, etc.
DESNOYERS (L.), Aventures de Jean-Paul Choppart.
DURAND (HIP.), Les Grands Prosateurs. — Les Grands Poètes.
EGGER, Histoire du Livre.
ERCKMANN-CHATRIAN, L'Invasion — Madame Thérèse. — Les 2 Frères.
FATH (G.), Un drôle de voyage.
FOUCOU, Histoire du Travail.
GÉNIN, La Famille Martin.
GRAMONT (COMTE DE), ◉ Les Vers français et leur Prosodie.
GRATIOLET (P.), De la Physionomie.
GRIMARD, Histoire d'une Goutte de Sève. — Jardin d'acclimatation.
HIPPEAU, Cours d'Économie domestique.
HUGO (VICTOR), Les Enfants.
IMMERMANN, La Blonde Lisbeth.
LAPRADE (V. DE), Le Livre d'un père.
LAVALLÉE (TH.), Histoire de la Turquie (2 volumes).
LEGOUVÉ (E.), Les Pères et les Enfants (2 volumes). — Conférences parisiennes. — Nos Filles et nos Fils. — L'Art de la Lecture.
LOCKROY (Mme), Contes à mes nièces.
MACAULAY, Histoire et Critique.
MACE (JEAN), Arithmétiq. du Grand-Papa. — Contes du Petit-Château. — Histoire d'une Bouchée de Pain. — Les Serviteurs de l'Estomac.

MAURY, Géographie physique. — Le Monde où nous vivons.
MULLER, Jeunesse des hommes célèbres. — Morale en actions par l'histoire.
NOEL (EUGÈNE), † La Vie des fleurs.
ORDINAIRE, Dictionnaire de Mythologie. — Rhétorique nouvelle.
RATISBONNE, ◉ Comédie enfantine.
RECLUS, Histoire d'un Ruisseau.
RENARD, Le Fond de la Mer.
ROULIN (F.), Histoire naturelle.
SANDEAU (JULES), La Roche aux Mouettes.
SAYOUS, Conseils à une Mère. — Principes de Littérature.
SIMONIN, Histoire de la Terre.
STAHL (P.-J.), ◉ Contes et Récits de Morale familière. — ◉ Histoire d'un Ane et de deux Jeunes Filles. — La Famille Chester. — Les Histoires de mon parrain. — ◉ Les Patins d'argent. — Mon 1er voyage en mer (adaptation). — ◉ Maroussia. — † Les Quatre Peurs de notre général.
STAHL ET MULLER, Le Nouveau Robinson suisse.
STAHL ET DE WAILLY, Scènes de la vie des Enfants en Amérique. — Les Vacances de Riquet et Madeleine. — Mary Bell, William et Lafaine.
SUSANE (GÉNÉRAL), Histoire de la Cavalerie (3 vol.).
THIERS, Histoire de Law.
VALLERY-RADOT, ◉ Journal d'un Volontaire d'un an.
VERNE (JULES), Autour de la Lune. — Aventures de trois Russes et de trois Anglais. — Les Anglais au pôle Nord. — Un Capitaine de 15 ans (2 vol.) — Le Chancellor. — Cinq Semaines en ballon. — Les Cinq cents millions de la Bégum. — Le Désert de glace. — Le Docteur Ox. — Les Enfants du Capitaine Grant (3 vol.) — Hector Servadac (2 vol.). — † La Jangada (2 vol.). — L'Île mystérieuse (3 vol.) — La Maison à vapeur (2 vol.). — Les Indes-Noires. — Michel Strogoff (2 vol.). — Le Pays des Fourrures (2 vol.) — De la Terre à la Lune. — Le Tour du monde en 80 jours. — Les Tribulations d'un Chinois en Chine. — Une Ville flottante. — Vingt mille lieues sous les Mers (2 vol.) — Voyage au centre de la Terre. [◉ Voyages extraordinaires]
Découverte de la Terre (2 vol.).
Les Grands Navigateurs du XVIIIe siècle (2 vol.)
Les Voyageurs du XIXe siècle (2 vol.).
ZURCHER ET MARGOLLÉ, Les Tempêtes. — Histoire de la Navigation. — Le Monde sous-marin.

Volumes in-18 (suite)
Prix divers

BRACHET (A.) . . . . Dictionnaire étymologique de la langue française.
CLAVÉ. . . . . Principes d'économie politique.
DUMAS (A.) . . . . La Bouillie de la comtesse Berthe.
GRIMARD. . . . . La Botanique à la campagne.
MACÉ (JEAN). . . . . Théâtre du Petit-Château.
SOUVIRON. . . . . Dictionnaire des termes techniques.

Volumes in-18 avec Cartes ou Figures

ANQUEZ. . . . . Histoire de France.
AUDOYNAUD . . . . Entretiens familiers sur la Cosmographie.
BERTRAND. . . . . Lettres sur les révolutions du Globe.
BOISSONNAS (B.) . . . . . Un Vaincu.
FARADAY. . . . . Histoire d'une Chandelle.
FRANKLIN (J.) . . . . Vie des Animaux, 6 vol. (non illustrés).
HIRTZ (Mlle). . . . . Méthode de Coupe et de Confection.
LAVALLÉE (TH.) . . . . . . Frontières de la France, avec Carte.

MAYNE-REID . . . .
Aventures
de Terre et de Mer.
{ Les Chasseurs de girafes. — Les Chasseurs de chevelures. — Le Désert d'eau.
Les deux Filles du Squatter. — Les Jeunes Esclaves. — Les Jeunes Voyageurs.
Les Naufragés de l'île de Bornéo.
† Le Petit Loup de mer.
Les Planteurs de la Jamaïque.
Les Robinsons de Terre ferme.
La Sœur perdue. — William le Mousse.

MICKIEWICZ (ADAM). . . . Histoire populaire de la Pologne.
MORTIMER D'OCAGNE. . . Les Grandes Écoles civiles et militaires de France. — Historique. — Programmes d'admission. — Régime intérieur. — Sortie, carrière ouverte.
NODIER (CH.) . . . . Contes choisis (2 volumes).
DE PARVILLE. . . . . Un Habitant de la planète Mars.
SILVA (DE). . . . . Le Livre de Maurice.
SUSANE (GÉNÉRAL). . . . Histoire de l'Artillerie.
TYNDALL. . . . . Dans les Montagnes.
WENTWORTH (HIGGINSON). Histoire des États-Unis.

Œuvres poétiques de Victor Hugo
ÉDITION ELZÉVIRIENNE
10 volumes. Édition sur papier de Hollande et sur papier de Chine

Odes et Ballades, 1 vol. — Orientales, 1 vol. — Feuilles d'Automne, 1 vol. — Chants du Crépuscule, 1 vol. — Voix intérieures, 1 vol. — Rayons et Ombres, 1 vol. — Contemplations, 2 vol. — La Légende des Siècles, 1 vol. Les Chansons des Rues et des Bois, 1 vol.

TOUS LES AGES
Albums in-folio illustrés

COLIN (A.) . . . . Études de dessin d'après les grands maîtres.
FRŒLICH. . . . . Sept Fables de La Fontaine, illustrées de 9 planches.
GRANDVILLE ET KAULBACH. Album (œuvres choisies).
CONTES DE PERRAULT. Illustrés par G. Doré.

PUBLICATION FAITE PAR ORDRE DU MINISTRE DE LA MARINE
LA MARINE A L'EXPOSITION FRANÇAISE DE 1878
2 grands volumes in-8° accompagnés de leurs atlas

www.ingramcontent.com/pod-product-compliance
Lightning Source LLC
Chambersburg PA
CBHW052031230426
43671CB00011B/1614